L'efficience des sûretés en droit de l'OHADA

Logiques Juridiques

Fondée par Gérard Marcou
Dirigée par Jean-Claude Némery et Thomas Perroud

Le droit n'est pas seulement un savoir, il est d'abord un ensemble de rapports et pratiques que l'on rencontre dans presque toutes les formes de sociétés. C'est pourquoi il a toujours donné lieu à la fois à une littérature de juristes professionnels, produisant le savoir juridique, et à une littérature sur le droit, produite par des philosophes, des sociologues ou des économistes notamment.

Parce que le domaine du droit s'étend sans cesse et rend de plus en plus souvent nécessaire le recours au savoir juridique spécialisé, même dans des matières où il n'avait jadis qu'une importance secondaire, les ouvrages juridiques à caractère professionnel ou pédagogique dominent l'édition, et ils tendent à réduire la recherche en droit à sa seule dimension positive. À l'inverse de cette tendance, la collection « Logiques juridiques » des éditions L'Harmattan est ouverte à toutes les approches du droit. Tout en publiant aussi des ouvrages à vocation professionnelle ou pédagogique, elle se fixe avant tout pour but de contribuer à la publication et à la diffusion des recherches en droit, ainsi qu'au dialogue scientifique sur le droit. Comme son nom l'indique, elle se veut plurielle.

Dernières parutions

Evan LAGUNE, *Le concept de service public maison. Étude sur la transformation de l'État*, 2021.
Victor AUDUBERT, *Plurinationalité et vivre bien en Bolivie. Le droit au temps d'Evo Morales*, 2021.
Abobaker BENYAHMED, *La protection de la partie faible dans les relations contractuelles, comparaison entre le droit français et les droits des pays du Maghreb*, 2021.
Daniel BORRILLO et Thomas PERROUD (dir.), *Penser la GPA,* 2021.
Daniel BORRILLO, *Droit d'asile et homosexualité. Comment prouver l'intime ?,* 2021.
Thérèse DE VILLETTE, *La justice réparatrice. Une justice nouvelle enracinée dans la tradition africaine*, 2021.
Romain FEYDEL, *Le refinancement d'entreprises en difficulté, L'optimisation juridique du concept de capital-retournement*, 2021
Nicolas DEMONTROND, *Le préfet stratège. La déconcentration en Basse-Normandie de 1981 à 2017*, 2021.
Marie-Laure BESSON, *L'obligation de délivrance dans les baux commerciaux,* 2021.

Meïssa Tend Madior Fall

L'efficience des sûretés en droit de l'OHADA

L'Harmattan

5-7, rue de l'École-Polytechnique – 75005 Paris
www.editions-harmattan.fr
ISBN : 978-2-343-23061-0
EAN : 9782343230610

À Mady-Sophie et Amary.

Sommaire

Sommaire ix
Liste d'abréviations xi
Introduction 3

Partie I L'efficience des droits contre les cocontractants du créancier 11

Titre I Le droit d'exiger la solvabilité de la caution 15
Chapitre 1 La force du droit à une caution solvable 19
Chapitre 2 L'encadrement du droit à une caution solvable 35

Titre II Le droit de se faire payer 55
Chapitre 1 Le droit de se faire payer une somme d'argent ou la dette d'autrui 59
Chapitre 2 Le droit de se faire payer de manière indépendante ou subsidiaire 73

Partie II L'efficience des droits contre les tiers 103

Titre I Les attributs matériels du créancier sur la chose 107
Chapitre 1 Le droit de se faire remettre la chose 111
Chapitre 2 Le droit de retenir la chose 125

Titre II Les attributs juridiques du créancier contre les tiers 145
Chapitre 1 Le droit de passer avant les tiers 149
Chapitre 2 Le droit d'exclure les tiers 159
Chapitre 3 Les droits sur les biens des tiers 173
Conclusion 191
Annexes 193
Bibliographie 199
Index 213
Table des matières 217

Liste d'abréviations

AJ Famille Actualité Juridique Famille.
al. alinéa.
AN Assemblée Nationale.
Ass. plén. Assemblée plénière.
AU Acte Uniforme.
AUDCG Acte Uniforme portant sur le droit commercial général.
AUPCAP Acte Uniforme portant organisation des procédures collectives d'apurement du passif.
AUPSRVE Acte Uniforme portant organisation des procédures simplifiées de recouvrement et des voies d'exécution.
AUS Acte Uniforme portant organisation des sûretés.

Bull. civ. Bulletin civil des arrêts de la Cour de cassation.
Bull. crim. Bulletin des arrêts de la Cour de cassation (chambre criminelle).

C. CIMA Code de la Conférence interafricaine des marchés d'assurance.
C. civ. Code civil.
C. com. Code de commerce.
C. consom. Code de la consommation.
CA Cour d'appel.
Cah. Cahiers.
Cass. Cour de cassation.
CCJA Cour commune de justice et d'arbitrage.
CE Conseil d'État.
CEDH Cour Européenne des Droits de l'Homme.
Ch. réun. Chambres réunies.
chap. chapitre.
Circ. Min. Circulaire Ministérielle.
CMF Code monétaire et financier.
COCC Code des obligations civiles et commerciales.
comm. commentaire.
concl. conclusion.
Cons. Const. Conseil Constitutionnel.
CPC Code de procédure civile.

D. Recueil Dalloz.
Defrénois Répertoire Defrénois.
Dr. et patr. Droit et Patrimoine.

et al. et autres.

Fasc. Fascicule.

GAJ civ. Grands Arrêts Jurisprudence civile.
Gaz. Pal. Gazette du Palais.

ibid. ibidem.
infra ci-dessous.
IR Informations Rapides du recueil Dalloz.

JAF Juge aux affaires familiales.
JCP E. Jurisclasseur Périodique, édition entreprise et affaires.

JCP G. Jurisclasseur Périodique, édition Générale.
JCP N. Jurisclasseur Périodique, édition Notariale.
JO Journal Officiel.

L. Loi.
LPA Les Petites Affiches.

obs. observations.
OHADA Organisation pour l'harmonisation en Afrique du droit des affaires.
op. cit. opere citato.

prop. proposition.
préc. précité.
PUF Presse Universitaire de France.

rapp. rapporteur.
RIDC Revue internationale de droit comparé.
RJPF Revue juridique personnes et famille.
RRJ Revue de recherche juridique.
RTD civ. Revue trimestrielle de droit civil.
RTD com. Revue trimestrielle de droit commercial.

somm. sommaire.
spéc. Spécialement.
sq. et suivants.
supra ci-dessus.

t. tome.
TRHC Tribunal Régional Hors Classe.

UEMOA Union économique et monétaire d'Afrique de l'Ouest.

v. voir.
vol. volume.

Introduction

1. **Quando.** Au XIVe siècle, Ibn Khaldûn développait l'idée d'*assabiyya*, qui correspond à un croisement entre les notions de solidarité, d'attachement à un groupe humain et d'entraide. Pouvant également être entendue comme synonyme de sectarisme et de tribalisme, l'*assabiyya* est selon Ibn Khaldûn l'apanage des sociétés peu évoluées qui n'en sont qu'aux prémices de leur civilisation. Gabriel Martinez-Gros précise que selon ce célèbre penseur, les individus appartenant à une civilisation suffisamment avancée, au sein d'un empire — ou d'un État — bien installé, ne sont pas concernés par ce concept d'*assabiyya* [1] ; l'on ressentirait moins ce besoin de solidarité à un niveau individuel.

Au XXIe siècle, dans de nombreuses contrées du monde, y compris en Afrique francophone, une certaine forme de solidarité unit plusieurs membres d'un même groupe social. Ce rapport étroit au collectif vient souvent remplacer la relation à l'État, lorsque celui-ci n'a pas encore fini de se mettre en place [2]. Selon Abdoulaye Kane, ces relations entre individus appartenant à la même communauté structurent la vie sociale et économique. Cet auteur présente l'exemple de *Maïmouna*, une mère de famille de 37 ans qui est membre d'une tontine de son quartier. « *Elle était convaincue que faire face aux problèmes socioéconomiques en tant que groupe était plus raisonnable et plus rentable que [... d'y] faire face seule en tant qu'individu. En tant que voisines, il était normal de se prêter main-forte les unes les autres* [3]. » Sans parler du fait que, selon ces personnes, ce lien de solidarité est source de garantie et de rentabilité, un modèle alternatif semble peu envisageable dans ce contexte. C'est ainsi que se développent ces tontines, qui ne sont qu'une forme d'adaptation des relations de réciprocité par rapport à la monétarisation [4].

Dans ce contexte particulier de l'Afrique subsaharienne, la tontine est instrument qui a été très utilisé depuis la seconde moitié du XXe siècle. Il s'agit d'un fonds commun d'épargne et de crédit constitué par une association de personnes. Cette pratique informelle repose essentiellement sur la confiance que partagent les différents participants [5].

1. Gabriel Martinez-Gros, *Ibn Khaldûn et les sept vies de l'islam*, Sindbad - Actes sud, 2007. L'empire qui prélève l'impôt est censé pallier ce genre de liens tribaux et primitifs.

2. Dans la zone OHADA notamment, la plupart des nations sont encore jeunes.

3. Abdoulaye Kane, *Tontines, caisses de solidarité et banquiers ambulants : univers des pratiques financières informelles en Afrique*, Harmattan, 2010, p. 59.

4. *Ibid.*, p. 13. V. également Marcel Mauss, « Essai sur le don, forme et raisons de l'échange dans les sociétés archaïques », *L'année sociologique* 1923 ; Stéphanie Kwemo, *L'OHADA et le secteur informel, l'exemple du Cameroun*, préf. Philippe Delebecque, Larcier, 2012, 268.

5. Cette confiance à géométrie variable fonde son caractère indispensable dans le simple fait que la prestation réciproque escomptée n'intervient qu'après l'écoulement d'un délai. Ce qui entraîne nécessairement un doute quant à la survenance de cette prestation, surtout de la part de celui qui est censé en bénéficier.

Ici comme partout ailleurs, cette confiance se construit difficilement sur la seule parole donnée [1]. Face à la problématique, il existe différentes façons de rompre la défiance. Chaque association tontinière aura sa manière de gérer le risque de défaillance. Ces différences dépendent principalement de la nature étroite ou distendue des relations entre les participants. D'une part, la plus ou moins grande capacité à poursuivre le participant indélicat dépendra des relations entretenues avec lui ; d'autre part, cela influencera la sévérité ou l'indulgence des sanctions prévues en cas de défaillance. Il sera plus difficile de faire confiance à ceux que l'on ne connaît pas assez, de même qu'à ceux que l'on connaît trop [2].

Ces circonstances propres aux tontines sénégalaises analysées par Abdoulaye Kane mettent en lumière les difficultés que l'on peut éprouver lorsqu'il s'agit de mettre en œuvre une forme de contrainte à l'encontre d'un débiteur. Cela n'est pas propre au Sénégal et encore moins à l'espace OHADA [3]. Mais ici, elles sont de nature à rendre plus complexe la tentative de modernisation et d'harmonisation du droit des affaires, entreprise par l'OHADA. Cette question de la contrainte est essentielle pour les sûretés, car elle permet de renforcer la confiance du créancier. [4].

Le premier Acte uniforme portant organisation des sûretés date de 1998. Il a été réformé relativement peu de temps après, en 2010. Les sûretés dans l'espace OHADA ont donc été modifiées peu de temps après leur première entrée en vigueur. Cette mise à jour *précoce* suscite de nombreuses interrogations, notamment quant à la question portant sur l'origine d'une obsolescence aussi rapide. Pourtant largement inspiré du droit français, l'ancien AUS s'en éloignait sur plusieurs points notables,

1. Abdoulaye Kane, *Tontines, caisses de solidarité et banquiers ambulants : univers des pratiques financières informelles en Afrique*, Harmattan, 2010, p. 150.

2. Les personnes domiciliées trop loin du siège de l'association tontinière, seront par exemple évitées. Cette idée peut être rapprochée des dispositions de l'article 2296 du Code civil, qui écartent les biens dont « *la discussion deviendrait trop difficile par l'éloignement de leur situation* ». En outre, dans la mesure du possible, l'on évitera pareillement d'inclure dans l'association des personnes beaucoup trop proches, contre lesquelles les sanctions seraient difficiles à rendre effectives, du fait justement de cette trop grande proximité. Abdoulaye Kane identifie justement trois types d'environnements propices à la constitution d'une association tontinière : le voisinage, le marché et le lieu de travail. Il est intéressant de noter qu'il ne fait pas mention du cercle familial proche. *Ibid.*

3. L'OHADA est l'organisation pour l'Harmonisation en Afrique du Droit des Affaires. Le Sénégal fait effectivement partie des dix-sept États membres. Cette organisation fondée le 17 octobre 1993 est une entreprise de codification et d'uniformisation du droit à une échelle supranationale.

C'est en ce sens qu'a été adopté l'Acte uniforme portant organisation des sûretés en 1998, qui est en quelque sorte, un Code des sûretés commun à tous les États membres.

4. L'auteur souligne que « *la volonté d'élaborer une sûreté souple et efficace ne doit pas faire perdre de vue la vraie place des garanties : elles ne sont et ne seront toujours qu'un complément destiné à pallier un manque de confiance ou un manque d'efficacité du principe et de la force obligatoire du contrat* » Jean-François Riffard, *Le security interest ou l'approche fonctionnelle et unitaire des sûretés mobilière : contribution à une rationlisation du droit français*, L.G.D.J., 1997, 1005.

notamment en matière de droit de rétention, ou de lettre de garantie à première demande. Malgré ces quelques divergences, la proximité entre ces deux systèmes est telle qu'il est clairement impossible de comprendre le droit des sûretés de l'OHADA sans étudier le droit français. Le juriste de l'OHADA doit consulter le droit français, de la même manière qu'un juriste moyen aura recours à l'histoire de son droit. Loin d'adopter une posture comparatiste, il ne ferait qu'approfondir l'analyse de son propre droit. Sinon, comment serait-il possible d'appréhender les particularités du gage, du nantissement et de l'hypothèque, en se bornant aux seules sources appartenant au droit de l'OHADA ?

2. **Ubi.** Les États membres de l'OHADA ont, sur le plan socioéconomique, de nombreuses carences qui rendent difficile la mise en œuvre de l'AUS, ancienne et nouvelle version. En ce qui concerne leurs points communs, ces États sont tous en voie de développement et appartiennent à la zone CFA et à l'exception de la R. D. Congo. Il s'agit pour la plupart d'anciennes colonies françaises. Les initiateurs du projet de réforme de l'AUS ont noté au moment de leur diagnostic en 2007 et 2008, les difficultés d'accès au crédit dans ces économies faiblement bancarisées, mal financées et assez peu fiables [1].

En 2018, l'*International Finance Corporation*, appartenant au groupe Banque mondiale a évalué l'impact des réformes des Actes uniformes sur la situation des États membres en collaboration avec le secrétariat permanent de l'OHADA. Le rapport du crédit intérieur fourni au secteur privé sur le PIB ne dépassait guère les 20% [2]. Par ailleurs, d'après Kako NUBUKPO, « *la part des échanges entre les économies de l'Union économique et monétaire ouest-africaine — UEMOA — est structurellement faible, comprise entre 10 et 15% d'une année à l'autre* [3]. » Selon cet auteur, les économies de ces pays sont en concurrence les unes avec les autres, réduisant ainsi les champs d'intégration. La situation des États membres reste donc préoccupante sur le plan économique. Cependant, les réformes successives de l'OHADA ont aidé à apporter quelques améliorations en matière d'accès au crédit, d'après l'*International Finance Corporation* toujours en 2018.

1. Lionel YONDO-BLACK, « Enjeux économiques de la réforme de l'acte uniforme OHADA portant organisation des sûretés : un atout pour faciliter l'accès au crédit », *Dr. et patr.* 2010. L'auteur cite des travaux de la Banque internationale pour la reconstruction et le développement, du Fonds monétaire international, ainsi que d'autres organismes pour indiquer la place que l'octroi de crédit garanti occupe dans l'accès à un fond de roulement pour les entreprises. Il précise aussi qu'en plus des problèmes de corruption, de déficience des infrastructures ou de fiscalités abusives, la somme des prêts accordés par les banques au secteur privé ne dépasse guère les 18 % du PIB en 2008.

2. À titre d'exemple, ce taux dépassait les 100% en France sur la même période.

3. Kako NUBUKPO, « Le franc CFA et le financement de l'émergence en zone franc » *in Sortir l'Afrique de la servitude monétaire, à qui profite le franc CFA*, La Dispute, 2016. L'UEMOA regroupe une bonne partie des États membres de la zone franc.

3. Cur. C'est ainsi que cette situation donne naissance à la volonté d'attirer des investisseurs étrangers, car cela est censé permettre un accroissement de l'accès au crédit [1]. Pour H. KONAN-BÉDIÉ « *Les pays qui veulent se développer n'ont donc pas le choix : ils doivent nécessairement faire appel à des financements extérieurs. Quelles que soient leurs orientations idéologiques, leurs options politiques et leurs structures étatiques, tous les pays en voie de développement, à des degrés divers, certes, sont à la même enseigne vis-à-vis du financement de leur développement et, pour s'en convaincre, il suffit de consulter, par exemple, la liste des pays qui bénéficient des prêts du groupe de la Banque mondiale* [2]. » L'idée que le crédit est nécessaire au développement est communément admise, tant au niveau micro-économique qu'au niveau Étatique.

Toute démarche visant ainsi à faciliter l'accès au crédit est donc la bienvenue. Ce sont là les objectifs assignés par l'OHADA à son droit des sûretés. Son optimisation s'inscrit dans le projet de développement de ses États membres. « *Les discussions entre le secrétariat permanent de l'OHADA, la France et le groupe Banque mondiale ont abouti à la mise en place d'un programme d'appui à l'amélioration du climat des affaires dans la zone OHADA. Ce programme a pour objectifs de renforcer l'adaptabilité, l'effectivité et l'attractivité du droit OHADA et d'en faciliter l'utilisation par les agents économiques opérant dans les seize États membres de l'OHADA. Ce partenariat contribue ainsi à garantir davantage la sécurité juridique et judiciaire des activités économiques et des transactions financières tout en encourageant l'investissement domestique et étranger.* » C'est effectivement tout un programme [3].

4. Quid. Adaptabilité, attractivité et sécurité juridique : tout cela évoque un concept particulier qui vient de l'analyse économique du droit. Il s'agit du concept d'*efficience*. Fixer comme objectif pour une règle juridique, l'accroissement des investissements étrangers et l'accès facilité au crédit, tel que cela a été fait par l'OHADA, pourrait être considéré comme une intrusion de l'économie dans le droit [4]. À ce propos, d'après R. COASE, le droit n'est qu'un moyen de résoudre les conflits entre les individus et de remédier au problème des coûts de transaction, qui les empêchent de pouvoir négocier vers une convention efficiente. Le fonctionnement naturel du marché serait débarrassé d'un obstacle. Le droit intervient face à ces frictions sociales,

1. « *Les garanties facilitent l'accès au crédit en réduisant les pertes potentielles dues au risque de non-paiement que pourrait subir le prêteur. En ce sens, le droit des sûretés favorise la confiance, clé de voûte des activités de crédit.* » Lionel YONDO-BLACK, « Enjeux économiques de la réforme de l'acte uniforme OHADA portant organisation des sûretés : un atout pour faciliter l'accès au crédit », *Dr. et patr.* 2010, p. 47.

2. Henri KONAN-BÉDIÉ, « Les investissements, la balance des paiements et l'indépendance économique », *Marchés tropicaux et méditerranéens, l'exportateur français* 1975.

3. Pierre CROCQ, « Les grandes orientations du projet de réforme de l'Acte uniforme portant organisation des sûretés », *Dr. et patr.* 2011.

4. En effet, l'on a tendance à croire que la performance économique n'est pas censée être la principale finalité d'une règle de droit.

et permet de retrouver la voie vers l'efficience grâce à une allocation optimale des droits — de propriété [1]. Malheureusement, l'apparition des conflits ne saurait être entièrement évitée. Ainsi, grâce à une meilleure coordination des droits subjectifs, il serait possible d'atteindre l'efficience [2].

C'est en ce sens que R. A. POSNER va considérer que le droit est là pour suppléer le marché en cherchant à imiter les résultats qui auraient été obtenus par les parties en l'absence de coût de transaction [3]. Ainsi, l'analyse économique du droit a pour objet d'étude la jurisprudence et pour méthode le test d'efficacité [4]. Cette théorie est assez *conséquentialiste*, car elle part des résultats provoqués par une règle pour en juger la valeur [5]. L'on peut émettre quelques doutes quant à la pertinence de son adaptabilité à un système de tradition romano-germanique qui privilégie le raisonnement déductif, à l'opposé d'une approche plus empirique et caractérisée par un raisonnement par induction. L'on peut également s'interroger sur la valeur de cette réduction du droit positif à une simple allocation de droits de propriété [6].

Selon l'école de Vienne, les règles de droit sont essentielles à toute société humaine [7]. À partir des quatre règles fondamentales sont construites toutes les autres règles [8]. Si l'échange de propositions et de raisonnements est jugé nécessaire à la résolution des conflits entre les personnes, le respect des règles essentielles doit être source de prospérité. Ce principe de base est accepté par les économistes de l'école

1. Ronald COASE, « The problem of social cost », *The Journal of Law & economics* 1960, 3.

2. L'hypothèse de rationalité parfaite de l'agent économique qui avait été initialement adoptée par la théorie de l'analyse économique du droit a été progressivement abandonnée d'après Bruno DEFFAINS et Éric LANGLAIS. On lui a préféré une théorie de la rationalité limitée, inspirée des travaux de Daniel KAHNEMAN et d'Amos TVERSKY. Plus proche de la réalité, cette approche retient que « *l'agent substitue, plus ou moins inconsciemment, au calcul rationnel — trop coûteux en temps ou tout simplement impossible — toute une série de règles de comportement.* » B. DEFFAINS et E. LANGLAIS, *Analyse économique du droit*, Groupe de Boeck, 2009, 14.

3. Richard A. POSNER, *Economic analysis of law*, 5ᵉ éd., Aspen Law & Business, 1998.

4. B. DEFFAINS et E. LANGLAIS, *Analyse économique du droit*, Groupe de Boeck, 2009.

5. Le résultat explique les moyens en quelque sorte.

6. Selon Alain SUPIOT, cette allocation optimale des ressources justifie la théorie de l'*efficient breach of contract*, avec laquelle il est en désaccord. Alain SUPIOT, *Homo juridicus : essai sur la fonction anthropolitique du droit*, Éd. du Seuil, 2005.

7. Cette nécessité est renforcée par la finitude du cadre de vie et la rareté.

8. D'après Hans-Hermann HOPPE, ces quatre règles sont les suivantes :
— chacun est propriétaire de son corps ;
— chacun est propriétaire des biens qu'il trouve en premier ;
— chacun est propriétaire des biens qu'il transforme en utilisant son corps ;
— chacun est propriétaire des biens reçus ou échangés avec autrui.

Hans-Hermann HOPPE, *The economics and ethics of private property, studies in economy and philosophy*, Springer, Science+Business Media, 1993.

de Chicago, à laquelle appartiennent R. Coase et R. A. Posner [1]. Toutefois, les développements qu'ils en tirent, divergent quelque peu avec les positions de certains auteurs de l'école de Vienne. Par exemple, H.-H. Hoppe considère que le partage du risque augmente l'incitation à produire et à entreprendre. Lorsque la totalité du risque repose sur une seule partie, alors l'efficience est réduite par cette moindre incitation à exercer une activité [2].

A l'opposé, d'autres auteurs comme S. Latouche définissent l'efficience comme une forme d'efficacité économique [3]. Selon V. Pareto, une situation est efficiente quand il devient impossible de procurer un avantage à une partie sans entraîner de nuisance ou de perte pour une autre [4]. C'est le fameux *optimum de Pareto*, duquel l'auteur s'est éloigné par la suite [5].

5. **Quid denuo.** Pour en revenir aux mécanismes mis en place pour conjurer la défiance, J. Bart, estimait que les sûretés ont à l'égard du créancier l'objectif de rendre l'usage de la contrainte inutile, ou alors plus efficace [6]. De telle sorte que l'incitation plus grande à payer qu'entraîne la sûreté est aussi un facteur d'efficience, comme la protection contre la défaillance du débiteur [7].

1. Pour Coase et Posner, la suprématie d'un droit sur un autre ne va pas d'elle-même. Elle est le résultat d'une décision volontaire ou d'une décision autoritaire. L'accord demeure possible tant que les coûts de transaction ne sont pas assez dissuasifs, essentiellement en étant inférieurs au gain escompté à l'issue de l'opération envisagée. Selon cette logique, le Législateur cherchera à minimiser les coûts de transaction, ou bien il sera contraint d'accepter l'accord imparfait généré par un marché déséquilibré.

2. Hans-Hermann Hoppe, *The economics and ethics of private property, studies in economy and philosophy*, Springer, Science+Business Media, 1993.

3. L'efficience peut ressembler un horizon inaccessible dans les économies en voie de développement où il serait plus *raisonnable* d'être *irrationnel*. Serge Latouche, *La déraison de la raison économique*, Albin Michel, 2001, 24 et 174.

4. Vilfredo Pareto, *Manuel d'économie politique, œuvres complètes, t. VII*, Librairie Droz, 1981, p. 343.

5. Une autre variante de cet *optimum* suggère que l'efficience peut être atteinte grâce à une situation où il n'est pas possible de générer des gains pour l'une des parties, qui seront supérieurs aux pertes subies par l'autre. Les gains ne pouvant plus compenser les pertes, alors la situation est efficiente. Nicholas Kaldor, « Welfare Propositions in Economics And Interpersonal Comparison of Utility », *The Economic Journal* 1939, 49 (195) ; John Hicks, « The Foundations of Welfare Economics », *The Economic Journal* 1939, 49 (196).

6. Jean Bart, *Histoire du droit privé, de la chute de l'empire romain au XIXième siècle*, Montchrétien, 2009.

7. Cette contrainte est, dans ses aspects les plus rudimentaires, un avatar de l'exception d'inexécution, comme dans l'exercice du droit de rétention ou de la réserve de propriété. Alors que sous ses atours les plus sophistiqués, elle se rapproche de mécanismes qui se trouvent dans le gage, le nantissement ou l'hypothèque, notamment avec la vente forcée, le pacte commissoire ou l'attribution judiciaire.

En outre, le fait que la garantie puisse tenir lieu de moyen de paiement ne déplaît pas non plus, dans la mesure où cela permet aussi d'éviter un usage inutile de la contrainte [1].

Pour L. Aynès et P. Crocq, une sûreté est efficiente si sa constitution est peu onéreuse, sa réalisation simple et rapide et si elle protège le créancier contre la défaillance sans entraîner de gaspillage du crédit du débiteur [2]. Ph. Dupichot rejoint d'une certaine manière ce point de vue, car il retient que « *si l'efficience doit s'apprécier au premier chef au regard des "attentes légitimes" du créancier, elle ne saurait s'accommoder d'un gaspillage inutile du crédit et des ressources du donneur de sûreté* » [3].

L'évaluation de l'efficience consistera donc en une observation du point de vue du créancier des garanties OHADA à travers le prisme de l'efficience. Il s'agira de mettre en rapport les moyens accordés au créancier pour se protéger, avec les fonctions que la sûreté remplit. Contrairement aux mécanismes des assurances où le créancier bénéficie passivement d'une protection, les sûretés lui accordent un ensemble d'attributs qu'il pourra mettre en œuvre, devenant ainsi acteur de sa propre protection. Au lieu de déléguer à un intermédiaire la réalisation de sa protection contre les effets néfastes d'une absence de paiement à l'échéance, le créancier sécuriféraire devra effectuer lui-même toutes actions nécessaires afin de remédier à la défaillance du débiteur [4].

6. Quis. Les attributs grâce auxquels le créancier pourra faire face au défaut de paiement, correspondent à ses droits et dont la constitution a été consentie par le débiteur ou le constituant au moment de la formation du contrat de sûreté. La fonction de garantie sera accomplie grâce à l'utilisation de ces droits, qui portent en eux la sécurité du créancier. L'évaluation et l'étude de ces attributs à travers la notion d'efficience doivent nous permettre de mieux appréhender l'efficience plus globale du droit des sûretés. Autrement dit, l'efficience de chacun de ces droits accordés au créancier sécuriféraire, déterminera celle plus grande du droit des sûretés dans son ensemble.

---

1. Anne-Sophie Dupré-Dallemagne, *La force contraignante du rapport d'obligation, recherche sur la notion d'obligation*, Presses universitaires d'Aix-Marseille, 2004.

2. Laurent Aynès, Pierre Crocq et Augustin Aynès, *Les sûretés, la publicité foncière*, 14e éd., Droit civil, LGDJ-Lextenso, 2020, 8.

3. Philippe Dupichot, « L'efficience économique du droit des sûretés personnelles » *in Chaires de droit continental*, 2009. Cf *infra* n° 101, p. 91.

4. Le terme sécuriféraire sera utilisé pour qualifier le créancier bénéficiaire de sûreté, par opposition au créancier chirographaire.

7. Quomodo. *En somme, l'efficience est une notion économique qui, pour une opération considérée, va mettre en relation les résultats et les intrants, de telle sorte que la valeur du rapport des premiers sur les seconds soit la plus grande possible*[1].

En matière de droit des garanties de crédit, le résultat attendu est le complet paiement de la dette garantie. Les intrants en question seront les droits accordés au créancier. Ils nous permettront de savoir précisément si l'AUS, tel qu'il a été modifié en 2010, est en mesure de remplir ses fonctions.

É. Durkheim disait que « *quand on entreprend d'expliquer un phénomène social, il faut rechercher séparément la cause efficiente qui le produit et la fonction qu'il remplit.[...] Ce qu'il faut déterminer, c'est s'il y a correspondance entre le fait considéré et les besoins généraux de l'organisme social et en quoi consiste cette correspondance*[2]. » Le fait considéré est la conclusion du contrat de sûreté qui trouve sa cause dans l'insuffisance de la confiance qui anime le créancier. La sûreté doit donc remplir une fonction protectrice, grâce à une allocation de droits subjectifs. Il faudra alors rechercher cette fameuse correspondance entre le contrat de sûreté, et les besoins de protection contre la défaillance.

Ces droits subjectifs protègent le créancier à l'égard des personnes qui pourraient faire obstacle à l'exécution du contrat principal. Parmi les personnes pouvant nuire aux intérêts du bénéficiaire de garantie, et donc quelque part à l'efficience des sûretés, certaines sont liées conventionnellement à ce créancier, et d'autres n'ont pas de lien contractuel avec lui[3]. L'efficience des sûretés dépend de l'optimisation des droits dont dispose le créancier contre le débiteur principal ou le constituant (Partie I), et de l'amélioration des droits qu'ils peut mettre en œuvre contre les tiers (Partie II).

1. Nous emploierons l'expression efficience dans ce sens précis. L'expression efficacité sera quant à elle réservée à la seule capacité de remplir une fonction ou d'atteindre des objectifs, sans tenir compte d'une quelconque forme d'optimisation des ressources investies.

2. Emile Durkheim, *Les règles de la méthode sociologique (1894)*, Presses universitaires de France, 1967, p. 149.

3. Parmi les personnes liées contractuellement au créancier sécuriféraire, il est possible de distinguer le débiteur principal, de toute autre personne qui consent une sûreté. Qu'on l'appelle constituant ou garant, cette personne accorde au créancier des droits sur son patrimoine ou sur ses biens. En ce sens, les expressions *garant* et *constituant* sont interchangeables. En revanche, lorsqu'il s'agit de sûretés personnelles, l'on distinguera la caution du garant autonome.

Première partie

L'efficience des droits contre les cocontractants du créancier

8. Plan. Les cocontractants du créancier menacent sa position de deux manières, principalement : premièrement, à travers l'insolvabilité originelle ou incidente de la caution, la sûreté devient insuffisante pour couvrir l'entièreté de la dette garantie ; deuxièmement, à travers l'appel en paiement dont l'infructuosité jette le trouble quant à l'effectivité et l'efficacité de la créance [1]. Le principe de solvabilité et le fait que la garantie autonome soit limitée aux personnes morales accordent au créancier plusieurs moyens d'action que nous regroupons en deux catégories de droits. Dans un premier temps, le créancier bénéficie, à l'encontre de son débiteur, d'un droit d'exiger que sa caution soit solvable, afin d'éviter que le cautionnement soit une coquille vide. (Titre I). Dans un second temps, il dispose à l'encontre de sa caution ou de son garant, du droit évident de se faire payer [2]. Or, les voies et moyens employés pour obtenir le paiement, n'ont pas tous la même efficience, et diffèrent selon la sûreté étudiée (Titre II).

1. L'étude des droits du créancier contre le débiteur principal ou le constituant se focalisera essentiellement sur les sûretés personnelles. Sans nier l'idée que le créancier puisse disposer de pareils droits dans le cadre de sûretés réelles, ceux-ci sont pour la plupart similaires à ceux dont il aurait disposé, grâce aux sûretés personnelles. Et pour les aspects les plus spécifiques aux sûretés réelles, il s'agit des droits du créancier sur les biens de personnes autres que le débiteur principal. Cf *infra* n° 208, p. 174.

2. Normalement, le contrat de sûreté n'est censé créer d'obligation que pour la caution, en vertu du principe de l'effet relatif des contrats. Nous verrons dans les prochains chapitres que non seulement une sûreté peut entraîner de nouvelles obligations à la charge du débiteur principal, mais aussi qu'elle fait beaucoup de compromis avec ce principe que l'on vient d'évoquer.

Titre I

Le droit d'exiger la solvabilité de la caution

9. **Plan.** Les rédacteurs de l'AUS souhaitent très clairement encourager le recours au cautionnement pour faciliter l'accès au crédit. Cela permet également de justifier le renforcement des droits du créancier à l'égard de ses cocontractants. Ils rejoignent en cela les rédacteurs du Code civil qui ont voulu faciliter le recours à cette garantie gratuite, confidentielle et surtout facile à constituer et à exécuter en principe. En effet, le cautionnement ne nécessite aucune mesure de publicité particulière. Il paraît alors évident que tout ce qui pourrait affaiblir la position du créancier dans son rapport avec la caution nuirait à l'attractivité du contrat de cautionnement. L'insolvabilité incidente de la caution est un risque dont la survenance fragiliserait la solidité de la garantie. C'est en ce sens que les mesures visant à renforcer les droits du créancier viennent le rassurer quant à la sécurité des engagements souscrits par ses cocontractants et vont dans le sens d'une plus grande accessibilité au crédit. Le renforcement des droits du créancier notamment celui d'exiger une caution solvable fait partie des mesures adoptées lors de la réforme de l'AUS. Elles avaient pour objectif de rendre le cautionnement plus attrayant. Dans le cadre du cautionnement, cette exigence de solvabilité de la caution est si avantageuse pour le créancier (Chapitre 1), qu'elle génère un déséquilibre considérable qui menace la caution. Il devient alors urgent de réfléchir à l'encadrement de l'exercice d'un droit aussi efficace (Chapitre 2). En voulant inciter le créancier à utiliser cette garantie personnelle, les nouvelles dispositions de l'AUS risqueraient de s'éloigner de leur finalité, qui est de faciliter l'accès au crédit.

Chapitre 1

La force du droit à une caution solvable

10. Plan. La préservation de l'effectivité du cautionnement nécessite l'adoption de mesures capables de conserver la substance même de la sûreté, malgré les éventuels incidents, pouvant entamer le patrimoine de la caution. Une caution qui ne peut pas ou ne peut plus remplir son engagement perd toute utilité pour le créancier qui est de fait, dépourvu de sûreté[1]. L'exigence de solvabilité de la caution a été énoncée pour protéger le créancier contre la dépréciation de sa garantie. L'AUS instaure cette protection efficace (Section I), mais inappropriée, car excessive (Section II).

Section I L'efficacité du droit à une caution solvable

11. Plan. Grâce à la formulation plutôt vague de l'AUS, le principe de solvabilité de la caution s'applique à un très grand nombre de circonstances. Il est très difficile pour un créancier de se retrouver dans un cas où il pourrait ne pas en bénéficier. Également, le créancier reçoit grâce au principe de solvabilité tout un arsenal d'attributs permettant de faire face à l'insuffisance du patrimoine de la caution. Les dispositions de l'AUS en la matière adoptent une position extrêmement favorable au créancier, en étant à la fois pragmatiques (§ 1.) et exclusives. En effet, ce principe ne saurait être soulevé contre le créancier qui reste seul à pouvoir l'invoquer (§ 2.).

§ 1. La conception pragmatique de la solvabilité

12. La solvabilité de la caution sur l'ensemble de son patrimoine. Le créancier, qui bénéficie d'un cautionnement sur une personne ne disposant pas des moyens suffisants pour exécuter son engagement, est concrètement dépourvu de sûreté. La créance dont il bénéficie est vidée de sa substance, car son contenu est devenu en pratique incertain. L'insolvabilité de la caution est caractérisée selon l'AUS lorsque celle-ci « *ne présente pas [les] garanties de solvabilité* » suffisantes[2]. Ces garanties sont appréciées en tenant de compte de tous les éléments du patrimoine de la caution[3]. Cette formulation peut prêter à confusion, car il est difficile de dire exactement si les rédacteurs de l'AUS entendaient inclure dans l'évaluation de la solvabilité les

1. « *À quoi servirait l'engagement d'un homme qui ne pourrait pas s'engager ? Quel fruit tirerait-on d'une caution qu'il faudrait aller chercher et discuter à des distances infinies ?* » P. A. Fenet, *Recueil complet des travaux préparatoires du Code civil*, t. 15, 1827, p. 39.

2. AUS, art. 15.

3. Yvette Kalieu Elongo, *Droit et pratique des sûretés réelles OHADA*, Presses universitaires d'Afrique, 2010, p. 49 ; AUS, art. 15.

éléments du passif de la caution. L'enjeu ici est assez déterminant, car selon le sens que l'on souhaite donner à cette formule [1], la preuve de la solvabilité de la caution sera plus ou moins facile à fournir. Ce sont là des obstacles à l'accessibilité au crédit dans la zone de l'OHADA. En effet, plus il sera facile de fournir une garantie, plus le crédit sera accessible. Et *a contrario*, si le créancier peut trop aisément récuser la caution, le débiteur pourrait avoir des difficultés à accéder au crédit [2].

13. **La solvabilité de la caution sur l'ensemble de ses actifs.** En comparant ces dispositions de l'AUS avec les articles 2295 et 2296 du Code civil dont elles s'inspirent, un raisonnement par analogie pourrait faire penser que seuls sont visés les actifs composant le patrimoine de la caution. En effet, le Code civil demande uniquement de vérifier si la caution dispose d'un bien suffisant pour répondre de l'obligation garantie. En excluant de l'évaluation les biens dont la valeur ne suffit pas à couvrir la dette garantie, le Code civil exclut *a fortiori* les éléments du passif de la caution. Ces éléments ne sauraient en aucun cas permettre de répondre de l'obligation garantie, alors même que les biens meubles sont implicitement écartés. Il est alors manifeste que les éléments du passif ne peuvent être concernés par l'expression *biens suffisants* ou *garanties suffisantes.*

Le Code civil français conçoit la solvabilité comme étant une capacité à solder la dette garantie à l'aide d'un bien, dont la valeur serait d'un montant supérieur à celui de cette même dette garantie. L'article 2296 précise que l'on n'a égard qu'aux « *propriétés foncières, excepté en matière de commerce, ou lorsque la dette est modique* ». Le Législateur français ne se focalise donc que sur les éléments de l'actif du patrimoine de la caution, et parmi ceux-ci, seuls les biens immobiliers font l'objet d'une évaluation en vue d'établir la solvabilité ou l'insolvabilité de la caution. Les seules exceptions concernent la matière commerciale, et lorsque la dette garantie est d'un montant trop faible, et cela en fonction de l'appréciation souveraine des juges [3].

1. « *L'ensemble du patrimoine de la caution* ».

2. la solvabilité est ici entendue dans le sens dégagé par l'article 15 de l'AUS. L'insolvabilité n'est donc pas le synonyme de la déconfiture civile, encore moins de la cessation des paiements.

3. Philippe Simler, *Cautionnement, garanties autonomes, garanties indemnitaires*, 5e éd., LexisNexis, 2015, 250. Le principe de solvabilité de la caution nous permet de comprendre qu'un patrimoine considéré dans sa globalité ne peut suffire à offrir une garantie. Si l'on exige, à l'instar du Code civil que la caution dispose de biens immobiliers suffisants, c'est probablement parce que son seul engagement n'est pas assez rassurant. « *La caution doit être solvable, non d'une solvabilité fugitive, telle que celle qu'offrirait une fortune mobilière, ni d'une solvabilité incertaine, telle que celle qui serait fondée sur des biens litigieux; mais d'une solvabilité constante et assurée par des propriétés foncières et libres.* »P. A. Fenet, *Recueil complet des travaux préparatoires du Code civil*, t. 15, 1827, p. 39. Ce souci d'ancrer la sûreté en des biens immobiliers, et de ne pas se contenter d'un cautionnement qui *flotterait* au-dessus du patrimoine de la caution, montre qu'il n'est pas seulement question de rapports directs ou indirects aux biens.

Il est ainsi relativement difficile de considérer que les éléments du passif de la caution devraient rentrer en ligne de compte quant à l'appréciation de la solvabilité de la caution. L'adage *res mobilis, res vilis*, à notre époque, n'a effectivement plus toute sa pertinence [1]. Une telle conception entraîne une très mauvaise exploitation du crédit de la caution, car plusieurs biens suffisants pour garantir la dette principale ne seront pas pris en compte au moment de l'évaluation de la solvabilité parce qu'ils ne font pas partie de la catégorie des biens immeubles.

14. L'extension des articles 2295 et 2296 du Code civil aux biens meubles de la caution. Parce que le Code civil ne voulait s'intéresser qu'aux actifs fonciers de la caution, l'innovation introduite par l'AUS en la matière ne consiste en réalité qu'en une extension du champ de l'évaluation, par le biais de l'adjonction des biens meubles à l'assiette de cette solvabilité.

Plusieurs auteurs ont considéré que le caractère restrictif de l'article 2296 du Code civil était obsolète [2]. Il ne serait alors pas étonnant que les rédacteurs de l'AUS, qui s'en sont inspirés, aient voulu reprendre ces dispositions du Code civil en les réajustant quelque peu, grâce à la prise en compte des biens meubles de la caution. Il fallait malgré tout rester dans le même esprit, dans la même logique, consistant à ne pas tenir compte des éléments du passif du patrimoine.

15. Les critères de solvabilité de la caution. La solvabilité est, pour la caution, le fait de posséder des biens, meubles ou immeubles, des revenus et des économies, dont la consistance serait suffisante pour répondre de la dette garantie [3]. Ce critère manifestement soumis à l'appréciation souveraine des juges du fond varie selon que l'on tient compte ou pas des revenus futurs, des évolutions espérées du patrimoine de la caution, de l'inflation, etc. Le champ d'appréciation est assez large, ce qui ne facilite en rien la prévisibilité des jurisprudences rendues dans la zone OHADA en la matière. Pour autant, l'importance de la recherche de biens, dont la valeur suffit à répondre de la dette garantie, permet de considérer que l'appréciation de la solvabilité de la caution se fait de manière assez objective [4].

---

1. François CHABAS et Véronique RANOUIL, *Leçons de droit civil, sûretés, publicité foncière*, 6e éd., t. 3, Montchrestien, 1988, p. 24.

2. *Ibid.*, p. 24 ; Anne-Sophie BARTHEZ et Dimitri HOUTCIEFF, *Les sûretés personnelles*, sous la dir. de Jacques GHESTIN, LGDJ, 2010, 495 ; Philippe DUPICHOT, *Le pouvoir des volontés individuelles en droit des sûretés*, préf. Michel GRIMALDI, Éd. Panthéon Assas, 2005, 107 ; Dominique LEGEAIS, *Sûretés et garanties du crédit*, LGDJ-Lextenso, 2013, 131 ; Philippe SIMLER, *Cautionnement, garanties autonomes, garanties indemnitaires*, 5e éd., LexisNexis, 2015, 249.

3. *Ibid.*, 886.

4. P. A. FENET, *Recueil complet des travaux préparatoires du Code civil*, t. 15, 1827, p. 39.

§ 2. Le rejet d'une conception subjective de la solvabilité

16. L'appréciation objective de la disproportion du cautionnement. Pour mieux comprendre le propos de l'AUS lorsqu'il rend nécessaire la prise en compte de tous les éléments du patrimoine de la caution en matière d'appréciation de la disproportion de l'engagement de celle-ci, il serait utile de s'inspirer de l'interprétation de l'article L. 332-1 du Code de la consommation français [1]. Il s'agit là d'un contre-exemple. Cette disposition emprunte une formule similaire à celle employée par l'AUS, malgré une différence notable de finalités entre ces deux textes. Concernant les finalités de ses dispositions, l'AUS se rapproche davantage du Code civil quant à l'objectif poursuivi, en s'opposant au Code de la consommation.

17. Le rejet d'une évaluation tenant compte du passif du patrimoine de la caution. Le Code civil établit une évidente équivalence entre le patrimoine de la caution d'un côté, et ses biens et revenus de l'autre. Lorsqu'en revanche le Code de la consommation français évoque le patrimoine de la caution, il faut entendre par là l'ensemble des biens, revenus, économies, propriétés foncières ainsi que placements financiers [2]. Autrement dit, au sens de l'article L. 332-1 du Code de la consommation, l'évaluation du patrimoine de la caution en vue de déterminer sa solvabilité n'inclut pas les obligations et les dettes de celle-ci. Le Code de la consommation est plus précis que le Code civil, mais ni l'un ni l'autre ne font référence au passif de la caution. C'est la jurisprudence française qui franchira ce pas.

Dans un arrêt rendu le 9 avril 2013, la Chambre commerciale de la Cour de cassation précise, en plus des éléments dont il faut tenir compte, la méthode avec laquelle il convient de mener cette évaluation [3] : les juges ont par là interprété les dispositions du Code de la consommation comme exigeant la prise en compte d'éléments du passif. En l'espèce, il s'agissait d'obligations antérieures. L'arrêt énonce que « *pour apprécier le caractère manifestement disproportionné du cautionnement, il doit être tenu compte de l'ensemble des engagements souscrits par la caution au jour de la fourniture de ce cautionnement* ». Ainsi, le besoin de caractériser le dommage causé par la disproportion de l'engagement conduit à tenir compte des éléments du passif. Le juge français, semble-t-il, cherche à éviter tout excès pouvant nuire de façon injustifiée au patrimoine de la caution.

Cette position de la Cour de cassation se comprend aisément en la matière ; l'article L. 332-1 du Code de la consommation cherche à protéger la caution contre une éven-

1. Ancien article L. 341-4 du Code de la consommation.

2. Philippe SIMLER, *Cautionnement, garanties autonomes, garanties indemnitaires*, 5e éd., LexisNexis, 2015, 886. Le texte de l'article L. 332-1 du Code de la consommation établit de manière très nette une équivalence entre d'une part l'ensemble des biens et revenus de la caution, et d'autre part le patrimoine de celle-ci.

3. Cass. com., 9 avr. 2013, n° 12-18.019, *JCP G* 2013, n° 8, p. 585, obs. Philippe SIMLER.

tuelle mauvaise foi du créancier. L'action de celui-ci ne doit pas plonger la caution dans des difficultés financières, l'empêchant de répondre à ses autres obligations, ce qui correspond concrètement à l'impossibilité de subvenir à ses besoins vitaux et à ceux de ses proches [1].

Cela ne correspond pas vraiment aux objectifs assignés à l'article 15 de l'AUS, dont les dispositions doivent en principe être interprétées exclusivement dans l'intérêt du créancier [2]. Dans cette optique, le plus important est la présence de biens saisissables dans le patrimoine de la caution, dont la valeur permet de répondre à l'appel en paiement. Évaluer la solvabilité de la caution exclut donc toute considération du minimum vital auquel celle-ci aurait droit [3]. Ce régime correspond à une vision des garanties un peu surannée selon laquelle l'accroissement de la protection du seul créancier entraîne une amélioration de l'efficacité de la garantie.

Section II Les archaïsmes du droit à une caution solvable

18. Plan. L'exigence de solvabilité de la caution a été considérée archaïque en droit français à plusieurs titres, notamment en ce qui concerne les critères d'évaluation. Ce caractère archaïque est encore plus marqué quant à l'interprétation des articles 2295 et 2296 du Code civil qui sont censés être conçus dans l'intérêt exclusif du créancier. En réalité, ce n'est pas le simple déséquilibre en faveur du créancier qui est perçu comme étant archaïque, mais plutôt l'ampleur de celui-ci. Les rédacteurs de l'AUS ont ainsi voulu rassurer le créancier en lui accordant des avantages qui sont aujourd'hui obsolètes (§ 2.), car illégitimement disproportionnés (§ 1.).

§ 1. Une relation déséquilibrée entre le créancier et la caution

19. Plan. Le principe de solvabilité ressemble à une cote parfaitement taillée pour le cautionnement forcé; en même temps, il paraît assez inadapté par moment, tant celui-ci peut parfois s'avérer déséquilibré, dès que l'on sort du champ du cautionnement forcé. L'exigence de solvabilité dans le cadre du cautionnement légal ou

1. Philippe Simler, *Cautionnement, garanties autonomes, garanties indemnitaires*, 5e éd., LexisNexis, 2015, 886.
2. Cf *infra* n° 28, p. 31.
3. Cf *infra* n° 41, p. 43.

judiciaire est un principe cohérent avec le souci d'instaurer une relation équilibrée entre le créancier et la caution (A.). Dans le cadre du cautionnement conventionnel, cette exigence révèle un caractère archaïque et par moment excessif (B.).

A. L'exigence de solvabilité justifiée dans le cadre d'un cautionnement forcé

20. L'inexistence pratique du cautionnement conventionnel non volontaire. Le cautionnement conventionnel se divise en deux catégories : le cautionnement volontaire où le créancier a voulu (voire exigé) l'engagement d'une personne nommément désignée, et le cautionnement conventionnel, mais non volontaire dans lequel le créancier se contente d'accepter la caution qui lui est proposée. Dans le premier cas, le créancier perd le bénéfice de la protection prévue par les articles 15 et 16 de l'AUS et dans le second, la protection reste applicable. Les deux catégories de cautionnement conventionnel ont peu d'impact en pratique. Le cautionnement conventionnel non volontaire est un cas d'école. Selon V. Ranouil et F. Chabas, « *les conditions de solvabilité [...] exigées par la loi pour qu'une personne puisse jouer le rôle de caution ne s'appliquent pas en cas de cautionnement volontaire, le créancier choisissant alors lui-même la caution. Il n'en serait autrement que dans l'hypothèse, peu vraisemblable, où le créancier se contenterait de l'engagement de fournir une caution, pris par le débiteur, sans qu'aucune personne ne soit désignée* » [1]. Pour ces auteurs, l'idée même qu'un créancier accepte l'engagement d'une caution sans jamais intervenir au moment du choix de celle-ci semble inconcevable. L'on peut en déduire que le cautionnement conventionnel est quasi exclusivement un cautionnement volontaire dans la pratique. Le cas de figure qui aurait pu expliquer l'application du principe de solvabilité au cautionnement conventionnel n'est en réalité pas assez significatif.

21. L'équilibre spécifique des cautionnements forcés. En revanche, dans un contexte spécifique qui est celui des cautionnements forcés l'exigence de solvabilité vient contrebalancer cette atteinte à la liberté contractuelle [2]. En effet, la loi accorde une protection à celui dont la liberté contractuelle est limitée par la constitution d'un cautionnement légal ou judiciaire : ce créancier conclut avec une caution qu'il n'a pas choisie. C'est pour cette raison que la loi impose que celle-ci soit solvable selon des critères bien déterminés, notamment la possession d'un bien suffisant [3]. Dans un cautionnement d'origine conventionnelle, l'on voit bien que l'exigence

1. François Chabas et Véronique Ranouil, *Leçons de droit civil, sûretés, publicité foncière*, 6e éd., t. 3, Montchrestien, 1988, p. 51-4 ; Philippe Simler, *Cautionnement, garanties autonomes, garanties indemnitaires*, 5e éd., LexisNexis, 2015, 246.

2. *Ibid.*, 245.

3. Cf *supra* n° 12, p. 20. Cass. 3e civ., 4 jan. 1983, *Gaz. Pal.* 1983, 1, pan. p. 113, obs. Piedelièvre ; *Defrénois* 1983, art. 33144, rap. p. 1219, obs. Aubert ; *D.* 1983, inf. rap. p. 170 ; *JCP G* 1983, IV, p. 86.

de solvabilité présente peu d'utilité en ce qui concerne l'attractivité d'une caution. Cependant, si le créancier a peu d'emprise sur le choix de la caution avec laquelle il devra conclure, celui-ci aura besoin d'être rassuré par les critères retenus par celui qui opère l'élection de cette caution, c'est-à-dire le juge. Quant au créancier qui participe au choix de la caution, il n'aura pas réellement de principe le protégeant contre l'éventuel mauvais choix du juge.

22. Le remplacement de la caution devenue insolvable. La caution validée par le juge selon les critères des articles 2295 et 2296 du Code civil, doit rester solvable. Cela est censé permettre au créancier qui n'a pas choisi sa caution d'éviter de se retrouver dans la fâcheuse situation où l'insolvabilité subie de la caution le laisse sans recours [1]. Le Code civil prévoit alors plusieurs alternatives, notamment l'obligation du débiteur de remplacer la caution devenue insolvable [2]. Sur ce point précis, une distinction peut être opérée entre le créancier qui impose par convention la présentation d'une caution en particulier, et celui qui ne fait qu'accepter la caution proposée par son débiteur [3]. Cette distinction reprise par la Doctrine française apparaît au moment des travaux préparatoires du Code civil afin de permettre l'application de la faculté de demander le remplacement de la caution insolvable, au cautionnement volontaire. Il était en effet prévu de limiter cette faculté aux cas de cautionnement forcé, mais la règle a été par la suite adoucie [4]. L'article 16 de l'AUS adopte parfaitement cette interprétation de la règle [5].

Selon Ph. Simler, « *même si le créancier a contractuellement accepté telle caution, la garantie fournie aura constitué une condition déterminante de son propre engagement. Si la caution est devenue insolvable, la condition n'est plus remplie* » [6]. L'auteur voit le droit de demander le remplacement de la caution insolvable, dont dispose le créancier, comme un élément essentiel du contenu du contrat de cautionnement dont l'absence priverait en quelque sorte l'engagement du créancier de cause [7].

1. Cass. 3e civ., 4 jan. 1983, *Gaz. Pal.* 1983, 1, pan. p. 113, obs. Piedelièvre; *Defrénois* 1983, art. 33144, rap. p. 1219, obs. Aubert; *D.* 1983, inf. rap. p. 170; *JCP G* 1983, IV, p. 86.
2. AUS, art. 16.
3. François Chabas et Véronique Ranouil, *Leçons de droit civil, sûretés, publicité foncière*, 6e éd., t. 3, Montchrestien, 1988, p. 24.
4. P. A. Fenet, *Recueil complet des travaux préparatoires du Code civil*, t. 15, 1827, p. 11. Une version antérieure de cette disposition de l'article 2297 du Code civil retirait en effet la protection à tout créancier bénéficiant d'un cautionnement d'origine conventionnelle. Lors des débats, certains intervenants, notamment Bérenger, ont considéré que cela sanctionnait la complaisance louable du créancier à l'égard de son débiteur. Finalement, le champ d'application a été élargi.
5. *Ibid.*, p. 11.
6. Philippe Simler, *Cautionnement, garanties autonomes, garanties indemnitaires*, 5e éd., LexisNexis, 2015, 251.
7. La cause n'a pas encore disparu des législations nationales des États membres de l'OHADA.

Si le débiteur ne remplace pas la caution devenue insolvable, malgré la mise en demeure adressée par le créancier, alors celui-ci peut obtenir le paiement immédiat de la dette garantie ou la résolution du contrat [1]. En pratique, rien n'empêche les parties d'insérer dans leurs conventions des clauses plus strictes quant aux modalités de remplacement de la caution devenue insolvable. Afin de compléter la protection ainsi accordée par l'AUS, il serait judicieux que les parties stipulent quelques clauses portant sur des informations transmises périodiquement par la caution au créancier sur sa situation patrimoniale afin de permettre à celui-ci de juger efficacement de la réalité et de la persistance de la solvabilité de cette même caution.

23. L'option entre une caution ou une garantie réelle. L'article 15 de l'AUS permet au débiteur qui ne peut présenter une caution solvable, d'offrir une autre sûreté réelle qui garantit un niveau suffisant de protection. L'article 16 de l'AUS quant à lui permet au débiteur dont la caution précédemment acceptée par le créancier serait devenue insolvable, de la remplacer par une autre, ou par une sûreté réelle. Ces dispositions semblent assez intrusives dans la relation entre le débiteur et le créancier, d'autant plus qu'elles sont supplétives. Rien ne permet *a priori* de douter que les parties auraient de toute façon trouvé une solution conventionnelle à cette impossibilité de présenter une caution, ou à cette insolvabilité incidente. L'on voit donc mal, de prime abord, les raisons pour lesquelles la loi irait s'immiscer aussi loin dans les stipulations des parties. Pourtant ces dispositions se révèlent beaucoup moins inutiles lorsqu'on les lit dans le cadre d'un cautionnement forcé où justement les parties sont un peu gênées dans l'expression leur liberté contractuelle [2]. La simple volonté des parties semble donc ne pas suffire, en matière de cautionnement forcé. « *Il n'appartiendrait pas au débiteur de substituer de sa seule autorité une sûreté réelle à une caution qu'il s'est engagé à fournir, quelle que soit la valeur de la sûreté réelle* [3]. »

Toutefois, POTHIER étendait la règle au cas où le débiteur se serait engagé conventionnellement à fournir une caution [4]. L'on partirait de l'idée selon laquelle la présentation d'une caution étant beaucoup moins contraignante pour le débiteur que la fourniture d'une garantie réelle. Compte tenu des exigences en matière d'enregistrement et dépossession, sans parler de la plus grande atteinte faite à son crédit lorsque cette garantie est prélevée sur son patrimoine, il serait plus aisé de nos jours de garantir son obligation avec un cautionnement. En effet, satisfaire aux exigences en matière d'enregistrement et de publicité est beaucoup plus difficile pour les débiteurs spécia-

1. Cass. 3e civ., 4 jan. 1983, *Gaz. Pal.* 1983, 1, pan. p. 113, obs. PIEDELIÈVRE ; *Defrénois* 1983, art. 33144, rap. p. 1219, obs. AUBERT ; *D.* 1983, inf. rap. p. 170 ; *JCP G* 1983, IV, p. 86 ; V. également le projet d'article 2306 du Code civil contenu dans le rapport de l'Association Henri Capitant en 2017.

2. L'article 2318 du Code civil ne s'applique qu'à la caution légale et à la caution judiciaire.

3. François CHABAS et Véronique RANOUIL, *Leçons de droit civil, sûretés, publicité foncière*, 6e éd., t. 3, Montchrestien, 1988, p. 24.

4. Cité par G. BAUDRY-LACANTINERIE, *Précis de Droit civil*, 4e éd., t. 3, 1893, 69.

lement dans la zone OHADA. Par ailleurs, l'AUS présume sa bonne foi, car il ne lui est pas demandé de prouver qu'il est dans l'impossibilité de présenter une caution. En revanche, du point de vue du créancier, la garantie réelle peut dans certaines occurrences s'avérer plus avantageuse, en fonction de la menace en présence. Du point de vue du débiteur principal, cette solution étend le champ des garanties accessibles, car elle permet à un tiers qui ne souhaiterait pas exposer tout son patrimoine de ne mettre en garantie qu'une partie de ce patrimoine. L'article 15 de l'AUS ne s'oppose pas, semble-t-il, à ce que la sûreté réelle apportée en remplacement du cautionnement soit constituée par un tiers à l'obligation principale [1]. Le plus important est le niveau de garantie ainsi offert au créancier. Les parties peuvent donc librement stipuler que si la caution devenait insolvable, le débiteur serait dans l'obligation de fournir une garantie réelle équivalente, et ce même si l'on est en présence d'un cautionnement volontaire.

B. L'exigence de solvabilité dans le cadre d'un cautionnement non forcé

24. Le droit de choisir nommément la caution. Ce droit implicitement reconnu au créancier par l'article 16 de l'AUS, fait partie des attributs les plus élémentaires du créancier. Son exercice fait pourtant obstacle à l'application du droit au remplacement de la caution insolvable ainsi que l'exigence de solvabilité plus généralement. Le créancier qui choisit nommément sa caution semble plus attaché à l'engagement d'une personne déterminée qu'à la solvabilité même de sa garantie [2]. Ce serait comme si l'efficacité de sa protection contre la défaillance dépendait plus de l'identité de la caution que de la consistance de son patrimoine. C'est pour cette raison que la loi lui retirera sa protection en la matière; l'exigence de solvabilité protège le créancier afin de l'inciter à être plus complaisant envers le débiteur. Si malgré tout il insiste sur l'engagement d'une personne déterminée, faisant ainsi fi du risque encouru, il ne saurait en même temps demander à être couvert contre ce risque d'insolvabilité [3]. Traduction concrète de la liberté contractuelle en matière de cautionnement, cette faculté du créancier d'agir sur le choix de la caution n'a pas été établie par le Législateur; il la constate davantage qu'il ne l'institue. Bien que l'AUS et le Code civil français laissent entendre que le principal moyen de choisir sa caution est à travers une convention (écrite ?), l'on pourrait légitimement et *a priori* penser qu'en acceptant l'engagement en guise de caution d'une personne déterminée,

1. Cf *infra* n° 208, p. 174.
2. P. A. Fenet, *Recueil complet des travaux préparatoires du Code civil*, t. 15, 1827, p. 11.
3. Cf *supra* n° 22, p. 26.

le créancier exerce son droit de choisir nommément sa caution [1]. La différence quant à la forme donnée à l'exercice de ce droit de choisir la caution entraîne d'importantes conséquences en ce qui concerne l'exigence de solvabilité.

Il est pourtant fort possible que le créancier influe sur le choix de la caution qui s'engagera auprès de lui ; la preuve d'une telle influence est très difficile à obtenir. En pratique, la sanction prévue par l'article 16 alinéa 2 de l'AUS de l'exercice de ce droit a peu de chances d'être appliquée [2].

25. Les bienfaits pour le créancier de l'affirmation du droit à une caution solvable. Les avantages du principe de solvabilité sont plus faciles à percevoir lorsque l'on raisonne à partir du débiteur qui ne serait pas tenu par une convention de fournir une caution solvable. Dans ce cas de figure, le créancier se contentera de l'engagement d'un tiers à payer sa créance si jamais son débiteur était défaillant [3].

Exiger que la caution soit solvable au moment de la formation du contrat et qu'elle le demeure tout au long de la vie de celui-ci ne constitue pas en soi un abus ou encore une menace à la proportionnalité de son engagement. Ce sont les effets que la loi attache à cette exigence qui constituent des armes redoutables à l'usage du créancier averti (et bien conseillé). Celui-ci se trouve doté en vertu de ce principe de droits exclusifs et à l'égard du débiteur et de la caution [4].

§ 2. Des avantages exclusifs au bénéfice du créancier

26. Plan. Avec l'influence du *soft Law* ainsi que de notions telles que l'équité, la subsidiarité et la proportionnalité de la contrainte exercée par le droit, il paraît en effet de plus en plus étonnant d'accorder des droits aussi importants au créancier, au détriment de la caution.

1. *Ibid.*, 13 et s.

2. Le créancier précautionneux évitera tout de même de préciser dans ses correspondances écrites avec son débiteur, ses préférences en matière de caution, surtout lorsque celles-ci sont orientées vers une personne précise. En l'absence de preuve d'une telle convention dont l'existence ne saurait être présumée, les excès de l'exercice de ce droit de choisir nommément sa caution resteront impunis.

3. La qualité d'une relation de créance augmente avec la confiance et l'assurance qu'entretient le créancier quant à la survenance du paiement attendu. Pour se rassurer, en pratique, le créancier vérifie presque dans tous les cas la situation financière de la caution qui lui est proposée avant de conclure avec elle. Cette vérification ne saurait devenir une obligation qui découlerait des articles L. 332-1 et L. 343-3 du Code de la consommation. Une jurisprudence de la Chambre commerciale de la Cour de cassation énonce que le Code de la consommation n'impose pas au créancier « *de vérifier la situation financière de la caution lors de son engagement* ». Cass. com., 13 sept. 2017, n° 15-20.294.

4. Ces droits sont exclusifs car le créancier est seul à pouvoir s'en prévaloir.

Par définition, le contrat de cautionnement est déséquilibré. Cette situation qui profite à juste titre au créancier, renforce sa position dominante (A.) dans les faits, grâce à la possibilité qui lui est offerte de conclure en connaissance de cause et de façon *a priori* impunie, avec une caution insolvable selon les critères de l'article 15 de l'AUS (B.).

A. La domination du créancier confortée

27. **Une conception potentiellement tronquée de la solvabilité.** Le créancier est dans une relation contractuelle unilatérale qui lui permet de bénéficier seul de l'engagement d'une personne à son égard [1]. L'article 15 de l'AUS accorde au créancier la possibilité de ne pas exiger l'application du principe de solvabilité [2]. Il faut ajouter à cela le fait que le texte a été voulu dans le seul intérêt du créancier qui peut choisir de se défaire de la protection ainsi accordée.
Cette liberté d'appliquer ou non le principe de solvabilité présente potentiellement un risque pour la caution. Le créancier pourrait accepter valablement l'engagement d'une personne qui n'est objectivement pas en mesure de payer la dette garantie. Loin de toute considération relative au succès escompté de l'opération garantie, le créancier pourrait alors tirer profit de l'engagement de deux personnes à son égard. Au lieu d'avoir une créance principale garantie par une obligation accessoire, l'on serait en présence d'une caution dont les moyens sont insuffisants pour couvrir l'obligation principale. Le principe de subsidiarité laisse supposer que l'outil le plus efficace devrait être placé en second rang. Son recours n'est souhaitable que dans ce cas de figure, compte tenu du coût de son utilisation. N'étant pas l'instrument le plus efficient, le cautionnement ne doit être réalisé que si cela est nécessaire, compte tenu du poids de la contrainte que cela implique [3]. Cependant, s'il s'avère que ce cautionnement repose sur un patrimoine en manque de solvabilité, alors cette sûreté ne dispose plus des avantages cette efficacité qui justifiaient sa subsidiarité. Le créancier n'aurait en réalité qu'une voie complémentaire et non subsidiaire de paiement; l'insolvabilité de la caution fait de celle-ci un débiteur de plus, à l'égard duquel le créancier n'aurait que le statut de chirographaire.

1. AUS, art. 13.
2. En effet, cette règle n'étant pas d'ordre public, le créancier pourrait y renoncer en acceptant une caution dont la solvabilité n'est pas immédiatement établie à la formation de la sûreté réelle.
3. Sur la question de la contrainte et son rapport à l'efficience, cf *infra* n° 102, p. 92.

Si la caution est insolvable, alors elle n'est véritablement une caution qu'à l'égard du débiteur principal qui est le seul concerné par l'affaire [1]. La dernière barrière entre la caution et le codébiteur non intéressé est constituée d'une part par l'inopposabilité au créancier des exceptions personnelles aux codébiteurs autres que celui appelé en paiement, et d'autre part par la nécessité en matière de cautionnement d'adresser une mise en demeure de payer au débiteur, avant de pouvoir poursuivre la caution [2]. La grande liberté contractuelle offerte par l'AUS en matière de sûretés personnelles permet aux parties de recourir à ce mécanisme pour contourner le cautionnement. Cela faciliterait l'accès au crédit à de nombreuses personnes dans l'espace OHADA qui, sans cela, seraient dans l'impossibilité de contracter une dette ou de fournir une caution solvable. Malheureusement, il s'agit là d'une nouvelle façon d'accentuer la vulnérabilité de personnes déjà largement soumises aux organismes de crédit et de microcrédit. Les limites à une subornation de la finalité du cautionnement ne sont pas suffisamment définies.

B. L'action en insolvabilité réservée au créancier

1. Une interprétation trop littérale du principe de solvabilité

28. Une arme du créancier qui ne saurait se retourner contre lui. La jurisprudence française a longtemps exclu que la caution puisse se prévaloir de l'article 2295 du Code civil pour « *se soustraire à son engagement* ». De même, aucune faute du créancier qui aurait accepté une caution manifestement insolvable ne serait capable de neutraliser les effets du cautionnement [3].

Dans la perspective d'un accroissement de l'efficience du cautionnement, toute mesure venant renforcer la position du créancier semblait acceptable. Celui-ci conserverait la possibilité d'accepter une caution qui, au moment de la constitution, ne disposerait pas d'un patrimoine suffisant [4] ; la disproportion s'effacerait au moment de la réalisation de la sûreté.

1. C. civ., art. 1318. L'article 1318 du Code civil permet de faire peser en fin de compte la charge de la dette sur celui qui est le plus impliqué. Cependant, il est nécessaire de préciser que toutes les législations nationales des États membres de l'OHADA ne prévoient pas explicitement la possibilité de faire peser *in fine* sur un seul des codébiteurs la totalité de la dette. Par exemple, l'article 237 alinéa 2 du Code sénégalais des obligations civiles et commerciales prévoit que le codébiteur qui a payé peut se retourner contre les autres en paiement de leur part et portion. Ce passage n'est pas nécessairement opposé à la possibilité de faire peser par convention l'entièreté de la dette sur un seul des codébiteurs.

2. AUS, art. 23 V. Philippe SIMLER, *Cautionnement, garanties autonomes, garanties indemnitaires*, 5e éd., LexisNexis, 2015, 494.

3. Cass. 1re civ., 4 juill. 2000, n° 98-13.950.

4. Cette possibilité est défendue par Manuella BOURASSIN et Vincent BRÉMOND, *Droit des sûretés*, 6e éd., 2017, p. 405, aux termes desquels « *il n'est même pas paradoxal de relever que la solvabilité de la caution ne constitue pas toujours une exigence primordiale chez le créancier.* » V. Cass 1re civ., 4 mai 2012, n° 11-11.461, *RTD civ.* 2012, 556, obs. Pierre CROCQ.

Vu que l'engagement de la caution porte sur ses biens et revenus, à la fois présents et futurs, il n'est alors pas impossible qu'un créancier tienne compte de revenus probables dans l'évaluation de la solvabilité. De ce fait, la disproportion qui pourrait exister à la constitution du cautionnement pourrait s'effacer quelque temps après pour une multitude de raisons, notamment grâce au succès de l'opération à laquelle le cautionnement prend part. Ce pari qui peut être gagnant pour le créancier incite à ne pas exclure la possibilité d'accepter une caution que l'on sait insolvable. Les arguments en faveur de ce choix laissé au créancier n'ont pas toujours été aussi pragmatiques; il s'agit en réalité de la traduction d'une conception restrictive et dépassée du cautionnement qui serait un contrat purement unilatéral, conçu uniquement dans l'intérêt exclusif du bénéficiaire.

29. Un littéralisme « contra legem ». Bien qu'il soit question, de toute évidence, de protéger le créancier contre l'insolvabilité de la caution, il est aussi important de ne pas perdre de vue la philosophie globale de cet ensemble de règles contenues dans l'AUS, notamment en matière de cautionnement. Ces dispositions visent *in fine* à rassurer le créancier et à l'inciter à avoir une attitude plus bienveillante à l'égard de la caution et du débiteur principal. Certes, ces textes octroient au créancier une protection et des droits importants; ils poursuivent pourtant une finalité bien précise : il s'agit de renforcer la confiance du créancier, afin d'encourager et de faciliter la création et le bon fonctionnement des relations d'affaires. Malheureusement, une lecture plus archaïque pourrait se limiter à la seule protection du créancier contre l'insolvabilité. Cette conception restrictive revient à trahir l'esprit des articles 2295 et 2296 du Code civil (ancien article 2018) et entraîne une « *consumérisation* » progressive de la relation entre la caution et le créancier [1]. Le Code civil autorise (implicitement) le créancier à conclure avec une caution réputée insolvable uniquement pour faciliter l'accès au crédit et la croissance économique. Si les dispositions allant dans ce sens sont utilisées à des fins contraires, notamment pour volontairement et inutilement plonger la caution dans des difficultés sans aucun avantage direct pour le créancier, alors l'attribut ainsi exercé mériterait d'être encadré [2].

1. C,'est l'excès dans un sens qui entraîne l'excès inverse : en mettant le créancier dans une telle position dominante, l'on augmente aussi la probabilité qu'un jour, il faille, comme en droit français, rétablir une forme de justice, au profit de la caution.

2. C'est sans doute, en partie pour cela que le droit à une caution solvable est limité aux cas où le débiteur est tenu de fournir une caution et où le créancier n'a pas vraiment le choix. François Chabas, *Introduction à l'étude du droit*, 12e éd., Leçons de droit civil, Henri et Léon Mazeaud, Jean Mazeaud, François Chabas, Montchrestien, 2000, p. 24; Philippe Simler et Philippe Delebecque, *Droit civil, les sûretés - la publicité foncière*, 2016, p. 113; M. Cabrillac et al., *Droit des sûretés*, 2015, p. 394.

2. Une interprétation trop dangereuse du principe de solvabilité

30. Les dangers d'une absence de conciliation entre l'exigence d'efficacité et l'idéal de justice. Si l'on ne tenait compte que des attributs dont dispose le créancier à l'encontre de la caution, celui-ci jouirait d'une protection qui semblerait sacrifier la justice en échange de l'efficacité. Le bénéficiaire d'un cautionnement est doté de droits subjectifs qui sont susceptibles d'être exercés de façon abusive. D'un côté, l'importance croissante des droits doit nécessairement s'accompagner d'un encadrement des attributs, et d'une protection des autres parties ainsi que des tiers contre le risque d'un usage abusif. D'un autre côté, l'augmentation des droits du créancier sur ses cocontractants améliore l'efficacité des garanties dont il bénéficie. Les dispositions de l'AUS en matière d'exigence de solvabilité de la caution sont dans leur ensemble clairement orientées vers une plus grande sécurisation des intérêts du créancier garanti, le tout s'inscrivant dans la démarche plus globale qui vise à accroître l'attractivité du droit OHADA. Il faut donc concilier la volonté de rendre le cautionnement plus efficace, avec l'impératif de justice et d'équilibre. Sinon, la sûreté pourrait être détournée.

La politique juridique menée par l'OHADA consiste bien entendu à favoriser le crédit et l'arrivée d'investisseurs étrangers grâce à des mesures efficaces et une législation favorable aux bailleurs de fonds ; ceux-ci sont donc mis dans une position avantageuse, au détriment parfois des acteurs locaux qui ont très souvent recours au cautionnement, car cette garantie est gratuite et confidentielle. Le cautionnement sied très bien au débiteur impécunieux et aux systèmes juridiques peu sophistiqués. Pour cette même raison, cette sûreté ne rassure pas entièrement le créancier qui tente souvent de renforcer une garantie assise sur un patrimoine brinquebalant. Pour le petit entrepreneur de la zone OHADA, il s'agit bien souvent de la seule sûreté accessible. Le déséquilibre inhérent au contrat de cautionnement est donc alourdi par le contexte local de la zone OHADA.

Conclusion du chapitre

31. **Ergo.** Le droit accordé au créancier d'exiger la solvabilité de sa caution durant toute la vie de la sûreté, ne connaît aucune limite ni aucun obstacle en droit OHADA. Tant que le créancier ne s'immisce pas dans le choix de la caution, il dispose d'un droit fort. Étant donné qu'à l'égard de la caution il n'est qu'un simple créancier chirographaire, l'efficience de la sûreté repose sur cette arme qui se révèle redoutablement défensive. Sans ce droit, la consistance de la garantie devient totalement aléatoire.

Cela explique la conception excessivement favorable au créancier, des articles 2295 et 2296 du Code civil. Elle est moins justifiée de nos jours.

Chapitre 2

L’encadrement du droit à une caution solvable

32. Plan. Entre l'exigence de solvabilité de la caution et la répression des engagements disproportionnés, il n'y a qu'un pas et il convient de le franchir du bon pied. En outre, il semblait *a priori* que la distance séparant le principe de solvabilité du principe de proportionnalité était grande.

La prise en considération du risque encouru par la caution devrait pousser quiconque à faire le pont entre deux principes aux finalités très éloignées. Ainsi s'opère ce changement de philosophie, ce passage d'une conception exclusivement favorable au créancier, à une vision plus équilibrée et plus soucieuse de la préservation du crédit de la caution. Il serait opportun d'aménager la solvabilité en l'adoucissant à l'égard de la caution, plutôt que de reprendre tel quel le régime de la proportionnalité comme prévu par le Code de la consommation français. L'abondante jurisprudence générée par les articles L. 332-1 du Code de la consommation suffit à en prouver la faible efficience. Parce qu'il est question d'une forme de réglementation de l'usage d'un droit du créancier, il serait opportun d'avoir une attitude mesurée, en évitant par exemple les sanctions qui pourraient réduire l'efficience de la garantie [1]. Ce besoin d'équilibre trouve son origine dans les risques d'abus de la part du créancier des attributs dont il dispose (Section I). Sur cette question, l'encadrement de l'exercice d'un droit subjectif prévaut sur la volonté de punir le non-respect d'un devoir d'abstention. (Section II).

Section I Les imperfections du principe de solvabilité

33. Plan. Nous avons vu que la condition de solvabilité de la caution est largement à l'avantage du créancier. Ce principe aboutit à la création d'un nouveau droit du créancier à disposer d'une caution solvable. Ce droit très protégé, mais insuffisamment encadré pourrait être exercé abusivement. Le créancier indélicat pourrait avoir un usage non conforme de ce droit dont la finalité est de l'inciter à adopter une attitude plus complaisante à l'égard de son débiteur (§ 1.). La situation de faiblesse inhérente au statut de la caution serait ainsi aggravée (§ 2.).

1. La sanction emportant suppression totale du droit créancier, ou faisant peser sur celui-ci des compensations financières aux effets similaires à une annulation de droit, serait de nature à vider le cautionnement de sa substance.

§ 1. La finalité oubliée du droit accordé au créancier

34. L'exercice non conforme du droit de poursuite. La lecture exclusivement avantageuse pour le créancier du principe de solvabilité écarte quelque peu l'esprit et la finalité de ce texte qui se voulaient incitatifs à l'égard d'un créancier trop méfiant [1]. L'intérêt du débiteur était donc pris en compte par les rédacteurs du Code civil, bien que cela fut de manière assez indirecte [2]. Sur un autre plan, ce qui pose réellement problème quant aux dispositions du Code de la consommation relatives à la proportionnalité de l'engagement de la caution, n'est pas le fait que le créancier a accepté l'engagement d'une personne qui selon certains critères serait insolvable; mais plutôt que cette personne est poursuivie pour une dette dont elle peut difficilement répondre. Cette attitude est considérée en France, tant par le Palais que par l'École, comme étant révélatrice d'un patent manque de bonne foi de la part du créancier [3].

Un exercice normal et conforme du droit à une caution solvable correspond aux trois situations suivantes : d'abord, parce que le créancier a droit à une caution solvable, il a le droit de choisir sa caution lorsqu'il n'est pas question de cautionnement forcé. Ensuite, s'il n'a pas exercé son droit de choisir sa caution, le créancier qui constate que la caution est devenue par la suite insolvable pourra alors réclamer à son débiteur de lui fournir une autre qui remplit les conditions de l'article 15 de l'AUS [4]. Enfin, il est question de la caution qui s'est engagée est celle que le créancier a désignée par convention. En agissant ainsi, le créancier indique qu'il entend apprécier la solvabilité de la caution à partir d'éléments autres que le patrimoine de celle-ci [5]. C'est donc une autre façon d'exercer son attribut.

Une application anormale du principe de solvabilité de la caution serait lorsque le créancier poursuivrait une caution dont il savait pertinemment qu'elle était insolvable [6]. Une autre hypothèse serait celle où le créancier se servirait de l'engagement de la caution non pas comme une garantie subsidiaire et accessoire, mais plutôt comme

1. Cf *supra* n° 24, p. 28.
2. « *M. Bigot de Préameneu dit qu'il y a aussi des considérations qui militent en faveur du débiteur. Il n'est pas toujours facile de trouver des cautions, surtout lorsque leur solvabilité n'est estimée que d'après les propriétés foncières qu'elles possèdent.* » P. A. Fenet, *Recueil complet des travaux préparatoires du Code civil*, t. 15, 1827, 14è.
3. Cass. com., 17 juin 1997, n° 95-14.105, *Bull. civ.*, *D. Affaires* 1997, p. 929; *Defrénois* 1997, art. 36703, n° 158, p. 1424, obs. Laurent Aynès; *JCP E* 1997, II, p. 1007, note Dominique Legeais; *RTD Civ.* 1998, p. 157, obs. Pierre Crocq. Philippe Dupichot, *Le pouvoir des volontés individuelles en droit des sûretés*, préf. Michel Grimaldi, Éd. Panthéon Assas, 2005, notamment 74, 97, 110 et 118, Anne-Sophie Barthez et Dimitri Houtcieff, *Les sûretés personnelles*, sous la dir. de Jacques Ghestin, LGDJ, 2010, 354, Philippe Simler, *Cautionnement, garanties autonomes, garanties indemnitaires*, 5e éd., LexisNexis, 2015, 881.
4. Cf *supra* n° 22, p. 26.
5. Cf *supra* n° 24, p. 28.
6. Cf *supra* n° 28, p. 31.

une obligation adjointe [1]. La caution ne serait pas un garant en seconde ligne, mais un second débiteur principal. Ce genre de dérive pourrait causer un préjudice à la caution voire au débiteur. Le créancier se comporterait dans ce cas d'une manière contraire au principe de subsidiarité [2].

35. La caractérisation des excès du créancier. Le recours à la théorie de l'abus des droits permet de concilier un élément matériel avec l'idée de bonne foi, réduisant quelque peu le caractère arbitraire de cette notion. Pour cela, l'abus ne serait pas caractérisé par une intention de nuire, mais par le détournement du cautionnement de sa fonction initiale, qui est d'offrir au créancier une solution face à la défaillance de son débiteur [3].

Pour bien appréhender cette autre lecture du principe de solvabilité énoncé par l'AUS, il est nécessaire de se rapprocher du Droit positif français. En effet, la jurisprudence et le Code de la consommation ont opéré un changement décisif en la matière consistant à caractériser un exercice inapproprié du droit à une caution solvable, et plus généralement de la liberté de conclure un cautionnement. Pour cela, les juges français ont énoncé le principe de proportionnalité en opposition avec celui de solvabilité. L'exigence de solvabilité de l'engagement de la caution passe au second plan au profit de la nécessité pour le créancier de s'abstenir de poursuivre une caution lorsque l'engagement de celle-ci dépasse les capacités de son patrimoine [4].

Il résulte du Code de la consommation que le créancier doit observer un devoir d'abstention; la loi lui interdit de mettre en œuvre un cautionnement disproportionné, plutôt qu'elle lui reproche d'en conclure un. C'est d'ailleurs l'interprétation qu'en a donnée la Cour de cassation [5].

Si l'on considérait que la faute était caractérisée par la formation du cautionnement et non par la réalisation de celui-ci, il y aurait alors une discordance entre le moment où cette faute serait commise, et celui elle serait appréciée par le juge. Cela plongerait les parties dans une insécurité juridique, car celles-ci seraient dans l'ignorance quant à la validité du cautionnement et la licéité de leurs stipulations. C'est pour cela qu'il serait plus sûr et juste, que la faute soit caractérisée par la poursuite d'une caution que le créancier sait insolvable.

---

1. Cf *supra* n° 27, p. 30.
2. Cf *supra* n° 27, p. 30.
3. Concernant l'élément intentionnel, l'on ne se contentera pas d'énoncer l'absence de bonne foi, mais plutôt l'attitude, en connaissance de cause, qui nuit à autrui, et qui ne procure aucun bénéfice; le créancier qui poursuit une caution insolvable sans espoir d'être payé manifeste une intention malveillante. L'élément matériel est l'exercice des poursuites, et non la formation du cautionnement.
4. Cf *infra* n° 44, p. 46, *infra* n° 40, p. 42 et *infra* n° 41, p. 43.
5. Cass. com., 13 sept. 2017, n° 15-20.294.

Par ailleurs, la notion d'abus des droits ne heurte pas les dispositions des articles 15 et suivants de l'AUS ; le créancier conserve le droit à une caution solvable, et le principe de solvabilité ne peut pas être invoqué par un autre que lui [1]. Il s'agit d'encadrer le droit de poursuite dont bénéficie le créancier, en empêchant que celui-ci ne tire profit d'une situation injuste.

36. Le non-respect de la finalité du cautionnement. Cette finalité du cautionnement n'apparaît pas à la seule lecture des dispositions du Code civil et de l'AUS en matière de solvabilité de la caution. Les travaux préparatoires du Code civil nous permettent de nous en rendre compte [2]. C'est dans ce sens qu'il faut évaluer et mesurer l'efficience de toutes les garanties ainsi que de leurs qualités. En matière de cautionnement, les droits accordés au créancier seront considérés comme étant efficients s'ils lui permettent d'augmenter ses chances d'obtenir le paiement à l'échéance de façon claire, intelligible, cohérente et optimale. C'est donc tout le sens du droit à une caution solvable qui vise à faciliter l'exécution de l'obligation principale.

Lorsque le créancier ne se conforme pas à cette finalité, notamment en ne respectant pas la condition de subsidiarité ou en exigeant de la caution plus que ce à quoi est tenu le débiteur principal, il commet un abus [3]. Il en est de même lorsque celui-ci accepte l'engagement d'une caution dont il sait pertinemment qu'il dépasse de loin les capacités de celle-ci. Il ne serait pas en train d'user de son droit d'une manière conforme à cette finalité. En la matière, la disproportion de l'engagement de la caution est considérée par l'AUS comme une menace à l'égard du créancier et contre laquelle il est utile de le protéger. Pourtant c'est bien lui qui risque de commettre un abus et pas la caution. La finalité ici du droit que détient le créancier correspond à ce que Josserand appelle l'esprit du droit subjectif. Cet esprit est selon lui « *le critère même de l'abus, critère abstrait qui vient prendre corps et se cristalliser dans la notion du motif légitime ; en définitive, toute cette théorie de l'abus constitue la consécration et la sanction de l'esprit dont sont animées nos différentes prérogatives et dont elle prétend assurer la parfaite observance ; grâce à elle, les droits se réalisent, non pas dans une direction quelconque, mais dans une ambiance sociale, en fonction de leur mission et en conformité avec ces principes généraux qui sont, comme on l'a dit, sous-jacents à la légalité et qui constitue, dans leur ensemble, un droit naturel à contenu variable et comme une superlégalité. [...] C'est parce que nos droits sont doués d'un certain esprit, d'une certaine finalité, qu'ils sont relatifs que leur usage peut devenir abusif* » [4]. Dans le contexte particulier du droit à une caution solvable, cet attribut du créancier se

1. Cf *supra* n° 28, p. 31.
2. P. A. Fenet, *Recueil complet des travaux préparatoires du Code civil*, t. 15, 1827, notamment 10 et s.
3. Louis Josserand, *De l'esprit des droits et de leur relativité, théorie dite de l'abus des droits*, 2e éd., Dalloz, 1939, 291 et s.
4. *Ibid.*, 305.

traduit de différentes manières quand vient le moment de la réaliser. Le créancier dispose d'un droit clairement subjectif dont la légitimité n'est pas en cause, mais plutôt l'ampleur et les modalités d'exercice. L'exercice de ce droit ne saurait donc en aucun cas être en opposition à cette finalité de la politique juridique de l'OHADA. La relation qui peut exister entre une dimension objective à travers la finalité d'un droit et la dimension subjective de celui-ci à travers son exercice contient tout l'intérêt de la théorie de l'abus qui selon nous fournit une issue pertinente à l'impasse à laquelle mènerait une application trop stricte du principe de solvabilité de la caution. Josserand considérait que la jurisprudence française ne faisait que juger l'usage d'un droit subjectif à l'aune de sa finalité, lorsqu'il sanctionne toutes les fois où le créancier est animé d'une intention de nuire, commet une faute dans l'exécution d'un attribut, agit sans intérêt légitime ou encore détourne son droit de sa fonction sociale.

37. **L'intention de nuire ou la mauvaise foi du créancier.** L'intention de nuire se distinguerait de la mauvaise foi en ce sens que la première traduit une ferme intention de causer un préjudice alors que la dernière se caractérise par la seule connaissance d'un préjudice causé à autrui [1]. Dans le cas du créancier bénéficiaire d'un cautionnement, il serait plus facile de caractériser l'absence d'intérêt à poursuivre de celui qui accepte un engagement disproportionné d'une caution.

Pour ce qui est de la faute dans l'exécution de son droit de conclure avec une caution insolvable, il faudra retenir cette qualification s'il était avéré que le créancier avait commis un acte assimilable au dol. Ce dol pourrait facilement être caractérisé lorsque le créancier dissimule au moment de la formation du cautionnement des informations sur la dette garantie qui auraient été déterminantes quant à l'engagement de la caution. Il en est de même si le créancier commet des manœuvres de nature à fausser le consentement de la caution. Par extension, cela conduirait également à alourdir la sanction du défaut d'accomplissement des formalités prévues à l'article 25 de l'AUS, dans les cas où il est établi que le créancier a voulu dissimuler à la caution des informations déterminantes sur les dettes garanties, ce qui n'est pas la chose la plus aisée à établir. Parfois, il n'y a ni réticence ni manoeuvre dolosive, alors que le créancier poursuit concrètement une caution qu'il sait insolvable. cette attitude ne peut rester impunie.

38. **L'absence d'intérêt légitime du créancier ayant choisi de conclure avec une caution insolvable ?** En revanche, l'absence d'intérêt légitime est un critère plus large et plus facile à rencontrer. Lorsque l'acte commis par le créancier ne lui est d'aucune utilité personnelle, alors il est possible de retenir ce critère selon Josserand

1. Louis Josserand, *De l'esprit des droits et de leur relativité, théorie dite de l'abus des droits*, 2e éd., Dalloz, 1939, 271.

qui s'appuie sur la jurisprudence française [1]. Le créancier qui accepte l'engagement d'une personne dont il sait qu'elle ne dispose pas de moyens suffisants pour répondre de la dette garantie, agit sans intérêt légitime : la dette principale n'en est pas plus garantie. Son intérêt qui est censé être la protection contre le risque de défaillance du débiteur principal ne correspond pas à cette démarche. Quant à la fonction sociale du droit du créancier, elle est à la fois économique, car elle vise à faciliter l'accès au crédit des populations peu fortunées et pouvant difficilement apporter des garanties réelles satisfaisantes.

En somme, le juge qui appliquerait l'AUS en étant face à un litige opposant une caution à un créancier ayant abusé du droit conféré par l'article 15 de l'AUS, pourrait utiliser plusieurs fondements pour sanctionner le comportement adopté par ce créancier. Tous ces fondements peuvent être réduits à l'idée de violation de l'esprit du droit à travers son exercice. Les modalités et les critères retenus pour caractériser s'il y a bien eu un exercice non conforme du droit de poursuivre sa caution déterminent tout l'intérêt de cette question d'un point de vue pratique. Le contentieux soulevé par cette question en droit français en est la parfaite illustration [2].

§ 2. La caution en situation de faiblesse

39. L'accentuation de l'unilatéralité. L'existence d'un déséquilibre contractuel n'est pas en soit fâcheuse. Cette situation ne met donc pas en péril le contrat, dont elle est l'une des conditions essentielles. La répression doit en revanche se concentrer sur le déséquilibre particulier qui pourrait exister et les conséquences de celui-ci. En matière de cautionnement, cette disproportion doit s'apprécier dans le contexte de l'opération économique qui comporte cette sûreté. Selon Ph. Dupichot, il ne saurait être question d'invoquer le caractère unilatéral du contrat de cautionnement pour écarter toute réflexion sur la proportionnalité de l'engagement de la caution [3]. Il ne s'agit pas selon l'auteur de comparer deux obligations synallagmatiques, mais bien d'évaluer l'engagement de la caution par rapport à ses ressources.
Selon Sophie Le Gac-Pech, la disproportion pouvant mettre en danger la pérennité

1. L'auteur cite l'arrêt rendu par la Cour de Colmar le 2 mai 1855 ; *ibid.*, 289.

2. Aujourd'hui, en matière de cautionnement, beaucoup d'arrêts de la Cour de cassation sont consacrés à la mention manuscrite et au principe de proportionnalité du cautionnement.

3. Philippe Dupichot, *Le pouvoir des volontés individuelles en droit des sûretés*, préf. Michel Grimaldi, Éd. Panthéon Assas, 2005, 107.

de la relation contractuelle est celle qui correspond à une idée de déséquilibre grave et patent. Le principe de proportionnalité est selon la même auteure « *un mécanisme régulateur du contrat en ce qu'il permet de juguler le défaut d'équilibre* » [1].

Ce déséquilibre susceptible de perturber le contrat n'est alors pas seulement le résultat d'une disproportion des prestations [2]. Il peut être constaté dans « *la relation entre les ressources de la caution et l'étendue de son engagement* » [3]. L'article 15 de l'AUS est quelque peu *à contretemps* parce qu'il met en œuvre une vision du cautionnement que le droit français a progressivement écartée [4]. Cette disposition risque de donner naissance à des solutions « *choquantes* » [5], comme cela a été le cas en droit français. Le choc pouvant être amplifié par les spécificités des économies des États membres de l'OHADA, où se confrontent des entrepreneurs n'ayant qu'une connaissance limitée du droit qui leur est appliqué, et des institutions bancaires beaucoup plus puissantes et bien mieux informées.

40. La nécessité de la protection de la partie faible. L'AUS est muet en ce qui concerne la bonne foi. Le législateur OHADA, de façon générale, ne définit pas la bonne foi même s'il y fait plusieurs fois référence [6]. L'AUS présente donc un quart de siècle de retard par rapport au droit français en matière de protection de la caution et de sanction de la mauvaise foi du créancier qui accepte un engagement excessif [7]. En effet, depuis la loi NEIERTZ [8], le droit français a fait évoluer le principe de proportionnalité. L'article L. 332-1 du Code de la consommation prévoit une

---

1. Sophie LE GAC-PECH, *La proportionnalité en droit privé des contrats*, L.G.D.J., 2000, p. 6.
2. Ce qui exclurait les contrats unilatéraux et donc le cautionnement.
3. Philippe DUPICHOT, *Le pouvoir des volontés individuelles en droit des sûretés*, préf. Michel GRIMALDI, Éd. Panthéon Assas, 2005, 100 et s.
4. Philippe SIMLER, *Cautionnement, garanties autonomes, garanties indemnitaires*, 5e éd., Lexis-Nexis, 2015, 238, Philippe DUPICHOT, *Le pouvoir des volontés individuelles en droit des sûretés*, préf. Michel GRIMALDI, Éd. Panthéon Assas, 2005, 107, *RD bancaire et financier* 2013, obs. Dominique LEGEAIS, 131.
5. Julien RAYNAUD, « La solvabilité de la caution », *PA* 2000, 15.
6. Cette lacune peut notamment s'expliquer par l'absence d'Acte uniforme portant sur le droit général des contrats.
7. Selon plusieurs auteurs, le principe de proportionnalité est fortement lié à l'exigence de bonne foi. D'après l'article 1134 du Code civil, le créancier est tenu, non seulement d'exécuter, mais aussi de conclure son contrat de bonne foi. V. en ce sens Philippe DUPICHOT, *Le pouvoir des volontés individuelles en droit des sûretés*, préf. Michel GRIMALDI, Éd. Panthéon Assas, 2005, 98 ; Julien RAYNAUD, « La solvabilité de la caution », *PA* 2000, 15 ; *RD bancaire et financier* 2013, obs. Dominique LEGEAIS, 350 ; Stéphane PIEDELIÈVRE, « Le cautionnement excessif », *Defrénois* 1998, 13 ; Bertrand FAGES, *Droit des obligations*, 4e éd., L.G.D.J., 2013.
8. Loi n° 89-1010 du 31 décembre 1989 dite loi NEIERTZ 1989.

protection de la caution personne physique qui s'engage envers un établissement de crédit. La disproportion manifeste suffit à entraîner l'extinction du cautionnement, même si la caution n'est pas insolvable [1].

41. Le passage de l'exigence de solvabilité au principe de proportionnalité. Parce que l'exigence de solvabilité donne lieu à une évaluation des capacités financières de la caution par rapport à la dette garantie, le glissement vers une évaluation de la proportionnalité de l'engagement de la caution par rapport à son patrimoine est assez naturel. Il restait à fixer les critères permettant de constater ou non l'existence d'une disproportion. Les finalités divergentes du principe de solvabilité et du principe de proportionnalité seront déterminantes.

L'on tiendra compte des éléments du passif de la caution, contrairement à l'évaluation de la solvabilité. Le changement est ainsi fait, car à présent, la partie la plus menacée par cet engagement disproportionné est la caution et non le créancier [2]. En droit français, le créancier qui partait avec un droit protégé par le Code civil et finit avec une nouvelle responsabilité à l'égard de la caution en plus du devoir de mise en garde et de l'obligation d'information [3]. En droit OHADA, il est possible de bien conserver la protection du créancier avec le droit à une caution solvable en y ajoutant une sécurité contre l'exercice abusif de ce droit.

Les principales cibles du Code de la consommation sont les banques et autres professionnels du même genre qui doivent désormais se soumettre au principe de proportionnalité. Grâce à ce bénéfice dont profite la caution, le créancier sera responsable s'il accepte l'engagement d'une caution qui présente un caractère manifestement disproportionné, au regard de ses biens et de ses revenus [4]. Dans un arrêt rendu le 17 juin 1997 par la Chambre commerciale de la Cour de cassation, il a été décidé que le créancier qui avait accepté le cautionnement manifestement excessif par rapport au patrimoine du constituant devait être condamné au versement de dommages et intérêts dont le montant était fixé de telle sorte que cet engagement était compensé. La Chambre commerciale de la Cour de cassation étend au cautionnement la notion de proportionnalité dégagée par le droit de la consommation [5]. Ce que

1. Philippe SIMLER, *Cautionnement, garanties autonomes, garanties indemnitaires*, 5e éd., LexisNexis, 2015, 247. Il est possible de saluer cette prise en compte de l'intérêt de la caution, tout en étant en désaccord avec le niveau de sanction fixé par le Code de la consommation.

2. Cela est surtout vrai si ce créancier dispose d'un avantage considérable, notamment lorsqu'il s'agit d'un professionnel en face d'un profane.

3. Anne-Sophie BARTHEZ et Dimitri HOUTCIEFF, *Les sûretés personnelles*, sous la dir. de Jacques GHESTIN, LGDJ, 2010, 355. Cf *supra* n° 17, p. 23.

4. Cass. com., 17 juin 1997, n° 95-14.105, *Bull. civ.*, *D. Affaires* 1997, p. 929 ; *Defrénois* 1997, art. 36703, n° 158, p. 1424, obs. Laurent AYNÈS ; *JCP E* 1997, II, p. 1007, note Dominique LEGEAIS ; *RTD Civ.* 1998, p. 157, obs. Pierre CROCQ.

5. J. CALAIS-AULOY, « L'influence du droit de la consommation sur le droit civil des contrats », *RTD civ.* 1993. 1.

Ph. SIMLER appelle le bénéfice de disproportion est surtout un devoir du créancier de ne pas poursuivre la caution qui s'engage auprès de lui pour un montant qui est nettement supérieur à ses capacités financières, tel que cela a été décidé dans le célèbre arrêt « MACRON » [1]. En l'espèce, un établissement de crédit était bénéficiaire d'un aval souscrit par le dirigeant d'une société et garantissant la dette de celle-ci. Cet établissement de crédit demandait à l'avaliste le paiement de la dette garantie d'un montant de 20 millions de francs français. La Chambre commerciale de la Cour de cassation a décidé que le créancier sécuriféraire ne pouvait être de bonne foi et avait commis une faute en agissant en paiement de cet aval, car celui-ci n'avait aucun rapport avec le patrimoine et les revenus du garant. La Cour de cassation, tout comme les juges du fond ont tenu compte du fait que l'avaliste, qui était une personne physique, n'avait pas commis d'erreur viciant son consentement et avait souscrit un engagement beaucoup trop lourd pour ses capacités. Le créancier était coupable d'avoir fait souscrire une telle garantie disproportionnée.

Le fait que cette décision concerne un aval ne fait pas obstacle à une transposition au cautionnement. L'arrêt a entraîné un flot de contentieux et plusieurs cautions, averties ou profanes, de bonne ou mauvaise foi, y ont trouvé une échappatoire [2]. Cette décision ne prévoit pas de limite liée au montant de la dette garantie, à la nature de celle-ci, ou encore à la situation et à la quantité d'information dont disposerait la caution. Pire encore, cette décision décharge une caution qui serait dirigeante de la société débitrice. Plusieurs auteurs avaient alors exprimé leur désaccord [3]. Par la suite, la Cour de cassation a posé des limites au principe de proportionnalité.

42. Le créancier face à une caution non avertie. La Cour de cassation a fini par préciser le profil du bénéfice de disproportion à l'occasion d'un arrêt « NAHOUM » rendu la Chambre commerciale le 8 octobre 2002 [4]. Dans cette décision, la Chambre commerciale de la Cour de cassation refuse d'accorder le bénéfice de disproportion au président du conseil d'administration et au directeur général qui ont cautionné leur société, car ceux-ci n'établissaient pas que le créancier sécuriféraire, disposait d'informations ignorées des cautions elles-mêmes, notamment sur leurs propres patrimoines et revenus. Les juges ont retenu le fait que les cautions, par rapport

1. Philippe SIMLER, *Cautionnement, garanties autonomes, garanties indemnitaires*, 5e éd., LexisNexis, 2015, 247 ; Philippe DUPICHOT, *Le pouvoir des volontés individuelles en droit des sûretés*, préf. Michel GRIMALDI, Éd. Panthéon Assas, 2005, 108.

2. *Ibid.*, 109.

3. Cass. com., 17 juin 1997, n° 95-14.105, *Bull. civ.*, *D. Affaires* 1997, p. 929 ; *Defrénois* 1997, art. 36703, n° 158, p. 1424, obs. Laurent AYNÈS ; *JCP E* 1997, II, p. 1007, note Dominique LEGEAIS ; *RTD Civ.* 1998, p. 157, obs. Pierre CROCQ.

4. Cass. com., 8 oct. 2002, n° 99-13.619, *Bull. civ.*, *JCP E* 2002, p. 1730, note Dominique LEGEAIS ; *JCP G* 2003, I, n° 6, p. 124, obs. Philippe SIMLER ; *RTD Civ.* 2003, p. 124, obs. Pierre CROCQ ; *Defrénois* 2003, p. 456, note Stéphane PIEDELIÈVRE ; *Defrénois* 2003, p. 411, obs. Philippe THÉRY.

au bénéficiaire, avaient plus d'informations sur leurs facultés de remboursement. Les cautions dites averties sont ainsi exclues du champ d'application du principe de proportionnalité, dégagé par l'arrêt « MACRON ».

L'on passe d'un excès à l'autre. Les conditions trop larges de l'arrêt « MACRON » contrastent avec celles beaucoup trop sévères de l'arrêt « NAHOUM ». Dans le premier cas, le créancier est condamné alors même que la caution était avertie et disposait d'informations qu'il n'avait pas. Dans le second, la caution qui voudrait mettre en œuvre le principe de proportionnalité devait démontrer que le créancier sécuriféraire avait des informations sur son patrimoine qu'elle-même ignorait. Ces conditions en pratique sont irréalisables [1].

43. Le créancier face à une caution personne physique. La solution sera apportée par la loi « DUTREIL » n° 2003-721 du 1re août 2003 qui introduit l'article L. 332-1 du Code de la consommation (ancien article L. 341-4) disposant « *qu'un créancier professionnel ne peut se prévaloir d'un contrat de cautionnement conclu par une personne physique dont l'engagement était, lors de sa conclusion, manifestement disproportionné à ses biens et revenus, à moins que le patrimoine de cette caution, au moment où celle-ci est appelée, ne lui permette de faire face à son obligation* ». En vertu de l'article L. 332-1, le bénéfice de disproportion profite à toute personne physique qui souscrit un cautionnement auprès d'un créancier professionnel. Aucune précision n'est apportée quant à la nature même de l'obligation garantie. L'on se contente de préciser que la caution doit être une personne physique, ce qui n'exclut donc pas les cautions averties. Également, les informations dont disposerait le créancier sur la santé financière de la caution ne sont plus vues comme étant pertinentes. Toutefois, le fait que ce texte soit inséré dans le Code de la consommation permet d'exclure son application en matière commerciale. Enfin, du point de vue du créancier, celui-ci doit avoir conclu la garantie dans le cadre de son activité professionnelle, ce qui exclut les créanciers qui ne sont que simples particuliers, ou des professionnels qui agissent en dehors de leur activité [2].

1. L'article L. 332-1 du Code de la consommation s'inspire de l'ancien article L. 313-10 du même Code et qui a été abrogé en 2016. Philippe DUPICHOT, *Le pouvoir des volontés individuelles en droit des sûretés*, préf. Michel GRIMALDI, Éd. Panthéon Assas, 2005, 109, Anne-Sophie BARTHEZ et Dimitri HOUTCIEFF, *Les sûretés personnelles*, sous la dir. de Jacques GHESTIN, LGDJ, 2010, 357.

2. Philippe SIMLER, *Cautionnement, garanties autonomes, garanties indemnitaires*, 5e éd., LexisNexis, 2015, 885.

44. **L'obligation de ne pas conclure ou de ne pas poursuivre?** La loi « Dutreil » présente l'avantage notable de ne pas faire du principe de proportionnalité une condition de validité du cautionnement, ce qui forcerait le créancier, désirant accepter l'engagement d'une caution à son égard, à faire des vérifications fastidieuses [1]. Par ailleurs, la sanction de la violation de ce principe serait la nullité. Cependant, Ph. Dupichot estime que« *contracterait de façon déloyale et manquerait à l'obligation de contracter les conventions de bonne foi, le créancier qui demanderait à sa caution de s'engager de manière disproportionnée par rapport à ses biens et ses revenus. On ne contracte pas de bonne foi quand on prend sciemment le risque de l'exclusion sociale d'une caution personne physique ou de l'ouverture d'une procédure de liquidation judiciaire immédiate à l'encontre d'une caution personne morale, et ceci alors même que son cocontractant ne retirera bien souvent aucune contrepartie de son engagement* » [2]. L'auteur juge donc que la faute serait commise au moment de la conclusion du contrat lorsque celui-ci accepte l'engagement disproportionné de la caution. A.—S. Barthez et D. Houtcieff partagent cette analyse, car selon eux, « *la faute considérée est nécessairement préalable à la formation du contrat. Il s'agit de sanctionner le créancier qui a laissé la caution s'engager de manière excessive* » [3].

Il nous paraît toutefois que la faute du créancier sanctionnée par l'article L. 332-1 du Code de la consommation n'est pas caractérisée par la conclusion d'un cautionnement disproportionné, car si cela était effectivement le cas, le texte n'aurait pas exclu de son champ d'application les cas où il y a disparition de cette disproportion initiale, du fait de la revalorisation du patrimoine de la caution. En effet, si au moment de l'appel en paiement, il se trouve que la disproportion que l'on avait constatée à la formation du cautionnement n'existe plus au stade de la réalisation de celui-ci, alors la caution ne peut plus opposer son bénéfice de disproportion. Un autre élément permet de considérer qu'il ne s'agit pas d'une interdiction de *conclure* un cautionnement excessif, mais plutôt d'une interdiction de *réaliser* un cautionnement excessif : l'article L. 332-1 du Code de la consommation empêche le créancier professionnel de « *se prévaloir [du] contrat de cautionnement* ». L'attention est donc portée sur l'appel en paiement et non sur la conclusion de la garantie [4]. Ce n'est donc pas le comportement du créancier au moment de la formation, du cautionnement qui est stigmatisé, ni même la simple disproportion objective de l'engagement de la caution [5]. Le Législateur a, semble-t-il, voulu inciter le créancier à tenir compte des chances de

1. C. consom., art. L.332-1.
2. Philippe Dupichot, *Le pouvoir des volontés individuelles en droit des sûretés*, préf. Michel Grimaldi, Éd. Panthéon Assas, 2005, 110 et s.
3. Anne-Sophie Barthez et Dimitri Houtcieff, *Les sûretés personnelles*, sous la dir. de Jacques Ghestin, LGDJ, 2010, 358.
4. Anne-Sophie Dupré-Dallemagne, *La force contraignante du rapport d'obligation, recherche sur la notion d'obligation*, Presses universitaires d'Aix-Marseille, 2004, 425.
5. V. cependant Anne-Sophie Barthez et Dimitri Houtcieff, *Les sûretés personnelles*, sous la dir. de Jacques Ghestin, LGDJ, 2010, 359.

succès de l'opération garantie. Avec une telle lecture, le principe de proportionnalité s'avère beaucoup plus facile à introduire dans l'AUS. En effet, les articles 15 et 16 de l'AUS se concentrent aussi sur l'appel en paiement en faisant en sorte de minimiser les risques d'infructuosité de celui-ci grâce à l'exigence de solvabilité de la caution. A.—S. BARTHEZ et D. HOUTCIEFF admettent d'ailleurs que la jurisprudence s'est rangée du côté de la responsabilité contractuelle du créancier qui viole le principe de proportionnalité ; cela signifie pour les juges français que la faute commise par le créancier est survenue après la conclusion du contrat de cautionnement [1].

45. **Disproportion rédhibitoire et disproportion manifeste.** Il nous semble évident que le droit OHADA doit contenir des règles encadrant l'exercice des attributs accordés au créancier par l'article 15 et 16 de l'AUS. La mise en œuvre de ces droits subjectifs est très susceptible de donner lieu à des abus qui consistent notamment à placer la caution en surendettement. L'idée même que le créancier puisse commettre une faute dans l'exercice de cet attribut marque le changement de la conception de la solvabilité de la caution dans le contexte français. Bien qu'il s'agisse de contextes économiques différents, les raisons qui ont poussé à l'attribution d'un bénéfice de disproportion à la caution française personne physique sont plus pertinentes dans le contexte OHADA où les revenus et les patrimoines des individus sont beaucoup moins importants. Également, les articles 15 et 16 de l'AUS protègent le créancier contre une disproportion de l'engagement de la caution qui viderait la garantie de sa substance [2].

Cette disproportion rédhibitoire qui correspond à l'insolvabilité de la caution entraîne le remplacement de la caution selon les dispositions de l'article 15 de l'AUS ou du remplacement du cautionnement, selon les dispositions de l'article 16 du même texte. Cet attribut doit être complété selon nous par un principe de proportionnalité distinct, mais inspiré de l'article L. 332-1 du Code de la consommation français. Cette disproportion dite *manifeste* est bien différente de la disproportion dite *rédhibitoire*. Elles sont même incompatibles. Il ne s'agit pas d'une évaluation purement objective et patrimoniale. Comme le disent si bien A.-S. BARTHEZ et D. HOUTCIEFF, il est difficile d'admettre que ce mauvais comportement du créancier se déduit du seul constat de la disproportion [3]. Le caractère imprécis de la définition de cette disproportion manifeste serait dû à l'origine jurisprudentielle de ce principe élaboré au plus près de la pratique [4]. L'article L. 332-1 du Code de la consommation parle du montant

1. *Ibid.*, 358.
2. Cf *supra* n° 10, p. 20.
3. Anne-Sophie BARTHEZ et Dimitri HOUTCIEFF, *Les sûretés personnelles*, sous la dir. de Jacques GHESTIN, LGDJ, 2010, 359.
4. L'on peut souligner qu'au contraire, la disproportion rédhibitoire est quant à elle purement arithmétique et compare la valeur des éléments de l'actif du patrimoine de la caution avec le montant de la dette garantie.

de la dette garantie qui ne doit pas être manifestement disproportionné au regard de biens et des revenus de la caution. Tout est donc dans le « *manifestement* ». Selon Ph. SIMLER, cela ne peut que signifier l'insolvabilité ; l'auteur recommande donc de laisser la question à l'appréciation souveraine des juges [1]. Même si cette mesure doit être interprétée à l'avantage de la caution, le souci d'efficacité du régime devrait en accroître la sécurité juridique, notamment en permettant au créancier d'anticiper les modalités d'application.

La tâche est compliquée par la prise en compte d'éléments tels que le succès escompté de l'opération envisagée, en laissant de côté le montant de la dette garantie [2]. À l'occasion d'arrêts plus récents, la Chambre commerciale de la Cour de cassation a décidé qu'il ne fallait pas tenir compte des revenus escomptés de l'opération garantie pour apprécier la disproportion [3]. Il est cependant nécessaire de faire prévaloir les idées favorables à une plus grande accessibilité au crédit. Or, pour encourager l'activité économique tout en se protégeant contre les risques d'abus, il serait préférable de définir le principe de proportionnalité du cautionnement de façon à prendre en compte les chances de succès et les revenus escomptés de l'opération garantie. En effet, ce serait une meilleure allocation des ressources et une plus grande incitation au financement de projets potentiellement rentables portés par des acteurs disposant de faibles garanties. Dans le contexte du droit OHADA, une telle lecture serait plus en phase avec la réalité.

1. Philippe SIMLER, *Cautionnement, garanties autonomes, garanties indemnitaires*, 5e éd., LexisNexis, 2015, 885.

2. Cass. com., 17 déc. 2003, n° 01-13.419, *Bull. civ.*, La Cour de cassation a considéré que « *la cour d'appel, qui, en écartant une allégation insuffisante de la société, n'a pas inversé la charge de la preuve et qui, pour apprécier la disproportion, devait tenir compte du succès escompté de l'opération financée et non du montant de la dette garantie, a caractérisé la faute de la société qui a fait souscrire à la caution un engagement disproportionné à ses revenus et à son patrimoine et engagé sa responsabilité à ce titre* ».

3. Cass.com., 27 jan. 2015, n° 13-24.778.

Section II Les possibles sanctions de l'abus du droit commis par le bénéficiaire du cautionnement

46. Plan. Bien que le créancier visé par cette sanction commette un abus, l'optimisation de l'environnement des affaires ainsi que le maintien d'une certaine attractivité économique poussent à privilégier les solutions les plus respectueuses de la sécurité juridique (§ 1.). Par ailleurs, il serait assez paradoxal qu'en matière de proportionnalité, l'on opte pour une sanction conçue à partir d'une vision binaire. Il faut alors réfléchir au niveau de sanction le plus adéquat (§ 2.).

§ 1. L'objectivation de la faute du créancier : un accroissement de la sécurité juridique

47. L'exercice abusif du droit de poursuivre la caution. Le créancier qui a conclu un cautionnement manifestement disproportionné ne commet pas de faute (ou ne peut être le seul fautif[1]). Premièrement, cette responsabilité exclusive serait une façon de déresponsabiliser excessivement la caution, comme si celle-ci s'était engagée en ignorant toute de l'ampleur du risque, au mépris de la mention manuscrite. Aussi, l'amélioration du patrimoine ou des revenus de la caution ferait disparaître la disproportion si toutefois cette amélioration était antérieure à l'appel en paiement[2]. Il s'agirait donc d'un abus du droit de poursuite, qui serait constaté non pas par une faute commise au moment de la conclusion du cautionnement, mais par la simple disproportion de l'engagement de la caution au moment de l'appel en paiement. Cette poursuite serait le résultat d'un non-respect de la fonction du cautionnement; au lieu de profiter de sa fonction de garantie, le créancier utiliserait le cautionnement à des fins autres. Poursuivre une caution dont l'engagement serait disproportionné au sens de l'article L. 332-1 du Code de la consommation français mettrait celle-ci dans une situation financière trop difficile, tout en ne permettant pas à ce créancier d'augmenter ses chances d'être payé. N'ayant aucun intérêt légitime d'un point de vue économique, et causant un préjudice important à la caution en connaissance de cause, le créancier commet une faute au moment de l'appel en paiement[3].

1. Anne-Sophie Barthez et Dimitri Houtcieff, *Les sûretés personnelles*, sous la dir. de Jacques Ghestin, LGDJ, 2010, 359.
2. Article L. 332-1 Code de la consommation.
3. *RD bancaire et financier* 2013, obs. Dominique Legeais, 175; Philippe Simler, *Cautionnement, garanties autonomes, garanties indemnitaires*, 5e éd., LexisNexis, 2015, 886.

48. La subjectivité de la notion de bonne foi. Selon A.-S. Barthez et D. Houtcieff, la simple disproportion serait une faute objective du créancier. « *Le fait de faire souscrire un cautionnement disproportionné par rapport au patrimoine et aux revenus de la caution [...] est nécessaire et suffisant pour établir la faute du créancier* » [1]. Ces mêmes auteurs écartent l'idée défendue par Ph. Dupichot qui rattache l'exigence de proportionnalité à celle de bonne foi [2]. Ils affirment que cette notion n'est pas « objectivable », et lui préfèrent l'idée d'une faute caractérisée par la simple violation d'une obligation de s'abstenir de conclure une garantie excessive au sens de la loi « Dutreil ». Nous partageons l'idée selon laquelle le concept de bonne foi est trop subjectif. Cependant, nous considérons que la faute reprochée au créancier n'est pas antérieure à la formation de la caution ; elle intervient très justement au moment de l'appel en paiement. Pour que l'évaluation de la solvabilité ainsi que celle de la faute du créancier préservent l'efficience de cette garantie, celles-ci doivent éviter d'être trop subjectives ; ce qui ne les empêche en rien d'être relatives. En effet, si l'évaluation peut être objective dans un but d'efficacité, cela n'exclut pas une approche relativisée.

49. Des disproportions non cumulables. Le principe de proportionnalité ne peut sanctionner un créancier qui s'engage avec une caution qu'il n'a pas choisie et dont il n'a pas été en mesure de vérifier les garanties de solvabilité. Comment en effet pourrait-on reprocher au créancier le caractère excessif de son engagement alors que celui-ci a conclu avec une caution fournie par son débiteur et validée par le juge ? La disproportion rédhibitoire que sanctionne l'article 15 de l'AUS, menace le créancier, qui est une partie à un cautionnement. Cette menace survient lorsque la caution n'a pas subi au préalable un contrôle de ses capacités d'endettement [3]. Le cautionnement dans lequel le créancier a privilégié des critères de solvabilité autres que ceux définis par l'article 15 de l'AUS, présente de plus grands risques d'abus de la part du créancier qui pourrait appeler en paiement une caution en difficulté financièrement. En vertu de l'article 15 de l'AUS, le créancier exerce son droit de choisir sa caution ; cet attribut exclut un certain nombre d'avantages légaux et doit compléter selon nous le bénéfice de disproportion.

50. Le droit du créancier de conclure un cautionnement « excessif ». En l'état actuel du Droit positif OHADA, rien n'empêche un créancier de conclure un cautionnement excessif. Il peut légalement accepter l'engagement d'une caution dont il sait que le patrimoine ne permet pas de payer la dette garantie. Et si une

1. Anne-Sophie Barthez et Dimitri Houtcieff, *Les sûretés personnelles*, sous la dir. de Jacques Ghestin, LGDJ, 2010, 363.

2. Philippe Dupichot, *Le pouvoir des volontés individuelles en droit des sûretés*, préf. Michel Grimaldi, Éd. Panthéon Assas, 2005, 98 et s.

3. *Ibid.*, 117.

caution est fournie en vertu d'une convention entre le débiteur et le créancier de l'obligation garantie, celui-ci pourra même se prévaloir des dispositions des articles 15 et 16 de l'AUS. Il est clair que la disproportion de l'engagement de la caution est un évènement qu'il est nécessaire d'appréhender de plusieurs façons afin d'éviter les cas injustes. Lorsque cette disproportion est de nature rédhibitoire, elle équivaut à une absence de garantie. Lorsqu'elle est de nature manifeste, elle correspond à un détournement de garantie. Dans les deux cas, la sanction est nécessaire.

51. **La caution livrée au bon vouloir du créancier.** Ce créancier bénéficie déjà des dispositions des articles 15 et 16 de l'AUS. Il est donc en mesure de conclure un cautionnement présentant une disproportion rédhibitoire ; il pourra en demander l'exécution, mais pas le remplacement. Dans le cas où il en demanderait l'exécution, la caution ne disposera d'aucun recours, si ce n'est espérer qu'un juge puisse constater la mauvaise foi du créancier ou son intention de lui nuire. Aucun texte ne prévoit précisément cette possibilité. Le risque encouru par la caution dépasse le seul cadre de la disproportion rédhibitoire. Cela explique la nécessité de prévoir une sanction ne s'appliquant pas seulement aux cas de disproportion rédhibitoire.

52. **L'appréciation relative de la disproportion manifeste du cautionnement.** Cette disproportion sera donc mesurée en tenant compte des éléments du passif de la caution contrairement à ce qui est prévu en cas de disproportion rédhibitoire. Au lieu de se limiter à rechercher au sein du patrimoine de la caution la présence de biens suffisants pour répondre de la dette garantie, il faudra comparer les éléments de l'actif à ceux du passif et déterminer ainsi les risques de surendettement que cette garantie fait courir à la caution ; cette prise en compte des éléments du passif de la caution va dans le sens d'une appréciation subjective, qui atteint son comble avec l'insertion de notion telle que la bonne foi ou l'intention de nuire. En matière d'insolvabilité, une appréciation plus objective est préférable afin de préserver la sécurité juridique, surtout si l'on tient compte du fait que le créancier est censé avoir renoncé à une partie de sa liberté ; l'évaluation doit alors seulement se contenter de vérifier la réalité matérielle de la garantie.

Mais en matière de disproportion manifeste, l'on cherche davantage à protéger la caution. Pour être efficace, cette protection contre un abus doit être conforme aux spécificités de celui à qui elle est censée bénéficier. Cet abus ne peut être constaté que dans les hypothèses où le créancier a effectivement fait usage d'un droit subjectif. Le juge appréciera donc au cas par cas dans quelle mesure la caution est menacée par cette garantie, ainsi que le détournement de la garantie de sa fonction sociale.

§ 2. La détermination adéquate du niveau de sanction

53. La nécessité d'une sanction adaptée à l'ampleur de la faute commise. La sanction préconisée en cas de disproportion manifeste dépendra grandement de la définition que l'on donnera à la faute reprochée au créancier. Si l'on considère que les agissements de celui-ci privent le contrat d'une condition essentielle, alors il suffit de lui retirer tout bénéfice qu'il pourrait tirer de cette convention. Si l'on estime en revanche que le créancier a abusé d'un droit dont il est le titulaire, alors la sanction ne s'appliquera pas à toute forme d'exercice de ce droit, mais uniquement à sa dimension excessive. L'on cherchera à cantonner la situation dans les limites acceptables. Là se trouve toute la différence entre la sanction préconisée par le droit français de la consommation et celle qui serait plus mesurée.

54. La sanction du défaut d'un élément essentiel du contrat de cautionnement. La Cour de cassation française adopte une lecture assez stricte de la formule employée par l'article L. 332-1 du Code de la consommation : l'impossibilité de se prévaloir du cautionnement disproportionné doit selon elle entraîner une décharge complète de la caution [1]. Sans annuler purement et simplement le cautionnement, les juges préfèrent une solution aux conséquences similaires. Il n'est pas possible de limiter les effets de la sanction aux points sur lesquels il y a effectivement disproportion [2]. Cette interprétation des juges se marie mal d'une part avec l'idée selon laquelle la disproportion s'apprécie au moment de la formation du cautionnement, et d'autre part avec la possibilité d'écarter cette sanction dans les cas où l'insolvabilité présente à la conclusion de la garantie aurait disparu au moment de la réalisation de celle-ci. Selon Ph. Simler, « *ce tout ou rien est très insatisfaisant, d'autant que l'appréciation de la disproportion n'obéit pas à des paramètres objectifs et est empreinte d'une certaine subjectivité* ». En réalité, ce n'est pas la caution qui est déchargée, mais plutôt le créancier qui est empêché de poursuivre.

55. La sanction de l'usage abusif d'un droit. Cette poursuite exercée dans ces circonstances serait un abus de droit de la part du créancier. Cet abus causant un préjudice à la caution, il ne reste plus qu'à en évaluer l'ampleur afin d'en déterminer la juste réparation. Ce préjudice ne saurait en principe être d'un montant nécessairement proche de celui de l'obligation de la caution. En pratique, cela reviendrait à annuler le cautionnement. Selon A. Barthez et D. Houtcieff, ce préjudice se consolide au moment de l'appel en paiement. La part de l'obligation souscrite dépassant les capacités de la caution devrait seule être concernée par la sanction appli-

1. Cass. ch. mixte 27 févr. 2015.
2. Cass. com., 22 juin 2010.

cable[1]. En rétablissant un certain équilibre, sans pour autant anéantir la garantie, l'on préserve d'une certaine manière le droit du créancier ainsi que sa sécurité juridique. Il est alors nécessaire de faire une évaluation précise du patrimoine de la caution en tenant compte des éléments du passif, à partir des preuves fournies par celle-ci.

Ainsi, il serait alors demandé au créancier de verser des dommages et intérêts à la caution dont l'objectif est de ramener l'obligation de celle-ci à des proportions plus raisonnables.

Conclusion du chapitre

56. Ergo. Les droits significatifs accordés au créancier grâce au principe de solvabilité de la caution amplifient la domination de celui-ci sur le débiteur. Tout cela se fait avec une assez mauvaise exploitation du crédit du constituant dans le cadre du droit français[2] ; du côté du droit OHADA, l'on peut souligner une certaine sous-estimation du risque d'abus que peuvent représenter ces attributs[3].

La protection du consommateur ne fait pas nécessairement partie des préoccupations de l'OHADA. Pour autant, rien n'empêche le Conseil des ministres d'en décider autrement[4]. D'ici là, il reviendra au juge OHADA de parer aux éventuels abus que le créancier pourrait commettre dans l'exercice de son droit à une caution solvable.

L'évaluation de l'efficience de ce droit montre alors que celui-ci peine à réaliser l'objectif que lui avaient assigné les rédacteurs du Code civil au moment de l'insérer dans ce texte[5]. En effet, la volonté de faciliter l'accès au crédit ainsi que la préservation de la garantie expose la caution à un risque beaucoup trop grand. S'il n'est pas dissuasif, il entraînerait de fâcheuses conséquences pour les constituants et les tiers. L'encadrement nécessaire d'un tel droit du créancier doit toutefois se garder de tomber dans une trop grande consumérisation du droit des affaires. Il conviendrait de trouver un juste milieu entre le maintien d'une protection du créancier contre

1. Anne-Sophie BARTHEZ et Dimitri HOUTCIEFF, *Les sûretés personnelles*, sous la dir. de Jacques GHESTIN, LGDJ, 2010, 366.
2. Cf *supra* n° 14, p. 22.
3. Cf *supra* n° 35, p. 38.
4. Traité OHADA, art. 2.
5. Cf *supra* n° 36, p. 39.

l'insolvabilité, et une protection de la caution dans les cas où il y aurait des abus. Il serait bon de trouver un juste milieu entre le maintien d'une protection du créancier contre l'insolvabilité de la caution et du débiteur, et la protection de la caution contre les abus éventuels du créancier.

Titre II

Le droit de se faire payer

57. **Plan.** Le créancier est avant tout quelqu'un qui croit. Il se définit comme étant celui qui attend la future réalisation d'une certaine prestation. Puis il est celui qui peut exiger et obtenir cette réalisation. Tout ceci constitue son droit de se faire payer. Il est possible de le diviser en deux catégories pour en faciliter l'étude. Le droit de se faire payer comprend d'une part ce que l'on est en droit d'exiger de l'autre, et d'autre part la façon légitime de l'exiger. En matière de sûretés personnelles, cela correspond à la question du *quoi*, c'est-à-dire la faculté de demander le paiement d'une somme d'argent ou de la dette d'autrui (Chapitre1) [1]. Quant au *comment*, cela revient à s'interroger sur la possibilité d'exiger un paiement de manière subsidiaire, ou bien à première demande (Chapitre2).

1. L'on retrouve ici la séparation entre le cautionnement qui a pour objet le paiement de la dette d'autrui, et la garantie autonome qui a pour objet le paiement d'une somme d'argent.

Chapitre 1

Le droit de se faire payer une somme d'argent ou la dette d'autrui

58. Le membre fantôme. Le régime juridique des sûretés personnelles se révèle beaucoup plus simple que la réalité qu'il est censé régir. Pourtant, ces contrats qui ne mettent en présence que deux parties s'appliquent en réalité à une opération à trois personnes. En effet quand on parle du cautionnement ou de la garantie autonome, l'opération économique se distingue singulièrement de la réalité juridique. Le contrat de sûreté personnelle unit le garant ou la caution d'un côté, et le créancier sécuriféraire de l'autre. Cette complexité du droit des garanties personnelles est provoquée par le fait que l'acte juridique voit deux personnes là où l'acte économique en voit trois. Cela crée de nombreux effets liés à l'existence de ce tiers qui n'en est pas réellement un. Tel un membre fantôme de ce contrat de garantie, le débiteur principal à travers sa relation contractuelle avec le créancier sécuriféraire se manifeste dans la sûreté de manière plus ou moins forte. L'intensité de cette présence fantôme déterminera le niveau d'accessoriété ou d'autonomie de la garantie. D'ailleurs, l'essentiel des divergences entre le cautionnement et la garantie autonome tient au fait que le premier fait un pas vers la prise en compte de cette réalité économique, quand l'autre s'en éloigne résolument, en faisant semblant d'ignorer l'existence de cette troisième personne. Cela n'empêche que la garantie autonome est un accessoire de la dette principale, sans être *accessoire* [1]. Là-dessus, il est inutile de nier l'évidence : toutes les sûretés personnelles sont liées à la dette principale, y compris la plus indépendante et la plus autonome d'entre elles [2].

À partir de là, le cautionnement et la garantie autonome s'éloignent progressivement l'une de l'autre, étant régis par des règles différentes qui ont toutes le même objectif : conforter la position du créancier et augmenter l'efficience de ses droits dans le cadre du contrat garanti. Chacune de ces deux garanties personnelles épouse ainsi des traits différents qui marquent profondément leur identité, au point d'être confondue avec ceux-ci. Respectivement, ces sûretés sont devenues les parangons de l'accessoriété et de l'autonomie des sûretés. À tel point que nous jugeons qu'il est très peu utile de s'attarder sur l'accessoriété ou l'autonomie des autres garanties personnelles voire des sûretés réelles; sans exclure la possibilité qu'elles puissent être plus complexes, elles ne présentent pas selon nous suffisamment de spécificité quant à leur régime. L'accessoriété est ce qui permet donc d'identifier le cautionnement parmi les garanties personnelles [3]. Lorsqu'une dette est assortie d'un cautionnement, le caractère accessoire de celui-ci fera que son sort sera lié à celui de cette dette. Le

1. Christophe JUILLET, *Les accessoires de la créance*, Defrénois, 2009, 13.
2. Philippe SIMLER, *Cautionnement, garanties autonomes, garanties indemnitaires*, 5e éd., LexisNexis, 2015, 47.
3. L'AUS n'en prévoit que deux explicitement, mais en donne une définition suffisamment large qui permet d'en conclure d'autres. AUS, art. 4.

cautionnement, contrairement à la garantie autonome, puise sa raison d'être dans la dette principale, tout simplement parce que celui qui se porte caution, s'engage à exécuter l'obligation préalablement contractée par le débiteur principal [1].

59. **Une nouvelle condition implicite de validité du cautionnement?** À cause du fait que le caractère accessoire du cautionnement est issu de la nature même de l'objet de cette sûreté, il arrive assez souvent que cette condition essentielle du contrat de sûreté, comme n'importe quel autre contrat de sûreté, obéisse à une exigence de contenu licite et certain. Le contenu du contrat de sûreté, c'est-à-dire son objet, consiste à exécuter le paiement de la dette d'autrui. Cet objet rend le contrat nécessairement accessoire. Cela est à l'origine d'une certaine confusion quant à la réelle condition de validité du cautionnement. À tel point que l'on pourrait être entraîné à penser que le caractère accessoire du cautionnement en serait devenu la condition implicite de validité en lieu et place de l'objet ou de la cause [2]. Cela opère une mise en arrière-plan du contenu de l'obligation de la caution au profit de la relation de dépendance qu'il crée entre la sûreté et la dette.

60. Le caractère accessoire d'une garantie personnelle aurait dû suffire, en principe, pour permettre au créancier de contraindre la caution à payer ce que doit le débiteur principal. Il permet également, dans l'autre sens, à la caution de refuser de payer plus que ce que doit le débiteur principal. L'accessoriété fixe l'étendue et les limites de l'engagement de la caution en référence aux limites de l'engagement du débiteur garanti. Toutefois, il ne faudrait pas en conclure que l'efficacité de cette garantie en serait réduite; l'engagement de la caution reste un acte grave et d'une grande utilité pour ceux qui en bénéficient, particulièrement dans l'espace OHADA, où leurs obligations en matière d'information de la caution ont été allégées et où le cautionnement solidaire a été érigé en principe [3], et la mention manuscrite en condition de preuve. Malgré tout, cette garantie suffit de moins en moins à rassurer des créanciers de plus en plus exigeants.

1. *Ibid.*, art. 13.

2. Manuella BOURASSIN, *L'efficacité des garanties personnelles*, LG.D.J., 2006, 482; Philippe SIMLER, *Cautionnement, garanties autonomes, garanties indemnitaires*, 5e éd., LexisNexis, 2015, 207.

3. Le caractère solidaire du cautionnement permet d'atténuer sensiblement le déséquilibre dû à la tendance moderne vers une plus grande protection de la caution.

61. Une seule dette, mais deux engagements de payer. En reprenant les dispositions du Code civil en matière de cautionnement à son compte, l'AUS version 2010 reconnaît deux débiteurs sur une même dette : un débiteur principal et un débiteur accessoire [1]. Ces deux débiteurs ont des obligations différentes qui partagent le même objet. L'idée que l'on puisse s'engager à payer la même dette qu'un autre en ayant une obligation de nature différente a de quoi perturber *a priori* [2].

Le créancier se retrouve ainsi en mesure de disposer de deux droits de gage général, sur deux débiteurs différents, grâce à la même créance. Bien que le droit OHADA ne prévoit pas explicitement le droit de gage général, celui-ci est présent partout où il est question de cautionnement de manière au moins implicite. Il n'y a pas de mystère : le droit OHADA s'appuie clairement sur les législations nationales des États membres [3].

Sans vouloir rejoindre le débat qui consiste à savoir si le droit de gage général est de nature personnelle ou réelle [4], nous pouvons dire qu'il s'agit d'un droit qui a pour assiette un ensemble de biens, présents ou futurs, et dont l'efficience est perçue comme étant réduite par sa généralité [5]. Pourtant, en partant de l'obligation principale, l'efficience de l'adjonction d'un second droit de gage général est plus facilement perceptible. Si l'on devait se pencher sur la véritable source de cette efficience, il faudrait alors évoquer la théorie dualiste de l'obligation. Selon cette analyse, le rapport d'obligation serait de nature ambiguë, comprenant deux types de liens entre un débiteur et un créancier. Il est ici question d'un premier rapport de dette qui est différent d'un second rapport de responsabilité. Ce serait comme si au sein du rapport d'obligation, il était possible d'isoler le lien vertu duquel le créancier se voit octroyer le droit d'exercer une contrainte sur le débiteur. Au-delà d'une simple distinction, des auteurs y voient même une dissociation entre ces deux composantes de l'obligation que l'on peut également désigner comme étant respectivement le

1. Ce débiteur est aussi subsidiaire. Cf *infra* n° 75, p. 74.

2. En effet, cette forme de dissociation entre l'obligation souscrite et la dette qui en est l'objet a pourtant fait l'objet de nombreux travaux. Fabio Konder COMPARATO, *Essai d'analyse dualiste de l'obligation en droit privé*, Dalloz, 1963 ; Jean DERRUPPÉ, *La nature juridique du droit du preneur à bail et la distinction des droits réels et des droits de créance*, Dalloz, 1952 ; Jean MAILLET, *La théorie de Schuld et Haftung en Droit Romain, exposé et examen critique*, Imprimerie d'éditions Paul Roubaud, 1944.

3. Par exemple, en droit sénégalais, l'article 200 du Code des obligations civiles et commerciales dispose que : « *1. le débiteur répond de sa dette sur tous ses biens présents et à venir. 2. L'exécution de l'obligation peut de plus être garantie par une sûreté conventionnelle ou légale* ».

4. Jean DERRUPPÉ, *La nature juridique du droit du preneur à bail et la distinction des droits réels et des droits de créance*, Dalloz, 1952 ; Tarik LAKSSIMI, *La summa divisio des droits réels et des droits personnels*, Dalloz, 2016.

5. À l'exemple de la *floating charge* en droit anglais, le droit de gage général ne se *cristallise* qu'au moment de sa mise en œuvre. Cette incertitude sur l'assiette au moment précis de l'action peut réduire l'efficience perçue par le créancier.

devoir et l'*engagement*[1].

L'existence d'une dualité de débiteurs, pour la doctrine française classique, n'entraîne pas une dualité de l'obligation. On lui préfère l'accessoriété de l'obligation. La dualité est donc ici externe à l'obligation et non pas interne à celle-ci. En effet, le fait d'admettre cette dualité interne aurait impliqué l'acceptation de l'idée selon laquelle une obligation pourrait être amputée de sa part de contrainte, sans forcément se transformer en obligation naturelle, ou encore en devoir moral[2]. Le fait que la caution et le débiteur principal partagent la même dette signifie dans le cadre d'une analyse moniste que ces deux obligations ont le même objet, qui est le paiement de la dette du débiteur garanti. Le lien d'accessoriété entraîne pour l'essentiel l'opposabilité au créancier des exceptions qui relèvent du rapport d'obligation de départ.

La garantie autonome se place ainsi à l'opposé du cautionnement, laissant entre eux un large espace occupé par toute une variété de sûretés accessibles aux parties et qui sont plus ou moins autonomes. Au-delà de ce qui peut les distinguer, on peut noter un ensemble de points de convergence entre toutes ces sûretés personnelles qui sont autant de moyens d'utiliser des droits créance à titre de garantie de la dette d'autrui[3].

L'analyse des notions d'accessoriété et d'autonomie (Section I), révélera beaucoup de choses sur leur régime (Section II), c'est-à-dire en ce qui concerne l'opposabilité ou l'inopposabilité des exceptions propres à l'obligation principale.

---

1. Fabio Konder Comparato, *Essai d'analyse dualiste de l'obligation en droit privé*, Dalloz, 1963, 190 : l'auteur parle ici de dissocier entre le devoir et l'engagement quant au sujet passif en faisant ainsi référence à « *toutes les fois que, en cas d'inexécution, le créancier peut contraindre un autre que le débiteur à payer la dette. Ainsi, tandis que le devoir de payer incombe à une personne, la responsabilité — entendue comme un état de sujétion — revient à une autre. Le créancier se trouve à avoir affaire à plusieurs sujets passifs dont les situations juridiques sont différentes* ».

2. Jean Carbonnier, *Sociologie juridique*, 2e éd., PUF, 2004, p. 922.

3. Et parce qu'il s'agit bien de la dette d'autrui, la garantie autonome, tout comme le cautionnement, prévoit la possibilité pour celui qui a payé la dette garantie, d'agir contre le débiteur principal. Cette action récursoire contre le vrai titulaire de la dette remet au premier plan le fait que toutes les sûretés personnelles sont des opérations à trois personnes, même si leur régime pourrait le faire oublier. L'article 4 de l'AUS dispose que : « *les sûretés personnelles, au sens du présent Acte uniforme, consistent en l'engagement d'une personne de répondre de l'obligation* ».

Section I Le droit de se faire payer par un autre que son débiteur

62. Plan. La garantie autonome est très efficiente en matière de droits du point de vue du créancier. Son avènement parmi les sûretés personnelles, ainsi que le renouveau qui semble l'accompagner depuis la réforme de l'AUS ne doit pourtant pas nous faire oublier que le cautionnement est une sûreté qui peut aussi être relativement efficace. Contrairement à l'impression négative qu'il peut laisser depuis qu'on le compare à la garantie autonome, le cautionnement est l'une des garanties les plus connues et les plus utilisées par le grand public [1]. Il est alors difficile d'étudier cette sûreté en concluant un peu trop rapidement que la principale caractéristique de celui-ci, en l'occurrence l'accessoriété, serait un obstacle à son efficience. Bien au contraire, le caractère accessoire a forcément un lien avec la grande effectivité de cette sûreté, et donc son efficience. La source de l'accessoriété ou de l'autonomie se situant dans l'objet de la sûreté, il convient d'étudier en quoi le contenu de l'obligation de la caution ou du garant peut influer sur leur efficience. En raison de la grande liberté contractuelle sur le terrain des sûretés personnelles [2]. Le risque de confusion entre les différentes garanties est réel. L'autonomie et l'accessoriété seront notre boussole et notre compas, à condition que leurs limites (§ 2.) et sources respectives soient bien connues (§ 1.).

§ 1. Les sources d'autonomie ou d'accessoriété

63. L'accessoriété et l'autonomie induite par le contenu de la sûreté. La façon avec laquelle l'objet de la garantie autonome est déterminé est décisive pour la qualification de la sûreté. Son autonomie, et donc quelque part son efficacité supposée dépendent grandement de cela. Comme le précise Ph. Simler, « *la garantie ne peut être réellement autonome que si son objet est autonome, c'est-à-dire s'il est précisément fixé par la convention de garantie ou s'il est du moins, déterminable en fonction de paramètres que cette convention fournit sans qu'il soit nécessaire de se référer à ce que doit réellement le débiteur garanti* » [3]. Toutes les vertus, réelles ou supposées de la garantie autonome en matière d'efficience viennent quelque part des atouts que l'on

1. Il faut quand même garder à l'esprit qu'en droit français, avec la garantie des loyers impayés (GLI), le cautionnement est aujourd'hui beaucoup moins utilisé qu'avant. L'article 22-1 de la Loi n° 89-462 du 6 juillet 1989 interdit au créancier qui a souscrit une assurance locative de demander un cautionnement à son débiteur.

2. Philippe Dupichot, *Le pouvoir des volontés individuelles en droit des sûretés*, préf. Michel Grimaldi, Éd. Panthéon Assas, 2005.

3. Philippe Simler, *Cautionnement, garanties autonomes, garanties indemnitaires*, 5e éd., LexisNexis, 2015, 988.

veut bien reconnaître à l'autonomie de l'objet d'une sûreté. Autrement dit, il est question ici des défauts que l'on prête au caractère accessoire du cautionnement et au fait que son objet est le même que celui de sa dette principale ; en somme, parler des causes ou des sources de l'efficience de la garantie autonome amène à traiter des raisons pour lesquelles l'identité d'objet entre le cautionnement et la dette garantie est perçue comme étant inefficiente.

L'amélioration de l'efficience de la créance conduit assez souvent à contracter une sûreté personnelle dont l'efficience repose elle-même sur le contenu de cette sûreté. Ce que l'on entend à travers le contenu de la sûreté est ce à quoi le garant ou la caution s'oblige de manière très claire. Malgré le fait que nous soyons en présence de deux sûretés personnelles, celles-ci ont des contenus entièrement différents, alors qu'elles partagent la même utilité qui consiste à faire en sorte que l'efficience de la créance principale soit la plus grande, notamment en cas de défaillance du débiteur garanti. Ainsi, le contenu de chacune de ces sûretés serait lié à leur caractère accessoire ou autonome ; c'est parce que d'une part, le cautionnement a pour contenu le paiement de la dette d'autrui qu'il est accessoire ; et d'autre part, c'est parce que la garantie autonome a pour contenu le paiement d'une somme d'argent déterminée qu'elle est justement autonome. L'opposabilité ou l'inopposabilité de chacune de ces sûretés est corrélée à leur contenu respectif. De même qu'une garantie qui prévoit l'opposabilité des exceptions doit nécessairement puiser sa raison d'être dans une autre obligation. Le caractère subsidiaire de l'engagement ainsi que l'opposabilité des exceptions sont deux critères essentiels du cautionnement [1]. En revanche, le paiement à première demande n'est pas nécessaire à la qualification de la garantie autonome, contrairement à l'inopposabilité des exceptions. L'article 39 alinéa 2 de l'AUS rend facultatif le paiement à première demande. La garantie autonome trouve implicitement sa raison d'être dans la dette garantie [2], ce qui, pourtant, ne l'empêche pas d'être indépendante. En effet, l'objet de l'engagement du garant autonome étant de payer une somme d'argent, sans faire référence à la dette garantie. Cette indépendance est la *marque de fabrique* [3] de cette garantie qui est essentiellement forte des faiblesses prêtées au cautionnement [4].

1. La nécessité de cette subsidiarité est le principal obstacle à la réception du cautionnement à première demande en droit français, et aussi en droit OHADA.

2. *Ibid.*, 866.

3. Anne-Sophie BARTHEZ et Dimitri HOUTCIEFF, *Les sûretés personnelles*, sous la dir. de Jacques GHESTIN, LGDJ, 2010, 1219.

4. Philippe SIMLER, *Cautionnement, garanties autonomes, garanties indemnitaires*, 5ᵉ éd., LexisNexis, 2015, 906 et 911.

La distinction entre la garantie autonome et le cautionnement offre une occasion propice de démontrer l'opportunité de cette démarche. Il arrive que les parties se trompent en constituant des garanties prétendument autonomes et dont l'objet consiste à payer la dette d'autrui ou bien des cautionnements stipulant un paiement à première demande [1]. La jurisprudence française a longtemps tergiversé sur les critères déterminants en matière de qualification du cautionnement et de la garantie autonome. La Cour de cassation a fini par dire que la dépendance ou la subsidiarité de l'obligation sont les principaux indices de qualification d'un contrat de cautionnement, et leur absence est nécessaire pour avoir une garantie autonome ; une garantie ayant *pour objet la propre dette du débiteur* ou ne pouvant être mise en œuvre qu'en cas de défaillance du débiteur ne saurait être autonome. Les deux critères peuvent être écartés par la simple stipulation du paiement à première demande, en prenant bien soin de ne pas faire référence à la dette garantie.

§ 2. Les contours respectifs de l'autonomie et de l'accessoriété

64. La sécurisation de la qualification juridique et la limitation du recours à la garantie autonome. La formulation des articles 13 et 39 de l'AUS épargne aux justiciables de la zone OHADA bon nombre de désagréments rencontrés en droit français en ce qui concerne la distinction entre le cautionnement et la garantie autonome. Le manque de clarté qu'a connu le droit français durant une certaine période a grandement endommagé la sécurité juridique et entamé l'efficience de nombreux mécanismes de garantie élaborés par une pratique plongée dans le flou quant à la distinction entre le caractère autonome et le caractère accessoire. Pis encore, il convenait de distinguer la stipulation du paiement à première demande d'une part, et celle de l'autonomie ou de l'accessoriété d'autre part [2]. Dans l'idée de se prémunir contre un recours trop facilité à la garantie autonome, le droit français puis le droit OHADA ont développé un régime qui en précise clairement les contours.

L'article 39 de l'AUS définit la garantie autonome comme étant « *l'engagement par lequel le garant s'oblige en considération d'une obligation souscrite par le donneur d'ordre et sur instruction de ce donneur d'ordre, à payer une somme déterminée au bénéficiaire* ». Au-delà du fait que l'AUS reprend ici pour l'essentiel les dispositions de l'article 2321 du Code civil, l'on remarque que la simple référence à l'obligation

1. Jérôme François, *Les sûretés personnelles*, Economica, 2004.
2. Philippe Simler, *Cautionnement, garanties autonomes, garanties indemnitaires*, 5e éd., LexisNexis, 2015, 960.

principale n'est pas dirimante quant à la qualification de la garantie autonome. Ce n'est pas parce que le contrat mentionne l'existence d'une obligation principale que cela doit absolument entraîner sa requalification en cautionnement [1].

Ce n'est donc pas la référence pure et simple à la dette garantie qui doit être retenue, mais plutôt le fait que le garant autonome consent un engagement nouveau et indépendant de celui du donneur d'ordre. Il ne s'oblige pas à payer la dette d'un autre. Pour déterminer ce à quoi il s'oblige, il n'a pas besoin de suivre et de se référer de manière systématique à un contrat conclu sans lui. Son seul engagement permet de déterminer ce à quoi il s'oblige en réalité et dans quelles modalités. Le garant autonome ne saurait être justifié dans une quelconque tentative d'opposer au créancier des éléments externes au contrat de sûreté, car il doit trouver dans ce contrat tout ce dont il a besoin pour faire une bonne réalisation de ses engagements.

L'on remarque alors que ce n'est pas la stipulation d'un paiement à première demande qui est l'élément caractéristique de la garantie autonome. Cette clause est en réalité une modalité parmi d'autres d'appel en paiement de la garantie. Il est malgré tout nécessaire d'admettre que de manière implicite, le fait de prévoir le paiement à première demande suppose forcément qu'il s'agisse d'une obligation dont l'objet est déjà autonome. Si l'autonomie de la garantie n'était pas considérée comme étant acquise au moment de stipuler le paiement à première demande, alors le caractère certain de cette clause ne serait pas assuré. Cela exclut l'idée qu'une telle modalité puisse s'appliquer au cautionnement [2].

65. **L'autonomie uniquement à l'égard de l'obligation principale.** Lorsque le garant autonome s'engage à verser au créancier sécuriféraire ou à une autre personne, une somme d'argent, il ne fait pas référence à la dette garantie, quant au contenu de celle-ci. *A fortiori*, lorsque cet engagement est pris à première demande, alors cela écarte l'allusion à la dette principale en ce qui concerne l'appel en paiement. Cette somme peut parfaitement n'être que déterminable, nécessitant ainsi de recourir à des éléments extérieurs à la garantie autonome pour pouvoir fixer son montant. Il faut prêter une attention particulière à ce que les éléments extérieurs pris en compte ne soient pas trop directement liés à l'objet de la dette garantie. L'autonomie qui est voulue et exigée ici n'est donc pas absolue. Elle est relative dans le sens où elle n'est requise qu'à l'égard de l'obligation principale.

1. Dans un arrêt du 30 janvier 2001, la Chambre commerciale de la Cour de cassation a décidé que des garanties n'étaient pas privées d'autonomie par de simples références au contrat de base.
2. Cf *infra* n° 114, p. 99.

Section II L'obligation de payer le créancier d'autrui

66. Plan. Du côté des garants, il serait intéressant que le contenu de l'obligation à laquelle ils ont souscrit ne soit pas trop perméable à la fraude et à l'appel abusif. La caution et le garant, en fin de compte, paient le créancier d'un autre [1]. C'est pour cette raison que le cautionnement est aussi protecteur dans une certaine mesure; par ailleurs, les créanciers à la recherche de droits efficients lorgnent du côté de la garantie autonome. D'un côté, l'opposabilité des exceptions est un principe permettant d'éviter les abus éventuels. De l'autre, l'inopposabilité de ces exceptions est un principe auquel on ne peut déroger qu'en cas d'abus. De telle sorte que l'opposabilité des exceptions sera recherchée par les uns (§ 1.), et fuie par les autres (§ 2.).

§ 1. L'opposabilité des exceptions contre l'abus

67. L'évaluation de l'efficience de l'accessoriété par ses effets. Lorsque le rapport entre la dette garantie et le contrat de sûreté est suffisamment riche pour que l'on parle d'accessoriété, alors ce rapport entraîne des effets sur cette garantie que l'on regroupe sous le concept d'*opposabilité des exceptions*. Selon l'article 29 de l'AUS, « *toute caution ou tout certificateur de caution peut opposer au créancier toutes les exceptions inhérentes à la dette qui appartiennent au débiteur principal et tendent à réduire, éteindre ou différer la dette (...)* ». La dépendance vis-à-vis de l'obligation principale se traduit en effet dans plusieurs aspects du cautionnement, notamment son étendue, son exécution, ou encore sa cessibilité.

68. L'opposabilité des exceptions inhérentes à la dette garantie. Une garantie ne saurait être accessoire en excluant l'opposabilité des exceptions. Ce devient alors le principal critère de distinction entre la garantie autonome et le cautionnement. La séparation entre la dette principale et celle du garant autonome est presque étanche en ce qui concerne l'objet de chacune de ces deux obligations. Les exceptions propres à l'obligation garantie sont donc inopposables au créancier dans le rapport de garantie.

1. Qu'il s'agisse de payer la dette d'autrui, ou une somme d'argent, il est toujours question de payer le créancier d'un autre.

Le principe d'opposabilité des exceptions regroupe l'ensemble des effets du cautionnement qui sont liés à la nature accessoire de cette garantie et auxquels la caution ne pourrait renoncer. Ce principe manifeste l'existence d'un lien ombilical entre la dette principale et la sûreté personnelle en question. Grâce à cette relation, un ensemble d'évènements et de caractéristiques affectant la dette principale pourront également provoquer des effets au sein du rapport entre la caution et le créancier garanti. En dehors des cas dans lesquels cette influence bénéficie au créancier et améliore l'efficience de ses droits, l'opposabilité des exceptions inhérentes à la dette principale joue très souvent le rôle de bouclier de la caution contre les assauts du créancier. L'expression même d'« *opposabilité des exceptions* » possède une double connotation défensive.

La caution bénéficie des mêmes moyens de défense que ceux qui auraient été à la disposition du débiteur principal[1]. L'on pourrait se demander ce qui se passerait si l'on considérait qu'une exception n'était pas suffisamment inhérente à la dette garantie. Observerait-on alors un retour par la fenêtre des idées d'exceptions personnelles au débiteur ? En tous les cas, le fait de refuser de qualifier une exception d'inhérente à la dette principale reviendrait littéralement à l'exclure du champ de l'opposabilité au créancier. Il est également possible de faire comme si toutes les exceptions étaient nécessairement inhérentes à la dette garantie, étant donné que dans tous les cas, elles affectent dès sa constitution, l'obligation principale.

69. La protection du créancier grâce à l'accessoriété et au principe d'opposabilité des exceptions inhérentes à la dette garantie. Il est prévu à l'article 2246 du Code civil que l'interruption de la prescription à l'égard du débiteur principal vaut également pour la caution. D'après Ph. Simler « *[cette] règle a, du moins, la vertu d'éviter au créancier s'il a d'abord et vainement poursuivi le débiteur principal, de se voir opposer ensuite par la caution la prescription* ».

70. L'opposabilité de l'interruption de la prescription. Dans l'AUS, tout comme dans le Code civil, le fait d'interrompre la prescription à l'égard du débiteur principal, entraîne automatiquement l'interruption de la prescription à l'égard de la caution. En effet, l'article 29 de l'AUS prévoit que « *toute caution ou tout certificateur de caution peuvent opposer au créancier toutes les exceptions inhérentes à la dette qui appartiennent au débiteur principal et tendent à réduire, éteindre ou différer la dette*

1. L'article 29 de l'AUS et l'article 2313 prévoient le principe d'opposabilité des exceptions. Une difficulté propre au droit français était apparue quant à l'interprétation de l'article 2313 du Code civil. L'alinéa 2 de ce texte exclut du champ de l'opposabilité des exceptions qui sont purement personnelles au débiteur. Les auteurs de l'AUS n'ont, semble-t-il, pas voulu tomber dans ce piège et n'ont pas repris cet alinéa dans l'article 29 de l'AUS. Ils ont toutefois conservé la formulation précise qui fait mention des *exceptions inhérentes à la dette*.

(...) » [1]. L'AUS contient en la matière des dispositions plus englobantes et plus générales. Le Code civil quant à lui, traite de la question de l'interruption accessoire de la prescription à l'article 2246. En outre, l'article 1313 al. 2 dispose en matière de coobligés solidaires que « *le créancier peut demander le paiement au débiteur solidaire de son choix. Les poursuites exercées contre l'un des débiteurs solidaires n'empêchent pas le créancier d'en exercer de pareilles contre les autres* ».

71. L'opposabilité de l'autorité la chose jugée. En ce qui concerne l'autorité de la chose jugée, l'AUS reste muet. Il convient alors de se tourner vers le droit de chaque État membre afin d'en savoir davantage. Bien que l'intérêt pratique ne soit pas des plus importants, l'étude de l'opposabilité de l'autorité de la chose jugée permet d'en savoir plus sur la question de l'autonomie ou de l'accessoriété des sûretés personnelles. Même en droit français, les réponses apportées ne frappent pas par leur clarté. La jurisprudence française a eu recours pendant un certain temps à l'idée de représentation mutuelle pour rendre effective à l'égard de la caution l'opposabilité de l'autorité de la chose jugée entre le créancier et le débiteur principal, et inversement [2].

En matière d'efficience, nous pouvons affirmer que du point de vue du créancier, il serait préférable que l'autorité de la chose jugée d'une décision rendue entre le créancier et le débiteur principal, soit opposable à la caution. De la même manière, en application de l'article 26 de l'AUS, cette autorité de la chose jugée d'une décision rendue entre le créancier et la caution doit s'imposer au débiteur principal [3].

1. AUS, art. 29.
2. Philippe SIMLER, *Cautionnement, garanties autonomes, garanties indemnitaires*, 5e éd., LexisNexis, 2015, 568.
3. Le principe s'applique en droit français en vertu de l'article 2290 du Code civil.

§ 2. L'inopposabilité des exceptions sauf abus

72. L'*anti-accessorisme* primaire. L'inopposabilité des exceptions présenterait de nombreuses vertus parce qu'elle ne serait que le négatif d'un amas de vices que l'on prête à l'opposabilité des exceptions. Cette inopposabilité des exceptions serait de la sorte le résultat d'un « *anti-accessorisme* » qui semble proliférer notamment grâce à un irrésistible tropisme vers une consumérisation du régime du cautionnement. L'on se demande alors, de manière tout à fait légitime, quel serait l'intérêt d'analyser cette inopposabilité des exceptions. L'on pourrait se contenter de présenter l'opposabilité des exceptions en matière de cautionnement dont les caractéristiques sont absentes de la garantie autonome. C'est en cela qu'il est important de bien mettre en évidence le fait suivant : l'inopposabilité des exceptions est un concept très mal nommé [1].

Il est en réalité question ici de l'effet relatif des contrats. En parler permet de désigner ce qui se passe dans la garantie autonome sans toutefois trop faire allusion au cautionnement et donc à la dette principale. Le garant autonome conclut avec le créancier un contrat en vertu duquel celui-ci a le droit d'exiger le paiement d'une somme d'argent. Ce contrat crée alors au profit du créancier un droit subjectif. Ce droit subjectif, par essence, n'oblige que celui qui y consent. D'une part, cela signifie qu'il n'est pas possible d'opposer aux tiers à la garantie autonome, les exceptions inhérentes à ce contrat et inversement, compte tenu de l'objet de l'obligation ainsi souscrite. D'autre part, en dehors d'un usage abusif de ce droit subjectif accordé au créancier par la garantie autonome, le garant ne dispose d'aucune parade efficiente à l'appel en paiement. La force de ce droit est donc sa simplicité.

73. L'usage abusif du droit de se faire payer une somme d'argent. Le créancier qui bénéficie du droit d'exiger du garant le paiement d'une somme d'argent, dispose d'un avantage dont la preuve de l'abus est difficile à établir. En effet, il est assez complexe de constater l'abus sans déroger, d'une manière ou d'une autre, au principe même de l'autonomie de cette garantie. Les hypothèses dans lesquelles il pourrait y avoir un recours abusif à cette garantie, relèvent toutes de l'appel en paiement. Afin de bien distinguer l'autonomie de la garantie, et l'indépendance de l'appel en paiement, nous n'évoquerons ces usages abusifs que dans le prochain chapitre [2].

1. Cette expression est la première entorse au principe d'autonomie de la garantie à première demande. Elle fait clairement référence à la dette principale ou l'obligation du donneur d'ordre. Cette référence négative aux exceptions de l'obligation principale ne facilite en rien l'intelligibilité de la notion d'autonomie, face à celle d'accessoriété.

2. Il y a effectivement une différence entre ce que l'on doit payer et la façon de le payer.

Conclusion du chapitre

74. **Ergo — une efficacité inversement proportionnelle à l'assiette.** Pour exiger le paiement d'une somme d'argent ou de sa créance à un autre que son débiteur, le bénéficiaire d'une garantie autonome ou accessoire est censé être lié à une personne et non à un bien. Cela n'est pas aussi simple dans tous les cas de figure. La garantie autonome présente effectivement un avantage, car le créancier est en réalité aussi lié à la somme d'argent promise, qu'au créancier. Le fait que cette garantie ne puisse être souscrite que par un nombre limité de personnes dont la solvabilité est contrôlée par des autorités publiques rend la relation avec le garant moins pertinente. L'identité de celui-ci importe beaucoup moins que la catégorie à laquelle il appartient.

Toutefois, cette accessibilité réduite a un impact sur l'efficience [1]. Alors qu'en matière de garantie accessoire, le fait de pouvoir contraindre la caution à payer la dette d'un autre est en lui-même une source d'efficience, lorsque cette contrainte s'accompagne d'une bonne utilisation du droit d'exiger une caution solvable [2].

Le fait de passer par une troisième personne est une vraie plus-value, mais à condition de ne pas reprendre par la main gauche, ce qui a été si péniblement octroyé par la main droite. Les sûretés personnelles sont efficientes grâce au rôle joué par cet intermédiaire, et surtout grâce aux modalités de sélection de celui-ci. Sinon, ce seront les modalités de l'appel en paiement qui détermineront cette efficience.

1. Cette garantie sera beaucoup moins utilisée.
2. Cf *supra* n° 9, p. 17. Dans les hypothèses où cette caution est bien *choisie*, cette sûreté personnelle est relativement efficiente.

Chapitre 2

Le droit de se faire payer de manière indépendante ou subsidiaire

75. **L'appel en garantie.** L'appel en garantie peut certainement devenir l'élément le plus décisif quant à l'efficience d'une garantie personnelle voire d'une garantie réelle, car au-delà de ce que le créancier peut exiger du garant ou de la caution, la façon dont il pourra l'exiger est très souvent le plus déterminant [1]. Il est vrai que le non-recours à une sûreté peut traduire une forme d'efficacité, grâce, notamment, à l'effet encourageant que l'existence de celle-ci pourrait avoir sur la volonté du débiteur principal d'honorer son engagement. L'efficacité mise en œuvre grâce au non-recours à une sûreté serait davantage celle de l'opération juridique dans sa globalité, plutôt que celle de la seule sûreté [2].

Les modalités d'un appel en paiement affectent lourdement l'efficacité d'une garantie et peuvent significativement changer la donne. Le caractère subsidiaire ou indépendant du paiement définit de quel côté penchera la balance, entre le créancier et le garant. En se gardant d'adopter un raisonnement trop rapide consistant à attribuer la palme de l'efficacité au paiement indépendant au détriment du paiement subsidiaire, l'on pourrait constater que l'efficacité est en réalité fonction de la lecture que l'on a des textes et du poids de la protection que ceux-ci octroient au garant. D'un côté, l'exécution de la garantie subsidiaire présente une telle complexité qu'elle peut s'avérer difficile à mettre en œuvre pour le créancier [3]. De l'autre, l'appel en paiement d'une garantie *non subsidiaire* ne se fait pas nécessairement à première demande [4].

L'optimisation de cet appel en paiement permet d'améliorer l'efficience globale de la garantie grâce à une gestion optimale de la survenance de la défaillance de l'obligation principale. Le risque auquel le créancier serait ainsi exposé est pris en compte par l'AUS qui lui offre une multitude de solutions. Toutefois, à trop vouloir renforcer les droits du créancier au stade de l'appel en paiement, l'on pourrait inutilement exposer le constituant. Par ailleurs, cette course à l'indépendance de l'appel en paiement nous paraît incompatible avec le régime du cautionnement et serait vaine, étant donné le fait que la garantie autonome n'est pas une garantie accessible à tous [5]. C'est en cela qu'il serait intéressant et utile d'étudier les moyens d'une configuration

1. V. Claire Séjean-Chazal, *La réalisation des sûretés*, Dalloz, 2019.
2. Anne-Sophie Barthez et Dimitri Houtcieff, *Les sûretés personnelles*, sous la dir. de Jacques Ghestin, LGDJ, 2010, 608.
3. Cf *infra* n° 95, p. 88.
4. Cf *infra* n° 116, p. 100.
5. Notre étude de la subsidiarité dans l'AUS, et incidemment dans le Code civil portera pour l'essentiel sur les garanties personnelles, notamment le cautionnement, car il s'agit de la matière où ce concept est le plus complexe. Sur les sûretés réelles, la subsidiarité s'y applique sous sa forme la plus basique, ce qui ne veut aucunement dire que son étude en serait dépourvue d'intérêt. L'opposition entre le cautionnement et la garantie autonome est assez commode pour bien exposer les atouts et faiblesses de la subsidiarité d'un côté, et du paiement indépendant de l'autre. Il est évident que ces notions interviennent bien au-delà des seules garanties personnelles.

optimale des différents modes d'appel en paiement et d'une meilleure détermination des circonstances dans lesquelles elles pourraient être employées d'une manière plus efficiente.

76. Le paiement subsidiaire de la dette d'autrui. La caution ne s'engage pas à fournir une garantie. Elle fournit une garantie, en s'engageant à payer la dette présente ou future d'autrui. Elle n'est pas tenue de couvrir un risque : elle couvre le risque en s'obligeant auprès d'un créancier qui y consent. Et s'étant engagée à payer, la caution paiera selon les modalités et conditions prévues, c'est-à-dire en cas de défaillance du débiteur principal. Par ailleurs, dans le cas d'une garantie réelle, la mise en œuvre du droit de poursuite est limitée à la chose sur laquelle porte cette même garantie. Une vision dualiste de l'obligation conduirait au même résultat. Considérons l'idée selon laquelle l'obligation est constituée d'une composante ligatrice (*Schuld* ou *debitum*) et d'une composante contraignante (*Haftung* ou *obligatio*) la première consiste en un devoir incombant au débiteur et la deuxième en un droit de poursuite reconnu au créancier [1]. Celui-ci, dans le cas du cautionnement, disposerait d'un *Haftung* supplémentaire sur une caution contre qui il n'aurait pas de *Schuld* [2]. Dans ce cas de figure, ce qui place le cautionnement en second rang c'est la fonction même de *Haftung* qui est de permettre d'atteindre par l'usage de la force, ce qui n'a pu l'être grâce à la seule confiance. Là encore, le créancier n'attend pas de la caution qu'elle paie la dette en premier lieu, mais plutôt qu'elle joue son rôle de garant.

77. L'importance de la subsidiarité dans la définition de la sûreté. À l'exception notable de la garantie indépendante et de la cession de créance à titre de garantie, la subsidiarité est consubstantielle à la qualification de sûreté. La quasi-totalité des sûretés contenues dans l'AUS est subsidiaire. Les poursuites exercées notamment contre la caution, tout comme celles diligentées à l'égard du garant autonome, ont pour objectif de pallier le non-paiement de l'obligation principale, qu'il soit constaté ou très probable. Les engagements de la caution et du garant ont alors pour finalité de prémunir le créancier contre la survenance de cet évènement. Ainsi, la garantie autonome et le cautionnement dissimulent derrière des mécanismes différents une utilité commune. Leur utilisation étant un remède à la défaillance du débiteur principal, il serait pertinent de s'interroger sur le sens de cette notion qui renvoie

1. Manuella BOURASSIN et Vincent BRÉMOND, *Droit des sûretés*, 6e éd., 2017, 228 et s.; Jean DERRUPPÉ, *La nature juridique du droit du preneur à bail et la distinction des droits réels et des droits de créance*, Dalloz, 1952.

2. Manuella BOURASSIN et Vincent BRÉMOND, *Droit des sûretés*, 6e éd., 2017, p. 229.

à un fait juridique (Section I). La réponse la plus efficace face à la survenance de la défaillance n'est pas nécessairement la plus efficiente en ce qui concerne la mesure de proportionnalité [1]. (Section II).

Section I La notion de défaillance du débiteur principal

78. Plan. L'usage du droit de se faire payer est soumis à la constatation de la défaillance selon les modalités prévues. La finalité de l'AUS étant d'accroître l'efficience de cette phase de mise en œuvre de la sûreté (§ 1.), une définition précise de ce qu'est la défaillance du débiteur (§ 2.) permettra de bien identifier les droits du créancier sur la caution ou le garant autonome.

§ 1. L'objectif d'accroissement de l'efficacité de la réalisation de la garantie

79. Plan. En ce qui concerne l'appel subsidiaire en paiement, les dispositions de l'AUS cherchent davantage à éviter un obstacle qu'à atteindre un objectif précis; l'on porte plus d'attention à éviter un certain désordre entre le paiement de la dette principale et la réalisation de la garantie. Il est question ici des sources dites *matérielles* de la subsidiarité ou de l'indépendance des sûretés [2]. En revanche, de manière plus implicite, l'on peut entrevoir un autre objectif, traduisant la politique juridique (B.) de l'OHADA qui vise également à s'assurer que le créancier peut facilement et rapidement obtenir satisfaction en cas de défaillance (A.).

A. L'accroissement de l'effectivité de l'appel en paiement

80. L'amélioration de la fluidité de l'appel en paiement. Que l'on soit en présence d'une exécution subsidiaire, ou d'une exécution indépendante, il est primordial de souligner que les deux modalités ont toute vocation à améliorer la fluidité de la réalisation de la garantie, en limitant autant que possible les frictions rencontrées par le créancier dans l'exercice des poursuites et la mise en œuvre de la garantie. Cependant, le régime de l'exécution subsidiaire dans l'AUS révèle, de la part des rédacteurs, une

1. Le terme *proportionnalité* est entendu ici dans un sens plus courant.
2. Antoine Gouëzel, *La subsidiarité en droit privé*, Economica, 2013, 178 et s.

certaine volonté d'en limiter les effets, qui seraient considérés comme étant contraires à l'efficacité des différentes garanties. Compte tenu de tout cela, notre évaluation de l'efficience de l'appel en paiement suivra l'évolution des différents textes encadrant l'appel en paiement; l'on pourra ainsi mieux révéler le passage d'une volonté d'assurer la subsidiarité automatique, à l'attractivité de la demande de paiement indépendante.

1. La finalité de la subsidiarité

81. La volonté d'assurer la subsidiarité de l'appel en paiement. Si l'objectif est uniquement d'empêcher le créancier de réaliser la sûreté en l'absence de défaillance, alors la démarche ainsi adoptée est celle d'une protection du patrimoine ou du bien mis en garantie. Au moment d'appliquer les articles de l'AUS, les juges devront en tenir compte. L'idée serait particulièrement utile notamment en matière de cautionnement lorsque le créancier a une meilleure vue sur la situation du débiteur principal que la caution. Ce qui explique notamment les règles contenues dans l'AUS et le Code civil concernant les devoirs de bonne foi et d'information qui incombent au créancier bénéficiaire d'un cautionnement [1].

82. Les effets et la finalité de la subsidiarité. Le paiement subsidiaire peut être appréhendé du point de vue du constituant ou bien du point de vue du créancier. Dans la position du garant ou du débiteur, la subsidiarité est un bouclier qui le protège aussi longtemps que la défaillance de l'obligation principale n'est pas établie selon les critères définis par l'AUS [2]. Du point de vue du créancier, la subsidiarité met de l'huile dans les rouages au moment de l'appel en paiement, car elle ouvre automatiquement le chemin vers une poursuite contre la caution ou le débiteur, dès que la défaillance est établie.

---

1. C'est notamment pour cela que ce créancier devra alors tout mettre en œuvre pour se faire payer auprès de son débiteur, sans délaisser des moyens de poursuite de façon à nuire aux droits de la caution en cas de subrogation. Cass. com., 8 oct. 2002, n° 99-13.619, *Bull. civ.*, *JCP E* 2002, p. 1730, note Dominique Legeais; *JCP G* 2003, I, n° 6, p. 124, obs. Philippe Simler; *RTD Civ.* 2003, p. 124, obs. Pierre Crocq; *Defrénois* 2003, p. 456, note Stéphane Piedelièvre; *Defrénois* 2003, p. 411, obs. Philippe Théry; dans cette décision, les juges ont refusé d'accorder à la caution avertie la protection spécialement parce que celle-ci avait accès aux informations nécessaires et en savait au moins autant que le créancier. Ce même raisonnement pourrait s'appliquer en matière de subsidiarité et d'appel en paiement plus généralement, lorsqu'en revanche, c'est le créancier qui en sait plus que la caution sur la situation du débiteur principal. Philippe Simler, *Cautionnement, garanties autonomes, garanties indemnitaires*, 5e éd., LexisNexis, 2015, 469.
2. AUS, art. 23.

En fonction du point de vue adopté, le principe de la subsidiarité va alors consister à empêcher que la caution ne soit appelée alors que la défaillance n'est pas avérée, ou bien à forcer le créancier au minimum à attendre jusqu'à l'échéance le paiement promis par le débiteur. Dans les deux cas, l'on constate les mêmes effets, entraînés par des finalités différentes. Nous verrons que cette différence de finalité dans la politique juridique a un impact considérable sur la mise en œuvre de la configuration du régime du cautionnement.

2. Le cautionnement simple et la subsidiarité renforcée

83. Le cas du cautionnement simple. Si l'on veut contraindre le créancier à agir en priorité contre le débiteur principal, il faudra alors changer de démarche, afin qu'elle corresponde à ce changement d'objectif. L'on ne se contente plus de la seule défaillance pour ouvrir la voie vers la mise en œuvre de la sûreté. Le créancier doit effectuer certaines procédures préalablement à la réalisation de la garantie. La seule absence de paiement ne suffira pas, et cela manifeste dans ce cas une volonté d'éviter une mauvaise exploitation du crédit du débiteur.

Les juges devront par ailleurs tenir compte de cette finalité dans l'interprétation du régime du cautionnement. Seraient ici concernées les situations dans lesquelles la caution aurait une meilleure vue que le créancier sur la situation financière du débiteur. Elle pourrait ainsi lui indiquer les biens du débiteur sur lesquels ce créancier serait susceptible de se faire payer. Il s'agit là des situations dans lesquelles la caution aurait un bénéfice de discussion et serait donc liée par un cautionnement simple [1]

En somme, selon la politique juridique, la finalité poursuivie ne sera pas la même, faisant ainsi varier le caractère plus ou moins renforcé de la subsidiarité, autrement dit, de la hiérarchie instaurée entre les obligations en cause.

Plus cette relation hiérarchique entre la dette garantie et l'obligation de la caution est rigide, plus il sera difficile pour le créancier d'appeler en paiement la caution. En revanche, plus elle sera souple, et plus il y aura des contraintes exercées sur la caution, celle-ci étant alors davantage exposée.

1. Le fait que la solidarité du cautionnement soit présumée selon les dispositions de l'AUS traduit une conception de la subsidiarité du cautionnement comme étant un obstacle à l'efficience de cette garantie personnelle.

B. L'appel en paiement en tant qu'outil de politique juridique

84. L'instrument de politique législative. La subsidiarité et la clause de paiement à première demande répondent à des problématiques et des finalités très différentes, même si c'est en partie l'inefficience perçue de l'une qui contribue au succès de l'autre ; la subsidiarité vient résoudre la question du moment et des conditions de déclenchement des poursuites contre celui qui s'est porté garant ou caution. Nous verrons que selon la partie que le Législateur souhaite protéger, ou bien en fonction de la dissuasion ou de l'encouragement qu'il voudra mettre en œuvre, l'accès à l'une ou à l'autre modalité de paiement sera plus ou moins aisé. La condition selon laquelle le paiement effectué par le garant est subsidiaire à celui attendu de la part du débiteur principal permet d'harmoniser et de coordonner les poursuites. La subsidiarité fait donc en sorte que la caution ou le garant soit nécessairement et uniquement poursuivi lorsque la défaillance du débiteur principal est constatée.

85. La subsidiarité et la gestion des relations entre le créancier et le débiteur dans le cas du cautionnement. Les finalités arrêtées en matière de politique juridique ont un impact sur l'interprétation des effets de la subsidiarité notamment dans le cas du cautionnement. Distinguer la volonté d'empêcher le créancier d'agir en premier contre la caution de celle consistant à l'obliger à poursuivre le débiteur en priorité pourrait sembler artificiel dans un premier temps, mais nous venons de voir que cela a d'importantes conséquences sur le choix du type de cautionnement ainsi que l'implémentation de celui-ci.

Si l'on veut avant tout éviter que la caution soit poursuivie en premier, l'on n'aura le même régime, que dans le cas où la priorité sera de forcer le créancier à vainement poursuivre le débiteur principal. Dans le second cas, le caractère subsidiaire sera renforcé [1]. L'évaluation de l'efficacité et de l'efficience de ces dispositions de l'AUS, voire du Code civil, ne saurait être menée à bien sans cette distinction. Enfin, cela éclaire davantage la vocation de ces deux cautionnements, dont les niveaux de subsidiarité diffèrent.

L'un, en l'occurrence cautionnement simple, est adapté aux cas où la caution est dans une situation lui permettant d'avoir accès à un grand nombre d'informations sur la situation financière du débiteur. Souvent, il s'agit des cas où la caution présente de très solides gages de solvabilité, tels un banquier, ou un associé d'une société à responsabilité illimitée [2].

1. Sur la question de la subsidiarité renforcée, v. Antoine Gouëzel, *La subsidiarité en droit privé*, Economica, 2013.

2. C'est probablement dans ces rares occurrences où il serait peut-être envisageable qu'une caution puisse imposer que le cautionnement conclu ne soit pas solidaire. Celle-ci serait alors en position de force en quelque sorte, tant du point de vue du débiteur que du créancier.

L'autre, le cautionnement solidaire, convient plutôt aux espèces où le créancier en sait plus que la caution sur la situation financière du débiteur, et risquerait d'en abuser, au détriment de la caution qu'il conviendrait alors de protéger [1]. Pour cela, il faut s'assurer qu'elle ne puisse être poursuivie en l'absence de défaillance grâce à la mise en œuvre du devoir d'information semestriel ou annuel, l'on parvient à résoudre le problème posé par l'inégalité entre la caution et le créancier à propos de l'accès aux informations sur le patrimoine du débiteur principal [2]. Cette ré-allocation de l'information améliore l'efficience de la garantie, qui par ailleurs, est inversement proportionnelle à la contrainte.

Ainsi, l'on voit que le cautionnement simple convient aux cautions en situation de force face au créancier et qui sont en mesure d'orienter les poursuites de celui-ci contre le débiteur, grâce à la mise en œuvre du bénéfice de discussion. En revanche, la caution qui se trouve en position de faiblesse, comme celle qui souscrit un cautionnement indéfini en droit français, bénéficiera du droit à une information à l'encontre du créancier sécuriféraire.

86. L'intérêt de la subsidiarité pour le créancier. La subsidiarité est surtout, de notre point de vue, un mécanisme prévu pour avantager le créancier dans l'obtention du paiement de sa créance. En effet, la subsidiarité permet de s'assurer qu'une autre personne sera quasi automatiquement tenue de payer en cas de défaillance du débiteur principal. Il est d'« *innombrables hypothèses dans lesquelles le mécanisme caractéristique de la subsidiarité est présent, sans que le terme soit utilisé* » [3]. Dans l'AUS, les rédacteurs utilisent également ce mécanisme caractéristique de la subsidiarité sans vraiment le nommer explicitement à chaque fois, notamment en matière de garanties réelles [4]. L'AUS ne précise pas systématiquement et précisément que la garantie ne sera réalisée qu'en cas de défaillance du débiteur. Le texte ne parle que d'affectation de biens en garantie d'une créance et de réalisation de la garantie en cas de non-paiement à l'échéance. Derrière toutes ces formules, il s'agit bien entendu de la subsidiarité de l'appel en paiement [5].

1. C'est en cela que le cautionnement présente un réel danger et nécessiterait au moins un encadrement de l'exercice du droit de poursuite de la caution, pour éviter les situations d'abus de droit.

2. AUS, art. 24. L'article 2293 al. 2 du Code civil limite cette obligation d'information au bénéficiaire d'un cautionnement indéfini, souscrit par une personne physique.

3. Antoine Gouëzel, *La subsidiarité en droit privé*, Economica, 2013, 218. L'auteur parle ici dans le cadre du droit français notamment de la subsidiarité de la détention provisoire par rapport au contrôle judiciaire et de la liquidation judiciaire par rapport au redressement.

4. Cf *infra* n° 93, p. 84.

5. V. notamment AUS, art. 4.

87. La codification du paiement à première demande. Quant à la clause de paiement à première demande, elle vise un objectif qui est tout autre. Loin de chercher la coordination des poursuites, le Législateur qui prévoit le paiement à première demande isole les actions que le créancier pourrait mener. L'appel indépendant en paiement se trouve en concurrence avec le paiement subsidiaire. Plus les critères exigés pour que cette défaillance soit constatée sont lourds et exigeants en matière de paiement subsidiaire, plus le créancier sera tenté de recourir à la clause de paiement à première demande [1]. Contrairement au paiement subsidiaire dont l'objectif est d'optimiser l'organisation des poursuites, d'un côté contre le débiteur principal et de l'autre contre la caution, le paiement à première demande cherche à accroître l'efficacité de l'appel en paiement en optimisant la seule poursuite exercée à l'encontre du garant grâce à l'élimination de tous les obstacles éventuels.

88. La défaillance du débiteur principal ou le défaut de paiement ? Lorsqu'un créancier bénéficie d'une sûreté personnelle, il dispose d'une protection contre la défaillance de son débiteur. En cas de défaillance, grâce à cette garantie personnelle, il disposera d'un autre débiteur censé être plus efficace, ou bien d'une somme d'argent récupérable en principe sans condition auprès d'un garant. Ainsi le cautionnement protège davantage contre le défaut de débiteur solvable alors que la garantie autonome s'attaque plus au défaut de paiement de manière directe [2]. C'est pour cela que, dans le cautionnement, l'action exercée à l'encontre la caution est soumise à une condition qui est la preuve de la défaillance de ce débiteur, alors que l'action contre le garant autonome à première demande n'est soumise à aucune condition relative directement à la défaillance. C'est ce que l'on constate à la lecture des articles 13, 23 et 39 de l'AUS [3]. En effet, le cautionnement est l'engagement de payer seulement si le débiteur principal n'exécute pas son obligation, alors que la garantie autonome à première demande oblige le garant à payer dès que le créancier lui en fait la demande, sauf cas fraude ou d'abus manifestes [4].

Cependant, la lecture de l'article 45 de l'AUS peut laisser perplexe quant à l'effectivité de la garantie à première demande. Exiger du créancier qu'il précise dans sa demande de paiement adressée au garant autonome, le manquement qu'il reproche au donneur d'ordre laisse la porte ouverte à un éventuel retour de la subsidiarité;

1. Lorsque le créancier fait face à un problème proche causé par le fait que la garantie et la dette principale partagent le même objet, la solution sera aussi semblable dans une certaine mesure; le caractère autonome de la garantie permettra de contourner cet obstacle que constitue l'opposabilité des exceptions. Cf *supra* n° 72, p. 71.

2. L'on peut aussi présenter les choses autrement en disant que la garantie autonome fournit un paiement quand le cautionnement fournit un débiteur. De manière indirecte, fournir un débiteur sert aussi à sécuriser un paiement, mais les priorités ne sont pas les mêmes.

3. C. civ., art. 2298; *Ibid.*, art. 2288.

4. V. également *Ibid.*, art. 2321.

ce serait une façon de contraindre le créancier à attendre la défaillance du débiteur garanti [1]. Ce n'est pas un recul du caractère non accessoire de la garantie, mais plutôt une très forte atténuation de son caractère non subsidiaire. Cela nous pousse à considérer que la garantie indépendante résultant des dispositions de l'AUS, qui ne peut être souscrite par les personnes physiques, et dont l'exécution à première demande est plutôt mise en retrait, du fait de l'article 45 de l'AUS, n'est pas pleinement introduite en droit OHADA [2]. Les rédacteurs de l'AUS n'ont pas voulu assumer la même position que la Commission Grimaldi. Cependant, rien n'empêche les parties d'adapter cette garantie à leur guise, étant donné qu'en matière de garanties personnelles, il n'y a pas de *numerus clausus* quant au type de garanties personnelles pouvant être conclues [3].

§ 2. Une étape importante à la réalisation des sûretés personnelles

89. La nécessaire organisation des actions. Aucun profit ne saurait être tiré d'une situation dans laquelle il y aurait confusion voire concomitance entre la réalisation d'une garantie, et le paiement de la dette principale par le débiteur. En matière de garantie réelle, il y aurait une forme de désorganisation des poursuites exercées contre la caution et le débiteur, qui pourrait au demeurant révéler une certaine mauvaise foi du créancier. Cela donnerait naissance à un *imbroglio* de recours, subrogations et restitutions. En matière de garanties réelles, hormis les cas où il y aurait entiercement [4], l'on serait toujours dans des situations nécessitant réparations et exposant le constituant et ses biens à de l'abus. La nécessité d'organiser tout cela explique le caractère incontournable de la défaillance dont il est nécessaire de bien saisir toutes les dimensions. Cette organisation et cette hiérarchisation ont pour repère la défaillance du débiteur qui sera entendue ici dans le sens d'une absence de satisfaction du créancier. Cela signifie que les conditions d'exécution de l'obligation garantie prévues conventionnellement et attendues par le créancier ne sont pas entièrement remplies [5].

---

1. Cette disposition s'applique à tous les types de garanties autonomes, qu'elles soient à première demande, ou selon des modalités convenues.
2. Cf *infra* n° 94, p. 86.
3. Les effets d'un refus de qualification en garantie autonome sont assez réduits, car contrairement au cautionnement, la garantie autonome accorde peu de protection à la personne qui s'engage.
4. L'intervention d'un tiers en la matière paraît réduire les risques d'abus de la part du créancier.
5. Il est également important de distinguer à ce stade les considérations relatives à la défaillance de celles concernant d'autres modalités de paiement. En effet sauf clause contraire, le paiement effectué par un tiers ne manifeste pas nécessairement une défaillance du débiteur principal, à moins qu'il soit question d'un engagement *intuitu personae*. Cass. 3e civ., 5 jan. 1978, n° 76-11.555.

A. L'utilité de la défaillance

1. L'utilité de la défaillance pour les appels subsidiaires en paiement

90. Caractère nécessaire et suffisant de la défaillance. La défaillance du débiteur serait une condition nécessaire et suffisante de la poursuite de la caution. Ce qui reviendrait selon A. Gouëzel à « *une relation d'équivalence entre la défaillance de l'élément premier et l'absence de blocage de l'élément subsidiaire* » [1]. Le caractère nécessaire de la défaillance par rapport à l'exécution du cautionnement pourrait traduire un aspect de la subsidiarité plutôt favorable à la caution, alors que d'autre part, le caractère suffisant bénéficierait au créancier. L'un et l'autre jouent sur le type de défaillance auquel est confronté le créancier et aussi sur le mode de preuve de celle-ci.

91. Une défaillance nécessaire. Les systèmes juridiques favorables à la caution auront généralement tendance à s'orienter du côté du caractère nécessaire de la défaillance du débiteur, renonçant ainsi à son caractère suffisant. Le garant est ici très clairement placé en seconde ligne [2]. Cependant, compte tenu de la volonté des rédacteurs de l'AUS d'accroître également la sécurité du créancier, il n'est pas question de poser inutilement des obstacles à la poursuite de la caution. Le créancier doit tout de même être en mesure de mettre en œuvre son droit de poursuite. La subsidiarité lui permet de contraindre la caution au paiement immédiatement après la constatation de la défaillance. De telle sorte que, la défaillance est nécessaire, mais pas suffisante [3]. Il est possible d'exiger plusieurs modes de preuve visant à protéger la caution et à s'assurer qu'elle ne peut être actionnée en premier.

Mais avec une subsidiarité de plus en plus conçue comme un moyen d'encadrer les poursuites à l'encontre de la caution, la volonté de limiter les appels en paiement abusifs et l'influence du droit de la consommation sur tout le droit civil, les créanciers ont progressivement développé une préférence certaine pour d'autres mécanismes tels que la solidarité qui permet d'adoucir les effets de la subsidiarité, et la clause de paiement à première demande dont l'un des effets est de faire obstacle à la subsidiarité en rendant la garantie totalement indépendante, grâce à la rupture du lien entre obligation principale et obligation subsidiaire. En droit OHADA, même dans le cas

1. Antoine Gouëzel, *La subsidiarité en droit privé*, Economica, 2013, 72 et s.
2. AUS, art. 23. V. TRHC Dakar, 24 déc. 2003, n° 2377, *Ohadata J-04-279* ; CA Ougadougou, ch . civ. & com., 18 avr. 2003, n° 32, *Ohadata J-09-10*.
3. Les juges demandent que cette défaillance soit avérée. *Ibid.*

d'un cautionnement solidaire, la seule défaillance, bien que nécessaire à la poursuite de la caution, ne suffit pas. Il est demandé au créancier de prouver l'infructuosité d'une mise en demeure ou des poursuites préalables [1].

92. Une défaillance suffisante? En droit français, cependant, on a construit une présomption d'insolvabilité du débiteur défaillant qui autorise le créancier à agir directement et automatiquement contre la caution [2]. La seule défaillance suffit donc à permettre l'action contre le garant même dans un cautionnement simple [3]. La caution pourrait, dans ce cas précis, en vertu de l'article 2300 du Code civil, renverser la présomption en apportant la preuve de l'existence de biens du débiteur principal pouvant être saisis facilement. Cet automatisme, selon nous, ne fait pas pour autant du cautionnement une garantie non subsidiaire. La défaillance reste une condition nécessaire à la mise en œuvre du cautionnement. Le problème est ailleurs : cette facilité offerte au créancier renverse la charge de la preuve en matière de défaillance [4]. Les rédacteurs de l'AUS, quant à eux, ont tenu à ce que le créancier mette nécessairement la caution en demeure de payer, ce qui laisse une chance à la bonne foi et au paiement le plus efficient. En droit OHADA, la seule défaillance ne suffit pas pour agir contre le débiteur. Il est nécessaire qu'un ensemble d'éléments soit établi, selon les dispositions de l'AUS. L'on pourrait également préciser qu'en droit français, la subsidiarité instaure effectivement une relation entre la survenance de la défaillance et la possibilité de poursuivre la caution. En revanche, dans le droit OHADA, du fait de la nécessité, malgré la survenance de la défaillance, d'apporter la preuve de celle-ci, le déblocage des poursuites contre la caution n'est pas automatique.

93. La défaillance du débiteur en matière de sûretés réelles. La preuve de la défaillance lorsqu'il est question de garanties réelles est assez proche de celle demandée pour le cautionnement, dans le sens où le créancier doit, dans la plupart des cas, mettre en demeure de payer ou avertir le débiteur principal. Et ce n'est qu'à l'expiration d'un certain délai après ladite mise en demeure que le créancier pourra poursuivre la caution.

L'article 2286 du Code civil et les articles 67 et 68 de l'AUS indiquent très clairement que l'exercice du droit de rétention est conditionné à l'existence d'une créance impayée; autrement dit, l'absence de paiement à l'échéance ou la défaillance du débiteur détermine la possibilité de retenir la chose mise en garantie.

1. AUS, art. 23, 27.
2. C. civ., art. 2299.
3. *Ibid.*, art. 2299.
4. Cf *infra* n° 104, p. 94. V aussi. Philippe SIMLER, *Cautionnement, garanties autonomes, garanties indemnitaires*, 5e éd., LexisNexis, 2015, 517 et 518.

En matière de gage, l'AUS rappelle le droit de rétention du créancier à l'article 99. L'article 104 prévoit que « *faute de paiement, le créancier gagiste muni d'un titre exécutoire peut faire procéder à la vente forcée de la chose gagée huit jours après sommation faite au débiteur et, s'il y a lieu, au tiers constituant du gage dans les conditions prévues par les dispositions organisant les voies d'exécution auxquelles le contrat de gage ne peut déroger* » [1]. Le créancier peut en outre demander l'attribution judiciaire de la chose gagée, ou bien, si les conditions exigées par l'AUS sont remplies, devenir le propriétaire de cette chose, par le jeu d'un pacte commissoire [2]. Ces dispositions reprennent presque mot pour mot les articles 2346, 2347 et 2348 du Code civil.

Concernant le nantissement de droits de propriété intellectuelle et le nantissement de fonds de commerce (et le privilège du vendeur de fonds de commerce), il est respectivement prévu aux articles 161 et 178 de l'AUS, un renvoi aux articles 104 et 105 portant sur le gage, quant aux conditions d'exercice du droit de réalisation de la sûreté, c'est-à-dire la subsidiarité de l'appel en paiement.

Le nantissement de créance et le nantissement de compte bancaire (qui est un nantissement de créance [3]) sont soumis aux dispositions de l'article 134 de l'AUS qui prévoient que « *huit jours après une mise en demeure restée sans effet, le créancier nanti affecte les fonds au remboursement de sa créance, dans la limite des sommes impayées* ». Si l'échéance de la créance nantie est postérieure à celle de la créance garantie, alors le créancier peut attendre l'arrivée de cette échéance, ou bien demander au juge, selon les stipulations conventionnelles, l'attribution de la créance nantie. En tous les cas, seul le créancier nanti reçoit valablement le paiement de la créance nantie, après notification du nantissement au débiteur de la créance nantie [4].

Quant au nantissement de compte de titres financiers, les articles 152 et 153 de l'AUS précisent les conditions de l'appel en paiement subsidiaire. En effet, la créance certaine liquide et exigible pourra être réalisée « *huit jours ou à l'échéance de tout autre délai préalablement convenu avec le titulaire du compte après mise en demeure du débiteur remise en main propre ou adressée par courrier recommandé* ».

Pour finir, concernant les sûretés attribuant un droit de propriété au bénéficiaire, précisons que le vendeur réservataire ainsi que le créancier fiduciaire, dans le cas d'un transfert fiduciaire d'une somme d'argent, doivent se soumettre à la subsidiarité de leur garantie, c'est-à-dire qu'ils ne peuvent la réaliser qu'à défaut de paiement à

---

1. L'article 104 de l'AUS fait référence aux dispositions de l'AUPSRVE, notamment aux articles 120 et suivants.
2. AUS, art. 104, 105.
3. *Ibid.*, art. 136.
4. *Ibid.*, art. 133.

l'échéance[1]. Plus précisément sur la réserve de propriété, dans un arrêt récent de la Chambre commerciale de la Cour de cassation, il a été décidé que cette garantie pouvait être mise en œuvre de manière indépendante, c'est-à-dire sans constater la défaillance du débiteur, à condition que cela soit en vertu de l'article L. 624-16 du code de commerce. En effet, contrairement aux dispositions de l'article 2367 du Code civil (similaires à celles de l'article 77 de l'AUS), ce texte prévoit que le vendeur de biens meubles qui bénéficie d'une clause de réserve de propriété peut revendiquer sa chose si une procédure de sauvegarde est ouverte à l'encontre de son débiteur[2]. Il ne serait pas inintéressant de s'en inspirer pour compléter les articles 104 et suivants de l'AUPCAP, notamment en matière de procédure de redressement. Quant à la cession de créance, la réalisation de la sûreté ne dépend absolument pas de la défaillance, mais plutôt de la notification de la cession au débiteur cédé ou de la publication de celle-ci dans une moindre mesure[3]. Il s'agit là de la seule exception à la subsidiarité en matière de garanties réelles OHADA.

2. L'utilité de la défaillance pour les appels indépendants en paiement

94. Le rôle de la défaillance en l'absence d'obligation subsidiaire. La défaillance du débiteur principal ou l'absence de paiement à l'échéance conserve un rôle d'une très grande importance même dans les cas où la garantie ne serait pas subsidiaire. Si la défaillance du débiteur principal n'est pas la condition de la réalisation de la garantie, est tout de même sa raison d'être. En d'autres termes, c'est bien parce que le risque de défaillance ne peut être écarté que la garantie a été constituée[4]. En cas d'abus, de fraude ou d'enrichissement sans cause, le créancier devra faire face au risque d'une défense de payer formulée par le donneur d'ordre au garant[5].

En droit français, une décision de la Chambre commerciale de la Cour de cassation permet au donneur d'ordre de réclamer la restitution des sommes qui ont été versées par le garant au bénéficiaire, car la défaillance du débiteur était impossible du fait de la nullité de l'obligation principale. En l'espèce, les juges du fonds ont considéré, contrairement aux allégations du bénéficiaire de la garantie, que le contrat

1. 77 AUS, pour la réserve de propriété; 91, al. 2 *ibid.*, pour le transfert fiduciaire d'une somme d'argent, le créancier doit attendre un délai de huit jours après avoir averti le débiteur ou le tiers constituant, avant de se faire remettre les fonds cédés dans la limite du montant des créances garanties demeurant impayées.

2. Cass. com., 20 avr. 2017, n° 15-20.619.

3. AUS, art. 82, 84. Dans le cas spécifique d'un débiteur professionnel, l'article 85 de l'AUS prévoit que celui-ci pourra accepter la cession et s'engager à payer directement le créancier garanti.

4. D'ailleurs, après l'appel en paiement, un contrôle est toujours effectué pour vérifier les motifs de cet appel.

5. AUS, art. 47.

liant le donneur d'ordre à ce bénéficiaire était une convention de sous-traitance [1]. Or, le Législateur français impose, « *à peine de nullité du sous-traité [que] les paiements de toutes les sommes dues (...) sont garantis par une caution personnelle et solidaire...* » [2]. Dans cet arrêt, les juges ont considéré, qu'à cause de l'annulation de l'obligation garantie et de « *l'absence d'obligation pesant sur [le débiteur principal](...) la garantie prise pour le cas d'inexécution contractuelle à [lui] imputable ne pouvait avoir été irréversiblement mise en jeu* ». Autrement dit, l'obligation souscrite en garantie d'une dette principale ne saurait être exécutée de manière irréversible, alors même que cette dette principale, en considération de laquelle cette garantie a été constituée, est entachée de nullité. La nullité de cette obligation rendant impossible la défaillance du donneur d'ordre de la garantie autonome, il est alors permis à celui-ci de réclamer que les sommes perçues par le bénéficiaire soient restituées. La Doctrine française est divisée quant à la qualification de cette restitution. Comme le souligne L. LEVENEUR, « *la Cour de cassation ne fait appel à aucun texte pour fonder le recours du donneur d'ordre contre le bénéficiaire.* » P. CROCQ et L. AYNÈS considèrent que l'action du donneur d'ordre n'est pas une demande de répétition de l'indu, ni une action de *in rem verso*, car l'obligation souscrite par le garant autonome possède bel et bien une cause [3]. Enfin pour Anne-Sophie BARTHEZ et Dimitri HOUTCIEFF, il s'agit d'un enrichissement sans cause [4].

Pour notre part, nous considérons qu'il s'agit d'un exercice abusif d'un droit subjectif et que cette qualification s'appliquerait plus aisément en droit OHADA. Il ne s'agit pas d'une fraude ou d'un abus manifeste au sens de l'article 47 de l'AUS, mais d'un appel en paiement dépourvu d'intérêt légitime, l'abus étant matérialisé par le versement des sommes et non par le simple appel en paiement. Cet intérêt légitime aurait dû être la bonne exécution de l'obligation garantie. Le créancier abuserait donc de son droit de percevoir les montants prévus dans la garantie à première demande. Dans ce cas, la défaillance du débiteur serait absolutrice d'un abus préalable, commis avant l'échéance de la dette garantie. Cette solution qui intervient *a posteriori* paraît moins intrusive à l'égard de la mécanique de la garantie autonome, améliorant ainsi son efficience sans pour autant entamer la perception que le créancier pourrait avoir de son efficacité.

---

1. Cass. com., 7 juin 1994, n° 93-11.340.
2. Loi n° 75-1334 du 31 décembre 1975 relative à la sous-traitance 1975.
3. Laurent AYNÈS, Pierre CROCQ et Augustin AYNÈS, *Les sûretés, la publicité foncière*, 14e éd., Droit civil, LGDJ-Lextenso, 2020, 346.
4. Anne-Sophie BARTHEZ et Dimitri HOUTCIEFF, *Les sûretés personnelles*, sous la dir. de Jacques GHESTIN, LGDJ, 2010, 1363.

B. La preuve de la défaillance

95. La preuve de l'absence de paiement. Ainsi, la défaillance est une notion technique qui ne s'apprécie pas, mais se constate [1]. Le droit français oblige le créancier à attendre la défaillance pour pouvoir poursuivre la caution [2]. En droit OHADA, il revient au créancier de prouver que cette défaillance a bien eu lieu [3]. Ainsi, chaque fois que l'exécution d'une obligation est soumise à la preuve de la défaillance d'une autre, alors cette première obligation est subsidiaire. L'AUS impose au créancier de s'assurer que le débiteur principal est défaillant, bien que la preuve varie selon qu'il s'agit d'une caution simple ou d'une caution solidaire. Ainsi ce que doit prouver le créancier dépend fortement de la conception de la défaillance qui sera retenue ; en fonction des choix de politique juridique, une conception stricte de la défaillance et plus protectrice peut parfois être préférée à une autre plus souple et plus favorable au créancier.

1. Une preuve difficile

96. La difficile preuve de la défaillance et du moment de sa survenance en cas de cautionnement simple. La défaillance fait partie de ces faits juridiques qui sont relativement aisés à appréhender sur le fond, mais qui posent un grand nombre de difficultés quant à la forme. Quand vient le moment de réaliser le cautionnement, le créancier se retrouve en pratique face à deux difficultés pouvant menacer l'efficacité de son appel en paiement. Il s'agit d'abord du moment de la survenance de la défaillance, puis de la preuve de celle-ci. Autrement dit, le créancier qui dispose d'un cautionnement simple ou solidaire peut avoir du mal à saisir précisément le moment à partir duquel le débiteur est défaillant au regard des stipulations contractuelles et des dispositions légales. Plus la preuve de la défaillance est difficile à fournir, et plus la sûreté sera perçue par le créancier comme étant inefficace. La preuve de la défaillance dépend donc grandement de la définition qui sera retenue de cette défaillance [4]. Bien qu'il s'agisse d'un fait juridique, sa preuve est très encadrée par l'AUS, contrairement au Code civil [5].

---

1. Antoine Gouëzel, *La subsidiarité en droit privé*, Economica, 2013, 58.
2. V. Philippe Simler, *Cautionnement, garanties autonomes, garanties indemnitaires*, 5e éd., LexisNexis, 2015, 532.
3. Il est opportun de souligner qu'il est totalement exclu de demander à la caution de prouver une absence de défaillance. En revanche, il est possible, grâce à la mise en œuvre du bénéfice de discussion, de permettre à la caution de prouver la solvabilité du débiteur.
4. Antoine Gouëzel, *La subsidiarité en droit privé*, Economica, 2013, 293.
5. Cf *supra* n° 90, p. 83.

L'article 2299 du Code civil précise que « *le créancier n'est obligé de discuter le débiteur principal que lorsque la caution le requiert, sur les premières poursuites dirigées contre elle* ». En principe, le créancier qui n'a pas obtenu satisfaction à l'échéance peut directement agir contre la caution, sauf dans les cas où celle-ci disposerait d'un bénéfice de discussion et déciderait d'en faire usage.

Dans tous les cas, il résulte de l'AUS que le créancier qui souhaite agir contre la caution doit au moins prouver qu'il a vainement mis en demeure le débiteur principal de payer sa dette échue. L'article 23 de l'AUS prévoit que si cette preuve n'est pas fournie, la caution n'est pas tenue de payer [1]. Pour que celle-ci puisse être valablement poursuivie, le créancier doit dans un délai d'un mois et en vertu de l'article 24 de l'AUS, informer la caution de l'infructuosité de cette mise en demeure de payer et donc de la défaillance du débiteur. Si un cautionnement simple a été stipulé entre les parties, la preuve de la défaillance peut être rendue légèrement plus difficile. L'article 27 de l'AUS dispose que le bénéfice de discussion permettra en effet à la caution d'exiger la preuve de l'insolvabilité du débiteur principal [2]. Il s'agit là d'une forme renforcée de subsidiarité dans laquelle la preuve de la défaillance ne résulte pas de la seule absence de paiement de la créance établie par une vaine mise en demeure. Dans le cas du cautionnement simple, la défaillance peut signifier une absence de paiement suivie par de vaines poursuites, malgré les indications de la caution, en matière de biens saisissables du débiteur. Une telle preuve de la défaillance ou de l'insolvabilité du débiteur garanti ne peut être exigée que par la caution simple et non par la caution solidaire [3]. En matière de cautionnement, la preuve de la défaillance du débiteur principal dépend essentiellement du caractère solidaire et des stipulations contractuelles. En ce qui pourrait concerner une garantie autonome dont la réalisation serait soumise à la défaillance du débiteur, les parties définissent entre elles les modes de preuve de cette défaillance [4].

2. Une preuve par l'échec ou l'impossibilité des poursuites contre le débiteur principal

97. La défaillance à l'issue de vaines poursuites. Lorsque la défaillance est due à l'insolvabilité du débiteur principal, qui peut être constatée notamment à l'issue de vaines poursuites exercées à l'encontre de celui-ci, l'on est précisément dans le cadre d'un cautionnement simple et d'une mise en œuvre du bénéfice de discussion

1. CA Ougadougou, ch . civ. & com., 18 avr. 2003, n° 32, *Ohadata J-09-10* ; TRHC Dakar, 24 déc. 2003, n° 2377, *Ohadata J-04-279*.

2. Pour cela, la caution indique des biens du débiteur au créancier, qui aura la charge de tout mettre en œuvre pour se faire.

3. CA Daloa, 5 fév. 2003, n° 32, *Ohadata J-05-174*. La caution solidaire ne peut exiger que le respect de l'article 23 de l'AUS qui impose une mise en demeure du débiteur principal.

4. AUS, art. 39, 45.

qui a pour rôle de renforcer la subsidiarité de la garantie au profit de la caution d'où son nom [1]. Malgré la crainte qu'il semble susciter auprès des créanciers, le bénéfice de discussion n'est en réalité pas aussi contraignant qu'il en a l'air. L'obligation de poursuivre vainement le débiteur principal avant d'agir contre la caution n'est pas d'ordre public. C'est une arme entre les mains de la caution et dont l'usage est assez encadré. À la lecture de l'article 27 de l'AUS, le créancier peut exercer les premières poursuites contre la caution, sous réserve du respect des dispositions de l'article 23 alinéa 2 du même texte. L'infructuosité de la mise en demeure adressée au débiteur est le principal moyen d'établir sa défaillance. Les vaines poursuites préalables sont une option défensive offerte à la caution qui disposerait d'informations que le créancier ignore [2].

Il est donc question d'un droit de la caution à une forme plus rigoureuse de subsidiarité et non d'une obligation à la charge du créancier. De ce fait, l'exercice du bénéfice de discussion n'est pas dommageable pour le créancier qui d'une part sauvegarde ses droits, mais d'autre part dispose d'un cautionnement qui somme toute, n'est pas si inefficace [3]. Il faut ajouter à cela que la caution qui entend user de son bénéfice de discussion le fait à ses frais, et doit établir la solvabilité de la caution en ne tenant compte que des biens qui sont situés sur le territoire national [4]. Ce premier degré de subsidiarité n'est donc pas une vraie menace pour le créancier et l'efficacité de la sûreté. Il ne concerne, semble-t-il, que les rares cas où le créancier manque d'informations suffisantes sur la situation du débiteur principal, ou bien l'idée selon laquelle la caution en sait plus que lui. L'on pourrait alors mieux comprendre pour quelle raison l'AUS en a fait l'exception et non la règle en matière de cautionnement.

98. La défaillance établie par l'ouverture de procédures collectives. L'ouverture d'une procédure collective à l'encontre du débiteur principal suffit à établir sa défaillance. Le droit commercial français, à quelques exceptions près, et tout comme le droit OHADA empêche les cautions et autres coobligés de se prévaloir de la particularité de cette manière d'établir la défaillance du débiteur principal, pour se dérober. L'ouverture d'une procédure collective fait partie de ces risques contre lesquels leur engagement est censé garantir le créancier. Il s'agit là d'une disposition de bon sens [5].

---

1. AUS, art. 27.
2. Cf *supra* n° 85, p. 79.
3. Philippe SIMLER, *Cautionnement, garanties autonomes, garanties indemnitaires*, 5e éd., LexisNexis, 2015, 532.
4. AUS, art. 27.
5. En droit français, la caution ne saurait opposer son bénéfice de discussion au créancier, lorsque le débiteur est en situation de cessation de paiement. Cass. com., 17 mars 1969, n° 97, *Bull. civ IV*.

Section II L'adéquate réponse à la défaillance du débiteur principal

99. Plan. En fonction des modalités selon lesquelles la défaillance a été établie, il conviendra d'une part de faire en sorte que les droits du créancier (§ 2.) soient proportionnels au type de défaillance constaté (§ 1.).

§ 1. La nécessité d'une réponse proportionnée à la défaillance

100. Plan. En matière d'allocations des ressources et des efforts, l'absence d'équilibre est forcément synonyme d'inefficience. L'on ne saurait concevoir un système efficient dans lequel la caution ou le garant autonome supporterait l'essentiel des efforts, uniquement pour rassurer un créancier qui minimiserait ainsi ses risques. Pour ne pas faire supporter aux tiers notamment, les coûts de l'optimisation de la garantie du point de vue du créancier, il nous semble absolument nécessaire d'inclure dans nos critères d'efficience de l'appel en paiement, le bon usage du crédit du débiteur ou de la caution. La préservation du crédit du constituant étant une priorité en ce qui concerne l'efficience des garanties personnelles (A.), l'optimisation de l'appel en paiement ne saurait s'accommoder d'un usage inconsidéré de la contrainte à l'encontre du constituant (B.).

A. L'enjeu autour du crédit du constituant

101. La prise en compte des ressources du constituant. En empêchant que des personnes physiques puissent souscrire une garantie autonome, l'article 40 de l'AUS s'inscrit en quelque sorte dans cette démarche tendant à une optimisation de l'allocation des ressources grâce à une spécialisation des sûretés personnelles. Contrairement au droit français qui permet aux personnes physiques de souscrire des garanties autonomes [1], le droit OHADA exige que l'on ait d'importantes capacités financières pour se porter garant autonome [2]. Cette *intuitu personae* quant aux capacités financières des personnes qui constituent des sûretés personnelles a un impact sur leur efficience.

1. C. civ., art. 2321.
2. Cf *supra* n° 74, p. 72.

Les chances de succès de l'appel en paiement dépendent fortement de la solvabilité de la caution ou du garant. La prise en compte de leur crédit se justifie donc, dans le cadre de l'évaluation de l'efficience des sûretés personnelles.

B. L'efficience réduite d'un paiement contraint

102. L'opposition entre contrainte et efficience. L'action exercée contre le garant ou la caution est plus contraignante que celle exercée contre le débiteur principal, tant d'un point de vue économique que d'un point de vue moral et juridique. Sur le plan moral, la contrainte est subie par la caution qui doit payer la dette d'un autre. L'on se porte rarement caution en ayant la certitude de la survenance de la défaillance du débiteur. N'étant pas destinée à supporter le poids définitif de la dette garantie, il serait regrettable qu'elle soit poursuivie alors que le débiteur est solvable [1]

Par ailleurs, le créancier ne pourra agir contre la caution qu'en respectant un lourd formalisme [2]. Alors que s'il souhaite agir contre le débiteur, il doit se contenter dans la plupart des cas de mettre en œuvre son droit de gage général. Il doit établir la défaillance de son débiteur grâce à une mise en demeure de payer restée infructueuse. Le créancier doit alors informer la caution de la défaillance et du montant de la dette, intérêts et accessoires compris [3]. Autrement, la caution n'est pas tenue au paiement des pénalités, y compris dans les schémas où le créancier n'aurait pas respecté son devoir d'information semestriel [4]. Par ailleurs, son action contre la caution n'est recevable que si le débiteur principal est aussi appelé en cause [5].

Précisons enfin que dans la plupart des cas, la défaillance du débiteur conduit très souvent à la multiplication des pénalités et des intérêts, entraînant de la sorte l'augmentation du montant que doit payer la caution, en vertu de l'article 18 de l'AUS, sauf convention limitant l'engagement de la caution à un montant déterminé. D'un point de vue économique, la contrainte ainsi exercée sur la caution du fait de ce formalisme est supérieure à celle qu'aurait subie le débiteur principal si celui-ci avait payé à l'échéance. En effet, ce formalisme coûte cher en ressources et en temps.

Pour toutes ces raisons, la poursuite engagée contre la caution ou le garant par le créancier constitue une contrainte présentant des inconvénients pour les deux parties au contrat de cautionnement. Cette mauvaise allocation des ressources et du temps des parties au contrat conduit le Législateur à préférer le paiement par

1. La solvabilité de la caution n'exclut pas que celle-ci puisse être défaillante pour d'autre raison.
2. Cf *supra* n° 93, p. 84 et *supra* n° 74, p. 72.
3. C. civ., art. 25.
4. AUS, art. 24.
5. *Ibid.*, art. 26.

le débiteur principal, d'où l'intérêt de conserver la subsidiarité sur un autre plan, même lorsqu'il est solidaire. « *Une subsidiarité excessive entraîne mécaniquement des retards et des frais, en renchérissement du coût du crédit* [1] ». Celle-ci se doit d'être souple afin qu'elle ne se retourne pas contre le créancier, au profit d'une caution trop récalcitrante.

§ 2. Les avantages de la réponse proportionnée à la défaillance

103. Plan. La défaillance du débiteur principal est l'évènement autour duquel se met en œuvre toute la structure de garantie, qu'elle soit autonome ou subsidiaire. La survenance du risque contre lequel la sûreté est censée prémunir le créancier est le point de départ sinon le point de repère de l'appel en garantie. L'appel en garantie se fait à cause ou en fonction de la défaillance du débiteur dont la survenance achève la confiance fragile que le créancier pouvait encore avoir à l'égard des capacités de paiement du débiteur. Le recours aux sûretés est la manifestation d'une confiance insuffisante entre les parties à l'obligation principale. La levée de cette incertitude, quant à l'issue de l'obligation garantie, présente un coût qui sera supporté par le constituant, en ce qui concerne les frais des recours éventuels, des enregistrements, appauvrissement, etc. Ce coût sera plus ou moins élevé, en fonction des chances d'obtenir un paiement de la dette à l'échéance. Ainsi, plus les risques de défaillance sont élevés, plus le coût de cette incertitude sera important. Il s'agit là donc du prix de l'efficacité de la garantie au moment de sa réalisation [2]. En l'état actuel du Code civil français et l'AUS, plus la sûreté est efficace du point de vue du créancier, plus elle sera lourde pour le constituant. C'est sur cette relation que pourrait être localisée l'une des principales différences entre un appel en paiement subsidiaire (A.) et un paiement à première demande, avec pour le second un avantage *a priori* en matière d'efficacité (B.).

1. Antoine Gouëzel, *La subsidiarité en droit privé*, Economica, 2013, 208.
2. Les conditions de l'appel en paiement peuvent influencer l'efficience d'une sûreté.

La question de la subjectivité de l'appel en paiement dans le cadre de sûretés est en réalité assez peu pertinente. Son impact sur l'efficience l'est également. L'appel en paiement a en effet assez peu à voir avec la volonté de la caution. En effet, dans ce cas de figure, le créancier procède plutôt à la réalisation d'actions sur des biens. À cause de la défaillance du débiteur principal, il ne dépend plus de la volonté de quiconque de le payer. Il exerce désormais des attributs sur des biens, que cela soit en vertu d'un droit de gage général ou bien grâce un droit réel. Il n'y aurait que dans l'hypothèse du droit de rétention qu'il pourrait y avoir une exception, bien qu'il s'agisse là davantage d'un droit de contrainte au paiement.

A. Les spécificités d'un appel subsidiaire en paiement

104. La priorité et l'efficience du paiement par le débiteur principal. Selon A. Gouëzel, le respect du principe de nécessité entraîne celui du principe de subsidiarité. De même, le paiement par le débiteur doit être rendu nécessaire lorsqu'il est possible, parce qu'il est plus efficient. Le mode paiement le plus efficient est rendu prioritaire, tandis que le mode de paiement le plus contraignant et le moins efficient est rendu subsidiaire [1].

105. La subsidiarité de la garantie et non sa nécessité. Énoncer que le paiement effectué par le débiteur est prioritaire, ne suffit pas. Il faut rendre subsidiaire la réalisation de la garantie. Si l'on devait admettre la nécessité de la dette principale à la place de la subsidiarité de la garantie, il faudrait alors, pour pouvoir réaliser la garantie, prouver qu'il n'existe plus de possibilité d'obtenir un paiement de la part du débiteur garanti. C'est en cela que le principe de nécessité se concentre sur l'absence de possibilités d'obtenir le paiement grâce aux poursuites contre le débiteur principal, ce qui est concrètement plus difficile à établir. Le principe de subsidiarité est d'une certaine manière une protection du créancier, car il facilite la preuve de l'infructuosité des poursuites contre le débiteur principal, que le principe de nécessité rend en réalité impossible.

En effet, prouver l'infructuosité des poursuites revient à démontrer la totale absence de moyens d'obtenir satisfaction avec les biens et revenus du débiteur; ce qui est par nature impossible à établir rigoureusement [2]. Le principe de subsidiarité requiert de la part du créancier la preuve d'une mise en demeure restée sans effet. Dans le cas d'un cautionnement simple, la preuve dépend de l'orientation par la caution des poursuites contre les biens du débiteur.

Par ailleurs, ne mettre en œuvre le cautionnement que lorsque cela est nécessaire revient à considérer que la réalisation de la sûreté n'est pas préférable, même si elle s'avère plus efficace. Cette opposition entre l'efficace et le préférable nous permet de souligner encore une fois que ce qui est efficace n'est pas nécessairement efficient [3].

---

1. Cf *infra* n° 112, p. 98.
2. En revanche, le seul moyen d'être convaincu qu'un évènement est possible, c'est par la réalisation de celui-ci. V. sur cette question Henri Bergson, *La pensée et le mouvant*, F. Alcan, 1934.
3. Nous considérons ici que les critères permettant de définir ce qui est préférable se confondent avec ceux qui caractérisent l'efficience. Cf *supra* n° 102, p. 92.

1. Les différences entre le caractère accessoire et le caractère subsidiaire

106. La distinction entre subsidiarité et accessoriété. L'accessoriété est le lien entre deux obligations en vertu duquel l'une suit en principe le sort de l'autre. En matière de sûretés, le caractère accessoire se traduit notamment par la possibilité offerte à la caution d'opposer au créancier toutes les exceptions inhérentes à la dette garantie, y compris la disparition de celle-ci. L'accessoriété régit les modalités de réalisation du cautionnement afin que celles-ci se rapprochent au maximum de celles de la poursuite du débiteur principal. L'accessoriété est la manifestation technique du fait que la caution s'engage à payer la dette d'un autre [1].

La subsidiarité quant à elle est la manifestation du fait que la caution n'est tenue de payer que si le débiteur ne paie pas lui-même [2] ; ce qui explique le rôle incontournable de la preuve de la défaillance. Ces deux caractéristiques du cautionnement constituent son essence et il ne saurait y avoir de cautionnement non accessoire, voire non subsidiaire. La caution a une obligation accessoire à celle du débiteur principal parce que son obligation porte sur le même objet que celle du débiteur principal [3]. Bien que son obligation soit de nature différente, elle a le même objet. Étant tenue à la même dette, la caution ne saurait évidemment être tenue de payer plus que ce que doit le débiteur principal, car cela reviendrait à payer une dette autre [4]. Cette unité d'objets entre les deux obligations instaure à leur égard un lien en vertu duquel l'obligation de la caution subira tout ce que subit la dette garantie [5]. Par ailleurs, la caution a une obligation subsidiaire parce qu'elle ne peut être poursuivie alors que le débiteur principal n'est pas réputé défaillant. Le créancier ne saurait demander à la caution de payer une dette dont il ne pourrait exiger l'exécution au débiteur principal [6]. Il est non seulement nécessaire que la défaillance de celui-ci advienne, mais surtout qu'elle soit constatée, notamment dans les cas de vaine mise en demeure, ou de vaines poursuites à l'encontre du débiteur principal [7].
Ce qui n'empêche pas de cautionner la dette d'un débiteur défaillant [8]. Il ne faudrait pas y voir un amoindrissement de la subsidiarité en tant que composante essentielle du cautionnement. Bien au contraire, la défaillance est ici présente, non pas en tant que condition de réalisation du cautionnement, mais plutôt en tant condition de

1. Cf *supra* n° 58, p. 60.
2. AUS, art. 13.
3. Art. 13 AUS ; Philippe SIMLER, *Cautionnement, garanties autonomes, garanties indemnitaires*, 5e éd., LexisNexis, 2015.
4. Art. 17 AUS.
5. Il est nécessaire de relever que cette unité d'objet est à la source de la compétition et de la concurrence entre les deux obligations que la subsidiarité est censée organiser et hiérarchiser.
6. Frédéric ROUVIÈRE, « Le caractère subsidiaire du cautionnement », *RTD Com.* 2011.
7. Plusieurs auteurs considèrent que le caractère subsidiaire est issu du caractère accessoire. V. Philippe SIMLER, *Cautionnement, garanties autonomes, garanties indemnitaires*, 5e éd., LexisNexis, 2015, 61, Manuella BOURASSIN et Vincent BRÉMOND, *Droit des sûretés*, 6e éd., 2017, p. 217.
8. Cass. Com., 10 oct. 1995, n° 93-11.374, *Bull. civ.*, *D.* 2006, som. 265, obs. Laurent AYNÈS.

l'appel en paiement. C'est le droit de poursuivre la caution qui est conditionnel, et non le cautionnement lui-même. La caution peut s'engager même dans les cas où le débiteur principal est déjà insolvable. Ce type de cautionnement n'est valable que si la caution est au courant de cette défaillance [1].

107. L'inopposabilité au créancier de la défaillance. À toutes fins utiles, précisons qu'à propos du caractère accessoire, on ne saurait considérer la défaillance comme une exception opposable au créancier, ou un effet de cette accessoriété : l'accessoire a pour vocation de suivre le sort du principal, y compris dans son échec tandis que l'engagement subsidiaire doit pallier cet échec. L'accessoriété du cautionnement lui fournit son objet quand sa subsidiarité lui octroie sa cause ; alors que dans le cas de la garantie autonome à première demande, l'objet (le versement d'une somme) et la cause (l'appel en paiement) sont totalement détachés de la dette garantie [2].

2. La concurrence des poursuites

108. Une concurrence entre la dette garantie et la caution. Cette concurrence résultant du fait que la dette principale et la garantie ont un objet commun, entraîne le risque d'une confusion entre les deux obligations pouvant conduire à une réalisation conjointe et simultanée [3]. Or, le garant ou la caution ne sont pas censés être débiteurs de l'obligation garantie au même titre que le débiteur principal [4]. Ils ont tous les deux des obligations distinctes de celle du débiteur principal [5].

1. CA Rennes, 14 juin 1951, *D.* 1952, p. 712, note André Tunc. La défaillance doit être une modalité de l'appel en paiement dont dépendent la validité et l'efficacité. C'est un évènement incertain dont la survenance permet l'appel en paiement. Le fait que la caution ne soit pas informée de la survenance de la défaillance constitue un obstacle incontournable à l'appel en paiement, dans la mesure où il n'y a plus ce caractère incertain, aléatoire, du point de vue des deux parties.
2. Le concept de cause n'est pas encore un archaïsme dans la zone OHADA.
3. Plus précisément, la garantie emprunte l'objet de la dette garantie.
4. Il n'est absolument pas question de considérer que le cautionnement serait une sûreté parce qu'il est subsidiaire. Si l'obligation de la caution était accessoire et secondaire sans être subsidiaire, elle pourrait se retrouver en pratique sur le même rang que la dette garantie. Concrètement, quand vient le moment de payer, plus rien ne permettrait de distinguer la caution solidaire d'un codébiteur solidaire. Celle-ci serait tenue de payer le tout comme le débiteur principal, et son obligation ne consisterait pas à garantir l'exécution de l'obligation d'un autre, mais plutôt d'exécuter son obligation qui serait la même que celle du débiteur principal. Le créancier se retrouverait alors face à deux débiteurs placés sur le même rang. La faculté d'agir à l'échéance en dépit de soit contre le débiteur garanti soit contre le garant, même lorsque le débiteur n'est pas défaillant, empêcherait alors de voir que le rôle de garantie joué par l'obligation accessoire.
5. Ces obligations distinctes sont aussi les accessoires de la dette garantie, sans forcément être accessoires quant à leur régime. Sur ce point, V. la thèse de Christophe Juillet, *Les accessoires de la créance*, Defrénois, 2009.

a. Les inconvénients de la concurrence des poursuites

109. Une concurrence contre-productive pour le créancier. Selon M. Gouëzel, « l'évolution de la technique législative favorise ce phénomène de concurrence ». L'augmentation et la complexification des règles en matière de sûretés personnelles notamment, visent à offrir aux parties un choix parmi divers instruments, afin que celles-ci puissent retenir celui qui leur semble le plus adapté. Le créancier bénéficie d'un ensemble de mécanismes et d'options destinés à lui permettre de se prémunir efficacement contre le risque d'impayés [1]. La concurrence potentiellement induite par cette profusion d'instruments finit par réduire l'efficience de la sûreté au stade du paiement de la créance.

110. La subsidiarité des poursuites. La conséquence de la réalisation de cette condition de la subsidiarité, selon A. Gouëzel est l'« *accessibilité* » de l'obligation subsidiaire à l'égard du bénéficiaire du cautionnement [2]. La subsidiarité sécurise la possibilité d'une poursuite de la caution, mais pas le succès d'une telle action. « *Ce n'est pas le sort [du cautionnement] qui découle du sort de[la dette garantie], c'est son accessibilité, sa "disponibilité", son examen. En un mot, l'accessoire est une relation de dépendance alors que la subsidiarité est une relation de blocage* » [3]. Ainsi, le caractère subsidiaire permet de définir les conditions selon lesquelles le créancier pourra réaliser la sûreté ; alors que le paiement à première demande consiste à rendre inconditionnel le versement de la somme convenue. L'attention ici doit être davantage tournée vers l'appel en paiement et le droit de poursuivre la caution, plutôt que vers le cautionnement lui-même. L'on peut dire que le cautionnement est subsidiaire, mais en réalité, c'est bien la poursuite de la caution qui est subsidiaire à celle exercée contre le débiteur principal.

b. Les solutions à la concurrence des poursuites

111. L'organisation et la hiérarchisation de ces deux obligations concurrentes. Rendre la garantie subsidiaire permet d'éviter une concurrence contre-productive grâce à une meilleure efficience. La subsidiarité vient instaurer un ordre parmi les obligations concurrentes. Cet ordre est guidé par des choix de politique juridique. L'ordre ainsi que les modalités selon lesquelles les obligations seront mises en œuvre vont être déterminés en fonction des objectifs poursuivis par les rédacteurs de l'AUS. « *En organisant les rapports entre des éléments qui auraient vocation à régir la même situation, la subsidiarité régule la concurrence entre ceux-ci* » [4].

---

1. Cette diversité se retrouve souvent au sein d'une même sûreté.
2. Antoine Gouëzel, *La subsidiarité en droit privé*, Economica, 2013, 61 et s.
3. *Ibid.*, 83.
4. *Ibid.*, 46.

La défaillance du débiteur principal est la condition à laquelle est soumis l'exercice des poursuites à l'encontre de la caution [1]. Antoine GOUËZEL souligne que cette façon de subordonner le recours à l'élément subsidiaire (ici l'obligation de la caution), à la défaillance d'un élément premier (c'est-à-dire la dette garantie) constitue « *une technique de coordination d'éléments concurrents* » [2].
La subsidiarité permet d'accroître l'efficience lorsque des obligations sont en concurrence du fait de leur unité d'objet, en organisant de manière optimale l'ordre dans lequel ces obligations peuvent et doivent être mises en œuvre [3].

112. Faire en sorte que la garantie ne soit pas en première ligne (objet de la subsidiarité). La subsidiarité trouve son utilité lorsqu'une variété de moyens, en l'occurrence d'obligations permettent d'atteindre une même finalité, c'est-à-dire le paiement de la créance. Cette multiplication des moyens mobilisés que justifie la volonté d'atteindre cet objectif risquerait d'être contre-productive à cause de la concurrence entre les moyens mis en œuvre que cette pluralité de fait ferait naître. Autrement dit, ce n'est pas dans l'intérêt du créancier de courir à la fois après plusieurs débiteurs pour le paiement de la même dette [4]. C'est pour cela qu'il est utile d'organiser l'exécution de ces obligations concurrentes pour une plus grande efficience. En effet, il est préférable de recourir en priorité aux obligations les moins contraignantes plutôt qu'aux autres, qui, bien que plus efficaces, n'ont de toute façon pas vocation à se retrouver en première ligne. Ces obligations qui sont placées en retrait ont donc en principe une efficacité nettement supérieure aux obligations principales dont la bonne réalisation est préférable, parce que moins contraignante. En quoi la mise en œuvre de la garantie serait-elle plus contraignante ?

---

1. CA Paris, 22 fév. 1988, *D.* 1988, inf. rap. p.82. V. cep. Philippe SIMLER, *Cautionnement, garanties autonomes, garanties indemnitaires*, 5e éd., LexisNexis, 2015, 62 : l'auteur considère que l'engagement de la caution n'est pas conditionnel, mais plutôt accessoire, car il ne s'agit pas d'une obligation principale dont l'exécution est subordonnée à la défaillance. Il semblerait que l'auteur tout en considérant que la subsidiarité découle de l'accessoriété laisse entendre qu'un engagement subsidiaire ne saurait être conditionnel.

Pour notre part, un engagement subsidiaire est nécessairement conditionnel sans forcément être accessoire. Le fait que le débiteur soit insolvable à la conclusion du cautionnement n'empêche pas d'admettre que l'appel en paiement est toujours subordonné à la défaillance. Quant à la distinction entre l'accessoriété et la subsidiarité. Cf *supra* n° 106, p. 95.

2. Antoine GOUËZEL, *La subsidiarité en droit privé*, Economica, 2013 ; l'auteur prend pour référence la définition dégagée par P. CASSON, « Le subsidiaire et le droit privé », *RRJ* 2001, spéc. p. 150.

3. Antoine GOUËZEL, *La subsidiarité en droit privé*, Economica, 2013, 46.

4. Ceci explique notamment un des avantages du cautionnement solidaire, qui est plus commode pour le créancier, car il peut réclamer le paiement de la totalité de la dette à un seul obligé.

113. Le caractère contraignant de la garantie. D'abord, sur un plan moral, il est question de faire payer autrui plutôt que le débiteur principal, bien que cet autrui souscrit un engagement en connaissance de cause. Ensuite, le paiement effectué par la caution accorde à celle-ci le droit de se retourner contre le débiteur principal, ce qui suppose des coûts supplémentaires en temps et en argent. Ces recours dont les chances de réussite sont faibles, étant donné qu'elles visent un débiteur *a priori* potentiellement insolvable, et en tous les cas défaillant. Pour ces raisons notamment, le paiement par la caution est plus contraignant que celui effectué par le débiteur principal [1]. Sachant que l'efficience est inversement proportionnelle à la contrainte, face à une multitude de moyens de parvenir à une même fin, il convient de privilégier les moyens les moins contraignants [2]. L'exercice de la contrainte obéit à un impératif d'efficacité et non d'efficience. C'est parce que l'efficience est hors de portée que l'on a recours à la contrainte pour assurer la réalisation des objectifs. Faute d'efficience, il faudra se contenter de l'efficace. La subsidiarité, en instaurant une primauté de l'outil efficient sur l'outil contraignant contribue à l'optimisation de la sûreté. Et c'est ainsi que l'appel en garantie — moyen contraignant — est soumis à la défaillance du débiteur garanti [3].

B. Les particularités d'un appel indépendant en paiement

114. L'impossibilité du cautionnement à première demande. Il semble donc difficile de concevoir un cautionnement à première demande, qui consisterait à écarter le caractère subsidiaire, tout en maintenant le caractère accessoire. Un tel cautionnement à première demande serait en opposition avec la définition du cautionnement selon le Code civil et l'AUS. Avec une approche permettant de distinguer l'accessoriété et la subsidiarité, l'idée d'une garantie accessoire à première demande paraîtrait envisageable, à condition qu'elle ne soit pas qualifiée de cautionnement [4]. L'on pourrait au mieux parler de pacte de constitut, qui est un engagement à payer sa propre dette ou celle d'autrui [5], au demeurant inapplicable aux dettes futures [6].

1. *Ibid.*, 55.
2. Cf *supra* n° 102, p. 92.
3. V. en ce sens Antoine Gouëzel, *La subsidiarité en droit privé*, Economica, 2013, 55 et 183.
4. V. cep. Dominique Legeais, « Le cautionnement à première demande » *in Mélanges en l'honneur de Michel Vasseur*, sous la dir. de Thierry Bonneau, Banque éditeur, 2000.
5. Jean Gaudemet, *Droit privé romain*, Domat Droit Privé, Montchrestien, 1998, p. 265 ; Paul Frédéric Girard, *Manuel de droit romain*, t. 2, Librairie Edouard Duchemin, 1978, p. 640-643.
6. Rien n'empêche les parties de conclure une telle garantie.

115. Les modalités spécifiques de stipulation de l'appel en paiement. Ce n'est pas le caractère subsidiaire du cautionnement qui entraîne l'opposabilité des exceptions en matière de cautionnement ; c'est plutôt son caractère accessoire qui est la cause de cette opposabilité [1].

C'est ainsi qu'à la lecture des articles 13 et 39 de l'AUS, l'une des meilleures façons de stipuler l'inopposabilité des exceptions est d'insérer une clause en vertu de laquelle la garantie n'aura pas le même objet que la dette principale. L'autonomie d'une garantie est donc le résultat du caractère distinct de son objet par rapport à celui de l'obligation principale. Quand d'une part la caution s'engage à payer la dette d'autrui, le garant autonome s'engage d'autre part à payer une somme d'argent. Quand la caution s'engage à exécuter son obligation à condition que le débiteur principal soit défaillant, le garant autonome peut s'engager à exécuter son obligation de manière inconditionnelle, à la première demande [2]. Un objet distinct de celui de la dette garantie permet de rendre la garantie autonome ; pour qu'elle soit indépendante, c'est-à-dire non subsidiaire, il faudrait que l'engagement du garant ne soit soumis à aucune condition (notamment la défaillance). Il est nécessaire de préciser ici qu'il ne s'agit nullement de la clause de paiement à première demande justifiée qui est selon nous un retour de la subsidiarité [3]. Il est plutôt question de simple paiement à première demande. C'est en cela que l'appellation garantie autonome adoptée par le nouvel AUS est plus adéquate que l'ancienne appellation « lettre de garantie à première demande ». En effet, l'ancien AUS semblait exclure de son champ toutes les garanties documentaires ainsi que les garanties à première demande justifiée.

116. Le cas particulier des garanties documentaires. L'existence de garanties autonomes qui ne sont pas à première demande met en lumière l'étendue du concept de subsidiarité. Doit-on considérer que toute garantie qui n'est pas stipulée à première demande est obligatoirement subsidiaire ? Cela supposerait non seulement qu'une garantie puisse être subsidiaire sans être accessoire, mais aussi que le caractère subsidiaire peut résulter de la nécessité de présenter certains documents spécifiques afin que l'appel en paiement puisse être effectif. Sur ce point, notre position est assez mitigée, car même si ces documents requis peuvent dans les faits constituer une condition à la mise en œuvre de la garantie, cette condition n'est pas nécessairement la défaillance du débiteur principal. En principe, ce n'est donc pas la défaillance qui est exigée, mais la fourniture de documents, ce qui nous paraît écarter la qualifica-

1. V. cep. Antoine Gouëzel, *La subsidiarité en droit privé*, Economica, 2013, 381. Cf *supra* n° 58, p. 60.

2. Philippe Simler, *Cautionnement, garanties autonomes, garanties indemnitaires*, 5e éd., LexisNexis, 2015, 941.

3. V. *Ibid.*, 943.

tion de subsidiarité, *a priori*. Il n'empêche que très souvent, ces documents sont censés révéler des manquements reprochés au donneur d'ordre dans l'exécution de ses obligations.

Pourrait-on imaginer une garantie personnelle qui ne soit ni subsidiaire, ni à première demande ? Une rapide analyse de la garantie documentaire devrait nous permettre de voir qu'en théorie, il pourrait y avoir des garanties qui ne seraient ni subsidiaires, ni à première demande, même si en pratique, il s'agit soit d'une garantie subsidiaire mise à l'abri d'une *protection* renforcée de la caution, soit d'une garantie à première demande édulcorée.

117. **Une garantie subsidiaire préservée ?** L'idée selon laquelle la garantie autonome est une sorte de garantie subsidiaire renforcée pourrait sembler acceptable si l'on partait du principe voulant que les documents justificatifs exigés cherchent nécessairement à établir la défaillance du débiteur principal, ce qui n'est pas toujours le cas, si l'on ne s'en tient qu'aux textes. Ces garanties n'ont donc pas pour vocation de soumettre l'appel en garantie à la défaillance du débiteur, mais plutôt à la présentation de documents. La subsidiarité d'une telle garantie n'étant pas nécessaire, il n'est alors pas possible de dire que cela puisse être une de ses caractéristiques essentielles.

Conclusion du chapitre

118. **Ergo.** Sur le terrain de l'efficacité, du seul point de vue du créancier, l'indépendance de l'appel en paiement présente d'énormes atouts. La garantie à première demande est pourtant inaccessible aux personnes physiques, comme nous l'avons vu [1]. En outre, le principe de subsidiarité quant à lui, pourrait être utilisé d'une manière plus efficiente, risquant moins d'être sanctionné par les juges, si l'on se donne la peine de le dépoussiérer. Tout cela nous emmène à considérer que l'efficience des différents modes d'appel en paiement ne se situe malheureusement pas au niveau des sûretés personnelles explicitement consacrées par l'AUS. Cela n'est pas nécessairement malheureux pour la liberté contractuelle.

1. La liberté contractuelle en matière de sûretés personnelles pourrait permettre de contourner cette limitation. La clause de paiement à première demande n'est pas l'apanage de la garantie autonome.

L'automaticité de la clause de paiement à première demande, ainsi que l'autonomie de la garantie qu'il assortit, renforce le sentiment que cette sûreté a un caractère personnel assez faible. Le créancier dispose de prétentions sur la somme d'argent qui soulèvent plusieurs interrogations que l'historique de la garantie ne fait que renforcer.

Deuxième partie

L'efficience des droits contre les tiers

119. Plan. Le créancier qui souhaite éviter les désagréments que pourrait causer une concurrence trop grande des autres créanciers de son débiteur cherchera à disposer de droits lui permettant de se prémunir à la fois contre la défaillance de son débiteur, et contre les actions des tiers [1]. Typiquement, le créancier demandera la constitution de droits sur les biens de son débiteur, car ceux-ci sont les meilleurs moyens de le protéger, grâce à leur opposabilité aux tiers. Pour bien en étudier l'efficience, il faudra distinguer les droits accordant un pouvoir matériel au créancier (Titre I), et ceux lui octroyant des prérogatives juridiques (Titre II).

1. Le créancier sécuriféraire qui souhaite se prémunir contre la menace des tiers dans le système de l'OHADA, devra faire en sorte de disposer de droits réels sur des biens qui lui permettront, le moment voulu, de disposer d'un avantage conséquent. Cette hypothèse implique assez clairement les cas dans lesquels une procédure collective est mise en œuvre à l'égard du débiteur. Malgré tout l'intérêt que présente ce cas précis, et l'impact considérable que les procédures collectives ont sur l'efficience des sûretés, notre étude va se concentrer sur les droits du créancier. Il est en effet difficile de ne pas s'éloigner du coeur de ce sujet en approfondissant la question sous l'angle de la faillite. Nous avons en effet voulu respecter le champ délimité par l'AUS. Il est certain qu'il sera nécessaire dans de futurs développements d'envisager la mise en œuvre des droits du créancier sécuriféraire dans le cadre de procédures collectives.

Titre I

Les attributs matériels du créancier sur la chose

120. Plan. Accorder à un créancier des attributs matériels sur ses biens est à la fois une opération archaïque, mais aussi délicate. En effet, le créancier qui bénéficie de ces attributs ne reçoit pas, à proprement parler, de droits réels. Il dispose certes d'un pouvoir qui concerne la chose, mais nous allons le voir, celui-ci est davantage un pouvoir de nuisance. Et c'est ainsi que le simple dessaisissement du propriétaire de la chose passe pour un droit de se faire remettre la chose (Chapitre 1) ; de la même manière, le créancier peut ainsi retenir une chose qu'il ne *possède* pas (Chapitre 2).

Chapitre 1

Le droit de se faire remettre la chose

121. **Plan.** Le créancier qui bénéficie d'une garantie réelle assortie d'un dessaisissement de son débiteur peut y trouver de nombreux avantages à propos d'efficience. Ne dépendant pas uniquement de la fiabilité des registres étatiques de publicité, il a une meilleure maîtrise sur l'opposabilité de sa garantie. Pour ce qui concerne la finalité que celui-ci pourrait avoir en vue, en ayant recours à une garantie réelle avec dépossession, cela relève donc d'une amélioration de son droit à l'égard des tiers. Quant au mécanisme grâce auquel le créancier obtient des droits sur une chose qui ne lui appartient pas, il est nécessaire pour bien le comprendre, de partir des droits du propriétaire de cette chose en question (Section I). Ainsi, il sera possible de montrer à quel point, cette dépossession du constituant peut équivaloir, en matière d'opposabilité, à l'enregistrement de la garantie du créancier [1] (Section II).

Section I La remise de la chose du point de vue de son propriétaire

122. **Plan.** Le dessaisissement repose avant tout sur un choix exercé par le propriétaire de la chose mise en garantie. Celui-ci exerce l'un de ses attributs, qui en l'occurrence consiste à ne pas exercer son droit de possession matérielle. De telle sorte que ce propriétaire du bien mis en garantie permettra par la même occasion au créancier d'acquérir des droits sur ce bien. Ces droits sont différents de ceux accordés par le contrat de sûreté *stricto sensu*. Ils trouvent leur source dans la faculté dont dispose le constituant ici d'exercer ou pas son droit de propriété (§ 1.). En choisissant de ne pas avoir la possession physique de sa chose, le créancier a la possibilité de mettre en œuvre sur un terrain économique la valeur d'usage de cette même chose (§ 2.).

§ 1. L'exercice facultatif de la possession

123. **La liberté de ne pas exercer une emprise matérielle.** « *En tant que possibilité ou faculté, la propriété exprime une liberté dont bénéficie le titulaire du droit vis-à-vis de la chose. Il dispose d'une liberté d'action sur la chose, de la possibilité d'en jouir qui inclut en elle-même, réciproquement, la possibilité de ne pas en jouir : l'action de jouissance n'est qu'une faculté et le propriétaire conserve son droit quand bien même il ne l'exercerait pas* » [2]. Le droit de propriété est par définition un droit parce que son exercice est facultatif. Le fait de rester sans exercer ce droit ne saurait être constitutif

1. V. cep. CA Abidjan, 12 juill. 2002, n° n° 895, C. A. c./ P. F., Ohadata J-03-15.
2. Frédéric Danos, *Propriété, possession et opposabilité*, Economica, 2007, 50.

d'un abandon entier et définitif. Ainsi, pouvoir renoncer à une forme temporaire d'exercice matériel de son droit est, en quelque sorte, une partie intégrante de ce droit et permet de le distinguer d'une obligation [1]. Tant que ce droit de propriété est suffisamment notoire, le renoncement à son exercice n'a aucun inconvénient en matière d'efficience sur la vigueur de cet attribut.

§ 2. L'efficience économique de la mobilisation de la valeur d'usage de la chose mise en garantie

124. L'utilisation négative de la valeur. La dépossession présente dans cette perspective un atout particulier, car elle permet de mobiliser la valeur d'usage de la chose à des fins économiques. Habituellement, lorsqu'un constituant accorde à un créancier des droits sur son bien, il s'agit de droits économiques. Ici, les droits que le créancier pourra exercer en vertu de la remise de la chose seront assis sur la valeur d'usage du bien et non sur sa valeur d'échange [2]. Grâce au dessaisissement, le propriétaire met en œuvre négativement la valeur d'usage de sa chose. En s'empêchant d'en user, il ouvre de nouvelles possibilités quant à l'efficience des garanties. La seule dépossession a bien évidemment des effets sur la valeur d'échange de la chose, indépendamment du droit de préférence dont pourrait disposer par ailleurs le créancier sécuriféraire. Toutefois, ces effets sur la valeur d'échange n'ont rien de particulier ni de dirimant. Il est question ici de l'impact que la dépossession aura sur la valeur économique de la chose, à travers le fait qu'elle informe les tiers de l'existence d'une garantie consentie à un créancier. Ce qui en revanche est plus particulier à la dépossession est la mise en œuvre de la valeur d'usage [3].

Section II La remise de la chose du point de vue du créancier sécuriféraire

125. Plan. Dans les faits, la dépossession a deux conséquences pratiques dont les aspects juridiques sont assez avantageux du point de vue du créancier qui en bénéficie. Elle permet d'éloigner la chose de l'emprise de son propriétaire et de la menace des tiers. De ce fait, la chose ne peut plus faire l'objet de saisies directes par les autres créanciers du débiteur; il est aussi impossible d'accomplir des actes de disposition

1. Henri Lecompte, *Essai sur la notion de faculté en droit privé*, 1930.
2. Ce qui ne veut pas forcément dire que ce créancier recevra le droit d'user de la chose.
3. Cf *infra* n° 146, p. 129.

et même certains actes d'administration pouvant nuire au le créancier sécuriféraire. Ainsi, la dépossession permet de protéger le créancier sécuriféraire en rendant son droit opposable au tiers (§ 1.) tout en protégeant la sécurité juridique à l'égard de ceux-ci, notamment grâce à l'équivalence entre les différents modes d'opposabilité (§ 2.).

§ 1. Les différents moyens d'accroître l'efficience de la garantie à l'égard des tiers

126. La finalité du droit accordé au créancier sur la chose de son débiteur. Comme tout attribut qui reconnaît un droit du créancier sur la chose de son débiteur, le recours à la dépossession traduit chez le créancier une forme de méfiance à l'égard des tiers dont l'ampleur dépasserait presque celle de la seule crainte de la survenance d'une défaillance du débiteur. Le créancier garanti espère de la sorte se prémunir contre la menace spécifique que représentent les autres créanciers de son débiteur, ainsi que les agissements de celui-ci. Dans la poursuite de cet objectif, la dépossession est d'une telle efficacité qu'elle permet de légitimer certaines mesures qui seraient autrement assez dérangeantes [1]. La dépossession demeure d'une certaine manière une victoire du fait sur le droit. Le créancier, en fonction de la nature du risque contre lequel il souhaiterait se prémunir, n'optera pas nécessairement pour les mêmes types de garantie [2]. Cette grande versatilité des sûretés réelles est selon nous gage d'efficience, dans la mesure où plus cette palette de sûretés accessibles aux parties est large, plus on augmentera les chances de trouver une garantie qui s'adaptera le mieux aux particularités du patrimoine du constituant ainsi qu'aux spécificités de son environnement socioéconomique. Lorsque l'AUS permet au débiteur de se dessaisir de sa chose, il lui offre la possibilité de s'adapter aux finalités poursuivies par les garanties en question [3]. Le but ici est de faire coïncider les finalités des garanties qui permettent la dépossession avec les particularités du constituant et de son environnement. La simplicité et l'efficience de la dépossession permettent de compenser l'insuffisante effectivité des règles dans certains systèmes juridiques. Cet argument présente davantage d'acuité lorsque l'on sait que le contexte économique et social ayant conduit à l'élaboration des sûretés du Code civil français qui a inspiré

1. Catherine Pourquier, « La rétention du gagiste ou la supériorité du fait sur le droit », *RTD Com.* 2000.

2. La nature du risque ici dépend essentiellement de la provenance de la menace; celle-ci peut émaner du débiteur ou de ses autres créanciers.

3. AUS, 67 et 97.

l'AUS, est aux antipodes de l'environnement socioéconomique des États membres de l'OHADA. C'est en cela que l'AUS permet une multitude d'usages concrets qui amélioreront certainement l'effectivité du droit des sûretés réelles.

A. L'évolution du rôle de la remise de la chose dictée par un souci d'amélioration de l'efficience

127. La relation entre la remise de la chose et la formation de la garantie. Anciennement condition de validité des contrats réels en général et du gage en particulier, la dépossession est devenue de moins en moins nécessaire à la constitution de cette sûreté. Aujourd'hui, celle qui était nécessaire à la validité de certaines garanties notamment le droit de rétention dans une certaine mesure n'est plus qu'une condition alternative d'opposabilité de celles-ci. Il n'en demeure pas moins que le « *débiteur peut se dessaisir de tout ou partir de ses biens de plusieurs façons et, ce faisant, conférer, à chaque fois, une garantie à son créancier* » [1].

En perdant sa qualité de condition de formation et de validité d'une garantie, la dépossession n'en a pas pour autant perdu en importance et en efficience. Selon Ph. Simler et Ph. Delebecque, il est clair que la remise de la chose ou le renoncement à ses attributs matériels sur tout ou partie de ses biens de la part du débiteur entraînent nécessairement la constitution d'une garantie [2]. Soit la dépossession est effectuée en vertu d'une convention qui le stipule, soit elle intervient avant même que ne soit conclu le contrat qui instaure la garantie que cette dépossession assortit. Toute dépossession est donc corrélée dans les faits à la formation d'une garantie de manière explicite ou implicite, volontaire ou involontaire, *a priori* ou *a posteriori*.

128. L'écrit qui n'était qu'une preuve de la garantie, devient alors, dans le cadre du gage notamment, une condition de validité. Dans le Code civil, avant la réforme de 2006, l'écrit n'était exigé que pour permettre d'effectuer une inscription de la garantie. L'objectif était d'éviter la fraude ou l'antidate. « *Un débiteur aux abois est tenté de soustraire tout ou partie de son actif aux poursuites de ses créanciers, ou encore d'avantager l'un de ses créanciers en lui donnant un gage au détriment d'autres, pourtant déjà titulaires de sûretés réelles sur ses biens* » [3]. Cet écrit peut être un acte sous seing privé ou un acte authentique. La souplesse laissée aux parties quant à la forme de l'écrit va dans le sens d'une plus grande efficience. En revanche, la remise de la chose, qui était une condition de formation, est quant à elle devenue une condition

1. Philippe Simler et Philippe Delebecque, *Droit civil, les sûretés - la publicité foncière*, 2016, p. 591.
2. *Ibid.*, p. 591.
3. *Ibid.*, p. 617.

d'opposabilité de la garantie aux tiers. L'on peut alors se demander ce qui pourrait se passer si l'on se trouvait dans le cas d'un débiteur qui remet sa chose entre les mains de son créancier, en l'absence de preuve écrite. Il s'agirait alors d'un droit de rétention, étant donné qu'il est exclu que cette garantie soit qualifiée de gage [1]. Cette dépossession pourrait avoir été voulue à l'avance par les parties à titre de garantie. Il est aussi possible que la chose ait été remise au créancier avant la formation de la garantie. La nature du lien de connexité permet de distinguer les deux hypothèses : quand la dépossession est antérieure à la formation du droit de rétention, il s'agit d'une connexité matérielle, et lorsqu'il est question d'une dépossession voulue par les parties en l'absence d'écrit, alors il s'agit d'un droit de rétention avec connexité conventionnelle [2].

B. Les forces et faiblesses en termes d'efficience de la remise de la chose

129. Les apories du régime basé sur la dépossession comme seul mode d'opposabilité. Cette dépossession est une condition de formation d'une garantie au profit du créancier sécuriféraire, car il dispose seul ou en priorité d'un certain nombre de droits sur la chose. La dépossession empêche le constituant de commettre sur la chose mise en garantie, des actes susceptibles de nuire à ce même créancier. Pour bien saisir l'importance de la dépossession et l'étendue des rôles que celle-ci est amenée à jouer dans le fonctionnement des garanties mobilières, il faudra revenir sur ses différentes fonctions, avant et après la réforme de 2010. Dans un premier temps, rappelons que la dépossession permet au créancier d'avoir la certitude qu'il pourra en cas de défaillance de son débiteur, faire prévaloir, au moins d'un point de vue matériel, sa position face aux autres créanciers de ce même débiteur. Autrement, celui-ci pourrait difficilement échapper à la concurrence de ces tiers. Rappelons dans un second temps

1. Depuis la réforme des sûretés, les quelques hypothèses grâce auxquelles un gage non écrit aurait pu être envisageable se sont évanouies. L'écrit est requis *ad validitatem*. L'article 96 de l'AUS en son alinéa 1er ne laisse aucune place aux éventuelles exceptions.

2. A. Aynès considère qu'à propos de la connexité matérielle de la rétention les obligations concernées naissent à l'occasion du bien retenu, c'est-à-dire après la réalisation de la dépossession ; Augustin Aynès, *Le droit de rétention*, Economica, 2005, 239. En outre, il considère aussi que le droit de rétention conventionnel est un gage sans droit de préférence ni attribution judiciaire. Malgré le fait que l'écrit soit nécessaire à l'opposabilité de ce droit de rétention conventionnel sauf en matière commerciale, son absence ne fait pas obstacle à la validité de cette garantie entre les parties.

que la dépossession permet au créancier gagiste de faire jouer son droit de rétention. De la même manière, la dépossession est la seule mesure permettant véritablement au créancier de matérialiser son droit de préférence de manière autonome et immédiate [1].

130. Les raisons pour lesquelles la dépossession est si avantageuse. La dépossession permet à l'égard des tiers de sécuriser le rang et la position antérieure du créancier garanti. Le simple fait de manifester la prise en main de la chose aux yeux des tiers suffit dans un système juridique et économique où l'enregistrement et l'immatriculation ne font pas partie des pratiques les plus répandues et des plus respectées, à concrétiser la réalité d'un droit sur une chose. Au minimum, les tiers pourront considérer que les droits du débiteur sur sa chose ne sont plus entiers et absolus. Ce bien ne doit plus entrer en ligne de compte quant à l'appréciation et l'évaluation de l'étendue du patrimoine de celui-ci [2]. Cette mesure archaïque certes, suffit pourtant largement à réduire (voire annihiler) l'opacité de l'opération de garantie. L'amélioration de la transparence dans un environnement dominé par le secteur informel et les insuffisances des procédures d'enregistrement et de publication permet d'atteindre un niveau d'efficience assez inespéré [3]. Par ailleurs, du point de vue du créancier susceptible de bénéficier de la rétention, les biens restés dans la possession du constituant sont parfois non seulement difficiles à individualiser, mais aussi risquent très souvent de sortir du patrimoine de celui-ci. La dépossession permet d'éviter les risques de la mise en œuvre du droit de suite dont l'efficience est inversement proportionnelle à la part du secteur informel dans l'économie [4].
Sous l'empire de l'ancien AUS excluant le gage sans dépossession, cette garantie manquait singulièrement de souplesse. La dépossession, en l'absence d'un mode

1. L'article 99 de l'AUS précise bien que le créancier a la possibilité de mettre en œuvre son droit de rétention, augmentant ainsi l'efficience de son droit de préférence. La seule limite demeure l'existence sur le même d'un gage sans dépossession plus ancien.

2. Ce bien appartient juridiquement au patrimoine du constituant, mais il ne serait pas bien avisé d'en tenir compte, si l'on était amené à en évaluer la solvabilité.

3. Et contrairement à ce que l'on pourrait penser, toute mesure destinée à en dissuader le recours, renforce l'opacité, car l'opposabilité par voie d'enregistrement n'est pas encore pleinement garantie par les États membres, et ne fait pas partie des habitudes des différents agents économiques locaux. Stéphanie Kwemo, *L'OHADA et le secteur informel, l'exemple du Cameroun*, préf. Philippe Delebecque, Larcier, 2012.

4. Le droit de suite repose essentiellement sur la capacité d'un système juridique à bien gérer l'information et à assurer la bonne exécution des règles. Le droit de suite dépend de l'information accessible aux tiers et de la capacité du système judiciaire à garantir l'effectivité des droits subjectifs. Sur un autre plan, le droit de suite dépend aussi de la qualité du recensement de la population et de celui du système d'adressage postal. Il est nécessaire de pouvoir correctement identifier les personnes et les biens, et que la quasi-totalité des acteurs économiques soit connue de l'administration étatique. Cela est loin d'être le cas dans la plupart des pays de la zone OHADA où des rues sans nom apparaissent tous les jours et où une grande partie de la population n'est pas immatriculée dans les registres d'État civil.

de publication suffisamment efficace et d'un registre du crédit mobilier bien tenu et fiable, ne pouvait garantir une réelle opposabilité aux tiers des sûretés incorporelles. Sur cet aspect au moins, la réforme de 2010 apporte une avancée remarquable [1].

§ 2. L'équivalence entre la remise de la chose et l'enregistrement de la garantie

131. **Plan.** Grâce au régime du gage sans dépossession, l'AUS poursuit un objectif *a priori* inaccessible qui consiste à accorder à un attribut formel, les mêmes caractéristiques en matière d'efficience qu'un attribut matériel ; la tâche ne paraît pas très aisée. Afin que l'opposabilité aux tiers par voie d'enregistrement ne soit pas pénalisée au profit de la remise de la chose, il a fallu tenir compte du souci commun d'informer les tiers (A.), pour instaurer des finalités convergentes d'une manière plus concrète (B.).

A. L'information des tiers et l'opposabilité de la garantie

132. **La publicité du droit de propriété nécessaire à son opposabilité.** « *Demander qu'un droit essentiellement opposable aux tiers n'acquière son efficacité qu'à la condition d'un acte propre à le manifester aux yeux du public nous semble une idée parfaitement rationnelle, et n'ayant en soi rien de contraire au spiritualisme le plus exigeant* ». Comme le dit Hureaux, soumettre l'opposabilité d'un droit à une condition de publicité relève du bon sens. Dès que l'on constate que la publicité est nécessaire à l'existence même d'un droit de propriété, et que ce droit, malgré son caractère certain, a une dimension personnelle non négligeable, notamment en ce qui concerne le comportement attendu des tiers à l'égard de l'objet du droit de propriété, toute mesure destinée à manifester aux yeux des tiers l'existence de ce droit de propriété, doit désormais être considérée purement et simplement comme une mesure de publicité. Tout acte posé par le titulaire de ce droit et permettant d'informer les tiers, d'une façon ou d'une autre, de l'existence de ce droit est une mesure de publicité.

Nous pensons malgré tout qu'il serait beaucoup plus clair et précis de faire la distinction entre la publicité par voie d'enregistrement et la publicité par la remise de la chose. Car nous considérons que la différence entre la publicité et l'opposabilité réside dans l'idée que la publicité est un acte posé par le titulaire du droit, alors que l'opposabilité est la conséquence juridique que la loi attribue à cette même publicité.

1. Cf notamment les articles 51 et s. de l'AUS, sur le RCCM. Cette avancée est notable, mais reste insuffisante d'après le rapport de la Banque mondiale quant à l'impact des dernières réformes du droit de l'OHADA. V. International Financial Corporation, *Évaluation de l'Impact des Réformes OHADA*, Secrétariat Permanent de l'OHADA – Société Financière Internationale, 2018.

Cette extériorisation, publicité, opposabilité, et connaissance des tiers ne sont en réalité que différentes étapes d'un même processus qui permet de manifester l'existence et la vie d'un droit de propriété. La confiance légitime que les tiers doivent pouvoir conserver à l'égard des apparences est nécessaire à l'existence et la mise en œuvre d'un État de droit. L'on ne peut avoir de système juridique dans lequel la plupart des transactions se font de manière occulte, de même que la plupart des situations juridiques sont dissimulées, ce qui pose la question du secteur informel dans les économes de la zone OHADA. Sans aller jusqu'à considérer que pour exister un droit a besoin d'être publié, nous pouvons cependant retenir que pour que son existence soit valable à l'égard des tiers, il a besoin d'être publié. Même en matière de biens immeubles, la publication est nécessaire et consubstantielle au droit de propriété ; cela s'applique même aux droits réels accessoires et c'est bien tout l'objet de notre étude.

133. **Un impératif de sécurité et de fiabilité.** Le secret des affaires et l'ampleur du secteur informel posent de nombreuses difficultés, notamment d'importants freins au développement des économies des États membres de l'OHADA. La publicité vise alors à améliorer la transparence des affaires. Plus précisément, c'est pour éviter que les relations d'affaires ne nuisent aux tiers et préserver la sécurité juridique que la publicité a été instituée non seulement en matière de crédit mobilier et de garantie, mais aussi plus largement à propos de l'exercice de la profession commerciale [1]. Le besoin de préserver une certaine efficacité ainsi que la fluidité des relations commerciales avait longtemps empêché d'imposer l'enregistrement de n'importe quel bien meuble ainsi que de toute opération dont il serait l'objet, notamment les garanties. Il fallait éviter de paralyser inutilement les affaires par des contraintes trop lourdes et inutilement invasives. Cependant, cet impératif s'efface naturellement toutes les fois où il existe une menace suffisamment importante à la sécurité juridique. L'information et la protection des tiers doivent prévaloir sur l'efficience économique, notamment lorsqu'il n'existe pas d'autres moyens d'informer les tiers. La publicité par voie d'enregistrement permet de résoudre par anticipation des litiges entre des créanciers titulaires de droits sur le même bien. La dépossession joue le même rôle.

134. **L'interchangeabilité avec la publication par voie d'enregistrement.** Depuis que le gage n'est plus un contrat réel, la seule condition de validité requise par l'AUS est la rédaction d'un écrit [2]. Cet écrit qui n'était qu'une condition de preuve est désormais nécessaire à tout contrat de gage ; ce qui veut dire que le non-respect de cette condition est sanctionné d'une nullité, conformément aux dispositions de l'ar-

1. Lionel Yondo-Black, « Les enjeux de la réforme : une volonté de favoriser la création d'entreprises, les échanges commerciaux et la confiance dans la zone OHADA », *Dr. et patr.* 2011.

2. AUS, art. 96.

ticle 96 de l'AUS. La remise de la chose, qui était avant la réforme la seule condition de validité, est désormais une condition d'opposabilité de la garantie. Ainsi, le défaut de remise de la chose n'entraîne plus une requalification du contrat en promesse de gage, comme cela était le cas auparavant.

135. Un partage de finalité entre la remise de la chose et l'enregistrement de la garantie. En matière de gage, la dépossession est la remise de la chose faisant l'objet d'une garantie « *entre les mains du créancier ou d'un tiers convenu* ». Cette forme de possession à des fins de publicité et d'opposabilité ont fait l'objet de nombreux travaux, et particulièrement ceux pertinents de Frédéric DANOS [1].

À partir du moment où il est admis que l'on peut posséder un bien à des fins autres que la seule jouissance de ce bien, il devient alors facile d'envisager une forme de possession-publicité [2]. Le dessaisissement du constituant d'une sûreté réelle jouera le même rôle que l'enregistrement de celle-ci. La dépossession présente même un avantage considérable sur la publication en matière d'efficience, car en plus de rendre la garantie opposable aux tiers, elle permet d'éviter un détournement du gage [3].

B. La protection du créancier et des tiers par la remise de la chose

136. La nécessaire connaissance des tiers. Pour être pleinement efficace, le droit de propriété dépend dans une très large mesure de l'attitude que les tiers adopteront à son égard. Leur comportement vis-à-vis de la chose qui fait l'objet de ce droit de propriété est déterminant quant à l'efficacité même de ce droit de propriété. C'est bien pour cela qu'il est absolument nécessaire que ces tiers soient mis au courant non seulement de l'existence, mais aussi de la portée du droit en question. Autrement, il serait difficile d'envisager de rendre ce droit de propriété opposable à tous. Tout le caractère absolu du droit de propriété se trouve là. L'on pourrait dire que l'opposabilité a son revers, qui est la connaissance de droit. Pour rendre un droit opposable à tous, il faut donc que ceux à qui il est censé être opposable soient en mesure d'en connaître l'existence. Et c'est à ce sujet que la publicité déploie tous les ressorts de son efficacité. En s'appuyant sur cette publicité, le droit de propriété puise en elle toute la force de son opposabilité aux tiers. Cette réflexion purement rationnelle conduit nécessairement à la sophistication des modes de publication. Par ailleurs, l'on peut considérer que la connaissance des tiers de façon plus globale a un caractère incontournable en matière de sécurité juridique.

1. Frédéric DANOS, *Propriété, possession et opposabilité*, Economica, 2007.
2. *Ibid.*, 287 et s.
3. Laurent AYNÈS, Pierre CROCQ et Augustin AYNÈS, *Les sûretés, la publicité foncière*, 14e éd., Droit civil, LGDJ-Lextenso, 2020, 507.

137. La protection indirecte des tiers à la garantie. Dans l'hypothèse de la conclusion d'une sûreté réelle sans dépossession, l'inscription sur un registre pertinent permet de protéger les droits du créancier et de préserver la sécurité juridique des tiers. Ces tiers sont donc tenus de respecter un devoir en vertu d'une convention à laquelle ils ne sont pas parties. Si leur consentement ne joue pas, il est quand même nécessaire qu'ils soient dûment informés et protégés. C'est là tout l'intérêt de la dépossession qui renforce le droit de préférence du créancier gagiste à l'égard des tiers en l'extériorisant.

En validant la dépossession comme moyen de rendre opposable une garantie réelle, l'AUS sanctionne juridiquement un droit matériel, ce qui nécessite de toute évidence un encadrement strict afin de prévenir tout abus. En s'inspirant des règles encadrant la publicité foncière, les rédacteurs du nouvel AUS ont donné à l'inscription des sûretés la même portée que la dépossession en matière d'opposabilité aux tiers. Cet enregistrement doit être accompli par celui qui doit en bénéficier, c'est-à-dire le créancier, auprès du greffe du tribunal compétent, conformément aux dispositions du nouvel Acte uniforme [1].

Lorsqu'il existe un conflit entre le bénéficiaire d'une garantie faisant l'objet d'une publication et le bénéficiaire d'une sûreté avec dessaisissement, l'Acte uniforme prévoit que devra prévaloir le droit le plus ancien. La sûreté sans dépossession prévaudra sur la sûreté avec dépossession sur le plan juridique lorsqu'elle a été publiée avant la remise de la chose.

138. Manifester son droit réel envers les tiers. La dépossession, tout comme la publicité par voie d'enregistrement, ont pour principal effet de manifester à l'égard des tiers le droit réel dont dispose le créancier en le rendant visible et connu. La publicité est le fait de porter quelque chose à la connaissance du public. La dépossession est une forme d'exercice de ce droit réel, principal ou accessoire, permettant aux tiers de supposer l'existence de ce droit. De surcroît, elle pourrait leur permettre de connaître l'identité du bénéficiaire de la garantie. Qu'il soit titulaire d'un droit exclusif ou préférentiel sur le bien du constituant, le créancier garanti dispose d'un avantage passif qui repose sur l'abstention de tiers vis-à-vis de sa relation avec la chose faisant l'objet de la sûreté. Son avantage actif repose sur l'opposabilité de son droit à tous; sa créance supplantera, voire éliminera toute concurrence postérieure [2]. Ainsi, pour protéger et sécuriser ces transactions, la publicité devient incontournable. Par ailleurs, cette dépossession conforte un créancier non par la jouissance immédiate de la chose de son débiteur, mais plutôt à travers l'opportunité et l'avantage qu'elle lui

1. AUS, art. 51.
2. Laurent Aynès, Pierre Crocq et Augustin Aynès, *Les sûretés, la publicité foncière*, 14e éd., Droit civil, LGDJ-Lextenso, 2020, 632.

octroiera à l'égard d'autres créanciers concurrents, le moment venu. Cet attribut du créancier qui reçoit la possession de la chose n'est pas l'exercice ultime du droit qui le fonde. Il s'agit en réalité d'une anticipation d'une jouissance effective ou d'une forme de jouissance en cas de défaillance du débiteur, notamment grâce à l'attribution judiciaire, ou au pacte commissoire. Cette anticipation doit non seulement pousser les tiers à l'abstention avant l'échéance, mais aussi permettre de les supplanter en cas de non-paiement de la dette garantie [1].

139. La visibilité de la dépossession. La propriété, tout comme le droit de préférence du créancier garanti se doit d'être ostensible. Plus elle est visible, plus elle sera efficiente. Le créancier bénéficiaire d'une garantie avec dessaisissement veut rendre visible son droit. Plus précisément, il veut que les autres créanciers de son débiteur en soient informés. Sa mise en possession est en réalité moins importante que la dépossession du débiteur, d'où le recours dans certaines occurrences à l'entiercement [2].

En tous les cas, il est nécessaire que cette dépossession du débiteur soit la plus claire possible : elle doit être apparente, réelle et permanente selon la Chambre commerciale de la Cour de cassation qui dans une décision rendue le 3 novembre 1980 prend une position claire qui peut inspirer notre lecture de l'article 97 de l'AUS. L'entière information des tiers repose ici sur le caractère apparent de la dépossession, davantage que sur son caractère permanent. Ce caractère permanent devrait selon nous être plus attaché à l'apparence qu'à la dépossession même.

140. En matière de publicité par voie d'enregistrement, la garantie est rendue visible par son inscription au RCCM. Les informations figurant sur ce registre sont accessibles à toute personne qui en demande la consultation ou la communication, aux termes de l'article 97 de l'AUDCG. Une fois inscrite au RCCM, la garantie est réputée opposable aux tiers, la publication dans un Bulletin officiel d'annonces légales n'étant pas nécessaire.

La visibilité de la garantie dépend donc grandement de la facilité avec laquelle les tiers peuvent accéder aux informations contenues dans ce registre. Ils peuvent demander la communication d'une copie des extraits du registre, notamment de manière électronique selon les articles 92 et suivants de l'AUDCG. Inutile de dire

---

1. Cf *supra* n° 129, p. 116.
2. Cf *supra* n° 1, p. 3.

que l'efficacité de cette innovation introduite avec la réforme de l'AUDCG et de l'AUS dépend beaucoup de l'informatisation du RCCM au niveau local national et régional. Les avancées en la matière sont réelles, mais timides.

Pour ce qui est de la simple consultation du registre, il est nécessaire de s'adresser aux différents greffes ou autres institutions compétentes de chaque État membre. En plus de la consultation sur place, l'AUS prévoit la possibilité d'une consultation par voie électronique, d'après les dispositions des articles 79, et 92 à 100 de l'AUDCG.

141. La dépossession et non la mise en possession. Concernant l'opposabilité entraînée par la dépossession, là encore, l'on attend des tiers qu'ils fassent preuve d'une certaine diligence et de prudence, en s'enquérant de la situation financière de leur débiteur ainsi que de l'état de son patrimoine. En effet, sur le gage avec dépossession, la visibilité de la sûreté est plutôt conçue de manière négative. L'absence du bien mis en garantie, est le critère de visibilité. Cet élément du patrimoine du débiteur n'est plus en sa possession.

Le débiteur s'est dessaisi concrètement du bien mis en gage au profit de son créancier. Ce dessaisissement peut être antérieur à la conclusion du gage ou indirect.

Le fait que la visibilité de la garantie dépende de la cessation de la possession du constituant et non de la mise en possession du créancier explique la possibilité offerte aux parties de recourir à l'entiercement par l'article 97 de l'AUS. Ce texte s'inspire de l'article 2337 du Code civil qui prévoit que la chose peut être remise à un tiers convenu [1].

1. L'entiercement est donc le fait de remettre la chose gagée à un tiers au nom et pour le compte du créancier gagiste.

Chapitre 2

Le droit de retenir la chose

142. **Accorder au créancier un attribut sur la chose du débiteur.** Parce que le droit de rétention ne permet pas au créancier qui en bénéficie d'exercer un droit de préférence ou un droit exclusif, plusieurs auteurs ont considéré qu'il ne s'agissait pas là d'une sûreté réelle [1]. En effet, le droit de rétention n'accorde pas de *droit réel stricto sensu* à son bénéficiaire. Ce qui n'empêche pas celui-ci d'être dans une situation d'exclusivité qui le met à l'abri de toute concurrence que pourraient lui faire les autres créanciers de son débiteur. Cette absence d'attributs juridiques réels accessoires ne devrait pas, nous semble-t-il, signifier nécessairement que toute autre forme d'attribut pouvant être exercée sur la chose mise en garantie, serait absente. La possession, qui est dans une certaine mesure une concrétisation de la propriété, ne doit pas être lue comme étant un sujet annexe, écarté de toute réflexion portant sur la dimension formelle de la garantie. Ce droit de fait sur une chose avec l'intention d'en être le titulaire peut aussi être défini comme étant un droit réel autre que la propriété; il peut également être à *minima* une simple détention matérielle. Un regard fin porté sur cette notion de possession y décèlera très probablement une confusion entre les différentes acceptions.

Il serait alors possible de trouver ici une première réponse à la question portant sur les raisons pour lesquelles le droit de rétention est perçu comme étant une sûreté si imparfaite. Selon une certaine conception de la sûreté, il convient en la matière de s'attacher davantage à la forme qu'au fond. La réalité d'un attribut sur la chose mise en garantie pèse apparemment beaucoup sur la balance que la juridicité de celle-ci. Ainsi, le droit de rétention qui se contente d'accorder un simple attribut matériel au créancier, et non un *droit*, ne sera pas élevé au grade de sûreté. N'oublions pas qu'elle accorde bel et bien un attribut au créancier sur la chose de son débiteur.

Si l'on considère qu'une sûreté est davantage constituée par le droit accordé au créancier sur la chose, que par le droit auquel renonce le constituant, alors l'on serait tenté de refuser de qualifier la rétention de sûreté. Si en revanche l'on juge qu'elle est davantage le résultat du droit auquel renonce le débiteur, alors les conséquences quant à la qualification des sûretés et d'efficience de celles-ci sont considérables. En sachant que la sûreté réelle efficiente renforce les attributs du créancier sécuriféraire à l'égard des tiers, il faudra déterminer les facteurs améliorant ou réduisant cette efficience.

1. Jacques MESTRE, Emmanuel PUTMAN et Marc BILLIAU, *Droit spécial des sûretés réelles*, dir. Jacques GHESTIN, Traité de droit civil, L.G.D.J., 1996.

En tout état de cause, la meilleure garantie du monde en matière de droits accordés au créancier au stade de sa formation aurait la même efficacité qu'un simple droit de gage général si elle était incapable de s'imposer face aux tiers, notamment lorsque ceux-ci sont des créanciers ayant des attributs juridiques qui concurrencent le droit de rétention. Lorsque le bénéficiaire d'une garantie réagit à la défaillance de son débiteur en mettant en œuvre sa sûreté, l'AUS et le Code civil prévoient plusieurs règles formelles lui assurant l*a priori*té s'il remplit les conditions déterminées.

143. Une garantie légitime et efficace. Le droit de rétention n'est pas essentiellement un attribut juridique du créancier, mais un attribut matériel de celui-ci que le droit se contente très souvent de tolérer. La mise en œuvre de cette garantie ne permet pas directement au créancier d'obtenir le paiement attendu. Elle n'accorde pas non plus au rétenteur un droit de préférence sur les éventuels autres créanciers du débiteur, et cela depuis la réforme de l'AUS en 2010 [1]. Ce qui n'empêche pas malgré tout cette sûreté, réelle ou pas, d'être fortement efficace. Le droit de rétention est une garantie qui bénéficie *a priori* d'une très forte légitimité auprès de l'opinion dominante dans l'espace OHADA. Il est facile de faire accepter l'idée qu'un créancier qui est en même temps tenu par une obligation de délivrance envers son propre débiteur puisse refuser d'exécuter cette obligation s'il craint de voir en retour sa créance impayée. Certains ont pu considérer que « *le droit de rétention se justifie par une idée morale de justice et d'équité : il est immoral de demander paiement à son créancier si l'on n'exécute pas soi-même sa propre dette, le droit romain avait permis la rétention au créancier au moyen de l'exception de dol* » [2].

Le législateur cherche à limiter la grande efficacité de cette garantie, d'une manière qui nous paraît soit insuffisante, soit inappropriée. En effet, le législateur OHADA a renoncé au droit de préférence du créancier rétenteur, pour améliorer la cohérence et l'efficacité de cette garantie [3]. En effet, l'attribution d'un droit de préférence plonge le rétenteur dans la compétition avec les autres créanciers. La position avantageuse du bénéficiaire d'un droit de préférence ne le met pas suffisamment à l'abri de la compétition. La menace de la concurrence reste réelle bien que réduite. Ceci est une

1. L'ancien AUS avait repris les dispositions du droit sénégalais relatives au droit de rétention en dotant le créancier rétenteur d'un droit de préférenceLionel YONDO-BLACK, « Les enjeux de la réforme : une volonté de favoriser la création d'entreprises, les échanges commerciaux et la confiance dans la zone OHADA », *Dr. et patr.* 2011.

2. Gabriel MARTY, Pierre RAYNAUD et Philippe JESTAZ, *Les sûretés, la publicité foncière*, 2e éd., Sirey, 1987, 17.

3. Lionel YONDO-BLACK, « Les enjeux de la réforme : une volonté de favoriser la création d'entreprises, les échanges commerciaux et la confiance dans la zone OHADA », *Dr. et patr.* 2011, p. 186.

façon implicite d'admettre que l'exclusivité est plus protectrice que la préférence. Autrement dit, on a mieux fait de courir seul plutôt que courir avec les autres même avec une forte avance [1].

144. Un redoutable moyen de pression. Et quand il s'agit de s'isoler des autres concurrents, le droit de rétention a ceci de redoutable qu'il permet au créancier d'un débiteur défaillant de faire supporter à celui-ci, la pression qu'il aurait lui-même subie à cause de la défaillance [2]. Selon plusieurs auteurs [3], le créancier exerce sur son débiteur une pression en retenant une chose que celui-ci lui avait préalablement remise. Au lieu de supporter les conséquences néfastes d'un impayé, celui qui détient la chose de son débiteur pourra faire pencher la balance de son côté. Selon JOSSERAND, « *le bénéficiaire y trouve cet avantage fort appréciable de pouvoir exercer une contrainte sur la volonté de son débiteur qui n'aura d'autre moyen d'obtenir satisfaction que de fournir lui-même la satisfaction correspondante qui lui est demandée ; le rétenteur est un gêneur qui met son contradicteur dans la nécessité de s'exécuter, en sorte que le droit de rétention fonctionne à l'instar d'une voie d'exécution, indirecte sans doute, mais très efficace* » [4].

145. Une efficacité liée au contexte. Dans un espace OHADA où la publicité des garanties est largement perfectible et l'accès au droit limité, les sûretés dites archaïques telles que le droit de rétention sont effectivement plus faciles à faire observer, mais aussi plus efficaces, voire plus efficientes.

Le droit de rétention figure au rang des sûretés dans l'espace OHADA les plus effectives, car la norme qui l'encadre la consacre plus qu'elle ne la prévoit, étant donné son ancienneté sa simplicité et, nous l'avons dit, sa très forte légitimité. Il est efficace, car il génère peu de litiges, et les attributs offerts au créancier sont clairs, et

1. Cf la thèse de Pierre CROCQ, *Propriété et garantie*, L.G.D.J., 1995. Sur ce point, certains auteurs parlent du retour des garanties brutales et peu sophistiquéesGabriel MARTY, Pierre RAYNAUD et Philippe JESTAZ, *Les sûretés, la publicité foncière*, 2e éd., Sirey, 1987, 17.

2. Sur ce terrain, le risque d'abus est réel. *Ibid.*, 27. TPI Cotonou, 1re ch. com., 21 oct. 2002, n° n° 034, AKPACA SARL c./ TRANS-OMAR, Ohadata J-04-404 ; Ohadata J-04-291. CA Ouagadougou ch. civ. & com., 5 nov. 2004, n° n° 101, N. A. c./ DTP/CSE, Ohadata J-09-12. CA Abidjan, 31 jan. 2003, n° n° 92, Dame G. F. M. ND c./ Sté Alliance Auto, Ohadata J-03-226,

3. Augustin AYNÈS, « La consécration légale des droits de rétention », *Dr. et patr.* 2006, 19 ; Nicole CATALA-FRANJOU, « De la nature juridique du droit de rétention », *RTD Civ.* 1967.

4. Louis JOSSERAND, *De l'esprit des droits et de leur relativité, théorie dite de l'abus des droits*, 2e éd., Dalloz, 1939.

forts [1]. L'efficience de la rétention doit être appréciée en fonction du contexte de sa réalisation ; le rétenteur peut, selon les cas, aura soit besoin d'exercer une pression sur le débiteur, soit de neutraliser la valeur de la chose retenue à l'égard des tiers.

Lorsque le créancier est plus préoccupé par la menace des autres créanciers de son débiteur, la capacité à immobiliser la valeur de la chose retenue permet d'obtenir un avantage négatif. La pression ainsi exercée sur les tiers sera plus ou moins efficace en fonction du caractère plus ou moins élevé de la valeur économique de la chose retenue.

Sur un autre plan, l'efficacité de la pression exercée par le rétenteur sur son débiteur est très dépendante, voire conditionnée par la différence qui peut exister entre le montant de la dette et la valeur attribuée par le débiteur à la chose retenue. Dans le cas où cette valeur est proche, voire inférieure au montant de la dette, alors la rétention ne joue plus vraiment son rôle de garantie. En revanche, dans l'hypothèse où la valeur accordée par le débiteur à la chose retenue est supérieure au montant de la dette impayée, le rétenteur est alors dans une situation très avantageuse, car il est en mesure d'obtenir beaucoup plus facilement satisfaction. L'incitation du débiteur à régler en priorité le rétenteur, est proportionnelle à la valeur accordée à cette chose retenue.

146. Valeur d'usage et valeur d'échange de la chose retenue. Grâce à la mise en œuvre du droit de rétention, il est offert au créancier qui en bénéficie la possibilité de retirer directement tout ou partie des utilités économiques d'une chose [2]. En cela, cette garantie nous paraît comme une anomalie dans une économie moderne.

Traditionnellement, seule la valeur d'échange ou valeur perçue avait un impact économique direct. La valeur d'échange des différents éléments d'un patrimoine permet notamment d'estimer ce même patrimoine. Également, pour un créancier garanti, seule la valeur d'échange de la chose mise en garantie ou des éléments composant l'universalité de biens mise en garantie est prise en compte ; d'ailleurs, l'on pouvait à partir de cette considération, apprécier l'efficacité d'une garantie depuis la différence qu'il pouvait y avoir entre la valeur d'échange de la chose mise en garantie et le montant de la dette garantie. Ainsi, cela justifie la remise de la chose entre les mains du créancier ou d'un tiers convenu avait une faible pertinence d'un point

1. Cf *infra* nº 168, p. 143.

2. Selon Carbonnier, « *dans ce rapport de droit qu'est le droit réel, le contact est* immédiat *entre la personne et la chose — immédiat, mais il faut ajouter : sous la garantie et le contrôle de l'État (c'est la loi commune de tous les droits subjectifs). La chose est* comme *assujettie à la personne, obligée de lui obéir ; c'est en quoi on peut parler d'un droit sur la chose, et faire, en quelque manière, de la chose un des deux termes du rapport de droit ; mais il est bien entendu que c'est seulement par image, une chose ne pouvant pas plus être le sujet passif que le sujet actif d'un droit* ». Jean Carbonnier, *Droit civil*, t. 2, PUF, 2003, p. 700.

de vue purement économique. Cela est corrélé au peu d'intérêt que l'on accordait à la valeur d'usage de la chose. La seule exception au principe est donc le droit de rétention dans lequel le créancier ne peut toujours pas user de la chose, mais va cependant compter sur la valeur d'usage de la chose pour le débiteur espérant ainsi obtenir un effet économique qui est le paiement de sa créance. Bien entendu, la chose retenue peut avoir une forte valeur d'échange, mais cela n'est pas nécessaire et dans de nombreux cas. Car dans les hypothèses où le droit de rétention n'est pas adossé à un gage, il est préférable que le droit de rétention s'exerce sur une chose à forte valeur d'usage et à faible valeur d'échange ; cela réduit d'une part l'appétit des autres créanciers et augmente d'autre part la motivation du débiteur quant au paiement de sa dette.

Nous voyons ici que la forte valeur d'usage peut se révéler parfois beaucoup plus incitatrice au paiement que l'immobilisation d'une valeur d'échange ; souvent, le déblocage de celle-ci ne servirait qu'à satisfaire d'autres créanciers. En effet, la neutralisation d'une valeur économique, *a priori*, affectera plus les autres créanciers d'un débiteur défaillant. La pression qui résultera de l'exercice du droit de rétention dans cette hypothèse sera aussi faible que le montant de la dette due au rétenteur sera proche de la valeur d'échange de la chose retenue. En revanche, la rétention d'une chose ayant une valeur d'usage importante affectera davantage le débiteur et peut-être par effet de ricochet, les autres créanciers.

147. **Miser sur le besoin de la chose plutôt que sur la perte de sa valeur.** La complexité de l'étude de l'efficience du droit de rétention réside dans le fait qu'il est question d'évaluer une garantie ayant pour objet une chose que l'on ne peut que détenir, sans avoir le droit d'exercer une possession pleine et entière. Tout acte dépassant la simple détention menace la garantie. Pour autant, cette garantie sise sur une incapacité de faire, est l'une des plus efficientes, parce qu'elle crée chez le débiteur un besoin qui conforte la position de son bénéficiaire à l'égard des tiers.

Ce besoin créé chez le débiteur trouve son origine dans le renoncement initial auquel celui-ci consent, en remettant la chose à son créancier. En se privant ainsi de la possession de la chose, le débiteur ou un autre constituant se prive d'un attribut essentiel et inhérent à sa propriété [1]. Il n'a plus la « jouissance effective de la chose ou de ses utilités ». Ce coup de canif porté à l'effectivité de ce droit — qui est constitutif de son efficience — est la principale source de l'efficience du droit de rétention. Sans nécessairement dire que le débiteur accorde au rétenteur la possession de la chose, il

1. Frédéric DANOS, *Propriété, possession et opposabilité*, Economica, 2007, 79.

est possible d'affirmer que l'efficience de la rétention est le résultat de la limitation de cette jouissance effective de la chose, et non l'attribution d'un droit de jouissance ou d'un droit de se faire payer sur le prix de la chose [1].

148. L'attribution d'un droit sur la chose au bénéficiaire. En y regardant de très près, il paraît clair pour nous que toute sûreté réelle est constituée à partir d'un droit dont dispose un propriétaire et auquel celui renonce, d'une façon plus ou moins opposable à tous. C'est parce que le débiteur ou le constituant renonce à un attribut intrinsèquement lié à la qualité de propriétaire qu'il forme valablement une sûreté. À l'égard du seul bénéficiaire de cette sûreté, cette renonciation s'accompagne de l'octroi d'un attribut sur la chose qui n'est pas obligatoirement l'équivalent de celui que le constituant vient d'abandonner, même si en réalité, cela est assez souvent le cas.

La remise et la rétention de la chose sont bien distinctes de la seule attribution à un créancier par rapport aux autres, d'un droit « *de se faire payer en rang prioritaire sur la valeur dégagée par la réalisation du bien grevé* » [2]. Parce que seul le droit de préférence caractérise vraiment la sûreté réelle selon MM. MESTRE, PUTMAN et BILLAU, cet attribut nécessaire à la sûreté, est également suffisant. D'autres, tels que le droit de suite, ne dénaturent pas la sûreté par leur absence [3]. Mais contrairement à ces attributs complémentaires du droit de préférence, le droit de rétention ne fait plus l'objet d'un octroi nécessaire au créancier, depuis que le gage sans dépossession est autorisé. En plus de changer la définition du gage, cette innovation juridique vient bousculer selon nous la notion de rétention en matière de garanties réelles. L'attribution du droit de rétention doit donc être dissociée de la formation du gage. Ce processus a été entamé depuis que la connexité est devenue la condition nécessaire à la reconnaissance de la rétention.

149. Le renoncement par le constituant à des attributs sur la chose par la mise en garantie. En outre, l'attribution d'un droit de rétention nécessite toujours, dans les faits, que le constituant renonce à sa possession en remettant la chose mise en garantie entre les mains de son créancier ou d'un tiers convenu.

1. *Ibid.*, 140.
2. Jacques MESTRE, Emmanuel PUTMAN et Marc BILLIAU, *Droit spécial des sûretés réelles*, dir. Jacques GHESTIN, Traité de droit civil, L.G.D.J., 1996.
3. D'ailleurs, le droit de rétention figure au rang de ces attributs que la sûreté réelle accorde à son bénéficiaire.

Qu'il s'agisse du gage ou du nantissement, l'attribution d'un droit de préférence au créancier s'accompagne toujours d'un renoncement anticipé au prix de vente de la chose [1], qui aurait dû normalement revenir au propriétaire de celle-ci. Il ne s'agit pas d'un transfert de propriété, mais plutôt d'un consentement à ce que le prix de vente de la chose revienne au bénéficiaire selon certaines conditions.

Dans le cas d'une cession de créance à titre de garantie, le créancier renonce au droit de recevoir le paiement de la créance cédée.

Également, du point de vue du constituant, la réserve de propriété consiste en un renoncement à son statut de débiteur de l'obligation de donner ; il abandonne la possibilité d'exiger le transfert de propriété que lui permet la vente.

Donc, il est nécessaire que le constituant de la garantie consente à abandonner certains de ses droits sur la chose. C'est à partir de ce renoncement que devient possible l'octroi au créancier bénéficiaire de la garantie réelle d'un ensemble d'attributs matériels ou juridiques, qui permettront d'assurer l'efficience de cette garantie. Les ressorts de l'efficacité de la garantie s'appuient sur les droits du propriétaire de la chose [2]. Ces droits que le constituant accepte de ne plus exercer et leurs caractéristiques, guideront notre réflexion sur l'efficience du droit de rétention prévu par l'AUS. Ceux-ci offrent en effet au rétenteur une exclusivité matérielle absolue (Section I), dont la portée sera progressivement réduite au fur et à mesure que celui-ci acquerra à l'efficacité toute relative, dans un cadre plus formel et plus juridique (Section II).

Section I Une exclusivité matérielle absolue sur la chose retenue

150. Plan. Sur le terrain de l'exclusivité matérielle, le créancier dispose très concrètement de possibilités étendues, pouvant neutraliser la plupart des droits les plus légitimes des tiers. Bien qu'il ne soit pas en mesure d'exercer un quelconque droit sur la chose retenue, il est capable d'empêcher quiconque d'agir sur celle-ci de manière concrète. La chose retenue est ainsi hors de toute portée, à l'abri de toute action des tiers. Elle en devient à la fois insaisissable (§ 1.) et inutilisable pour ces tiers (§ 2.).

1. Le constituant renonce au prix de vente de la chose, ou bien à la somme d'argent correspondant à la valeur du bien mis en garantie.

2. Jean Carbonnier, *Droit civil*, t. 2, PUF, 2003, p. 700.

§ 1. Le caractère insaisissable de la chose retenue

151. Plan. Le créancier muni d'un droit de rétention peut en principe valablement s'abstenir de remettre la chose retenue à toute personne tant qu'il n'a pas reçu entière satisfaction quant à l'exécution de sa créance. En effet, l'exercice d'une telle garantie rend impossible toute action concrète des autres créanciers du débiteur sur la chose retenue (A.), et donc, dans les faits, inutile (B.).

A. Une saisie impossible

152. La neutralisation des actions des tiers sur la chose retenue. L'exercice du droit de rétention n'annule pas les droits des tiers sur la chose retenue, mais les rend stériles dans les faits, notamment à cause de l'impossibilité d'agir directement sur cette même chose. Les droits des créanciers sur la chose retenue, contrairement à leurs actions, ne sont pas anéantis par l'exercice du droit de rétention, mais rendus inoffensifs en fait. Ils peuvent engendrer des conséquences matérielles concernant la saisie-vente notamment, lorsque leur antériorité le permet, selon les dispositions de l'AUS [1].

Rendu opposable à tous en principe, le droit de rétention est une garantie efficace qui ne nécessite aucune mesure d'enregistrement, la dépossession du constituant étant, comme nous l'avons déjà vu, la meilleure des publicités, dans le contexte actuel de l'OHADA [2]. La remise de la chose est donc une condition de formation et d'opposabilité du droit de rétention. Par ailleurs, les dispositions de l'AUS cherchent tant bien que mal à limiter efficacement la portée de cette dépossession qui est en grande partie à la source de l'efficience du droit de rétention. Même lorsque les autres créanciers du débiteur tentent d'agir sur la chose entre les mains du créancier rétenteur, celui-ci pourra toujours en principe s'opposer à toute saisie par voie d'huissier [3], ce que seule la dépossession permet.

La chose retenue peut être vendue entre les mains du créancier rétenteur, mais l'adjudicataire ne dispose d'aucun moyen légal pour contraindre ce créancier à lui délivrer son bien. C'est tout le sens de l'article 114 de l'AUPSRVE qui dispose que si le tiers entre les mains duquel se trouve la chose saisie « *se prévaut d'un droit de rétention (…) à défaut de contestation (…) la prétention du tiers est réputée fondée pour les besoins de la saisie* ». L'on voit bien que la saisie-vente effectuée malgré la rétention est inefficace, bien que valable.

1. V. AUS, art. 68.
2. Cf *supra* n° 131, p. 118.
3. Art. 114 AUPSRVE.

B. Une saisie inutile

153. Le renforcement du caractère concret par le caractère virtuel. Précisons que toute mesure de saisie dans le contexte économique de l'espace OHADA caractérisé par une forte présence du secteur informel, est d'une utilité très relative. En effet, l'insuffisance du système de nomenclature des adresses, des registres d'État civil, des services postaux, le manque de fiabilité du recensement de la population, le faible taux de bancarisation ou encore la numérisation attendue des registres cadastraux, des greffes et des registres de commerce, rendent très aléatoires la pratique des saisies [1].

D'un point de vue encore plus pragmatique, les choses qui font le plus fréquemment l'objet d'un droit de rétention non adossé à un gage dans la zone OHADA, présentent une valeur d'échange assez faible et il est peu probable qu'un tiers soit au courant de l'existence de cet élément du patrimoine du débiteur [2]. La dépossession, dans la plupart des cas, peut faire croire aux tiers que la chose a quitté le patrimoine du débiteur. Ainsi, lorsque le droit de rétention est constitué de manière autonome, la dépossession qui lui donne naissance peut revêtir les apparences d'un transfert de propriété.

§ 2. Le caractère inutilisable de la chose retenue

154. Plan. L'article 70 de l'AUS oblige à conserver la chose retenue en bon état; celle-ci ne saurait être utilisée par le rétenteur. Malgré cela, il dispose de moyens efficaces lui permettant d'exercer une pression sur les tiers et le débiteur en exerçant son droit de blocage. Le blocage résulte d'un côté de cette impossibilité de mobiliser la chose retenue afin d'en tirer tous les gains potentiels, ce qui en soi pourrait représenter un certain coût dont l'importance augmenterait l'incitation à satisfaire le rétenteur. D'un autre côté, la passivité du rétenteur résultant d'une absence de droits réels est assez avantageuse, car dans une certaine mesure, la rétention offre d'autres possibilités d'obtenir satisfaction. C'est ainsi que l'immobilisation de la chose (A.) et la passivité du rétenteur en elles-mêmes sont source d'efficacité (B.).

1. International Financial Corporation, *Évaluation de l'Impact des Réformes OHADA*, Secrétariat Permanent de l'OHADA – Société Financière Internationale, 2018.

2. *L'effectivité du droit économique dans l'espace OHADA*, sous la dir. D. Hiez et S. Menétrey, L'Harmattan, 2016.

A. L'efficacité malgré l'immobilisation

155. Le droit d'empêcher. Le créancier rétenteur ne peut en aucun cas user de la chose d'une manière qui en réduirait la valeur, en vertu de l'article 70 de l'AUS. Cette impossibilité d'user de la chose pour le créancier rétenteur est due d'une part à la nature du droit de rétention qui est une garantie et non une voie d'exécution, et d'autre part à l'absence de droit réel au profit de ce rétenteur [1].

Par ailleurs, il n'est pas impossible que la mise en œuvre du droit de rétention ne permette pas au créancier d'obtenir directement un paiement complet de sa créance, bien que cela soit l'objectif qui se cache derrière la solution à la défaillance. Cela est notamment dû au fait que cette garantie ne repose pas obligatoirement sur la valeur économique de son objet [2]. Pour toutes ces raisons, il n'est pas facile de voir de quelle manière le créancier pourrait user de la chose retenue sans que cela ne soit assimilé à une forme ou une autre d'exercice d'un droit réel.

156. Également, le droit de rétention n'est pas un *droit réel accessoire*, encore moins un droit réel principal. Il confère des attributs similaires à celles d'un détenteur précaire sans *animus domini* [3]. Le rétenteur n'a en principe aucun droit direct sur la chose. En réalité, il dispose bien évidemment de droits sur la chose, mais il est ici question de légitimité et de licéité. Le bien retenu est donc immobilisé, au détriment du débiteur et de ses autres créanciers.

Ce qui revient à rendre la chose retenue inutilisable pour tout le monde, confortant de la sorte la position du rétenteur qui ne peut et ne doit commettre aucun acte positif en vue d'obtenir son paiement.

Le rétenteur doit immobiliser la chose, ce qui revient à neutraliser sa valeur économique ainsi que son utilité. Son devoir de ne pas user de la chose s'accompagne d'un droit à la passivité face aux requêtes éventuelles des tiers ou de son débiteur.

---

1. Le fait qu'il ne puisse la mettre en œuvre qu'en cas de défaillance ne fait que renforcer son rôle de garantie, bien qu'il revête à cet effet, tous les traits de l'exception d'inexécution. La vraie exécution étant censée permettre au créancier d'obtenir directement satisfaction, il convient de la distinguer d'une garantie qui a pour objectif de prémunir le créancier contre la défaillance du débiteur. En l'occurrence, l'exercice légitime de la rétention doit toujours être précédé d'un défaut de paiement de la créance garantie.
2. Cf *supra* nº 146, p. 129.
3. Jacques Mestre, Emmanuel Putman et Marc Billiau, *Droit commun des sûretés réelles*, dir. Jacques Ghestin, Traité de droit civil, L.G.D.J., 1996, 59.

B. L'efficacité malgré la passivité

157. Le droit et le devoir de ne rien faire. Le droit de rétention est efficace parce que grâce à lui, le rétenteur sort du cadre de référence propre au droit des sûretés réelles, en l'occurrence l'attribution de droit réel en guise de garantie. Le rétenteur ne dispose pas d'un attribut positif plus fort que celui des autres, et n'occupe pas *a priori* une position supérieure à celle des autres créanciers. Son seul droit est de ne rien faire. Pour Ph. Delebecque, le droit de rétention est le triomphe de l'inertie sur l'action. D'après Carbonnier, il s'agit là d'un moyen de retirer tout ou partie des utilités économiques d'une chose [1].

Le créancier qui exerce son droit de rétention doit s'abstenir d'user, de jouir ou de disposer de la chose. La rétention idéale serait en réalité la forme la plus passive de détention. Il ne peut invoquer ni droit de préférence sur la valeur de la chose, ni droit de suite, et encore moins de droits de propriété, notamment dans l'hypothèse d'un vendeur qui refuserait d'accomplir son obligation de délivrance parce que n'ayant pas reçu le prix convenu. Il ne peut obtenir l'attribution judiciaire de la chose retenue [2]. C'est parce que le rétenteur ne joue pas au même jeu que les autres qu'il est plus ou moins assuré de ne pas perdre. Et il est même dans son intérêt qu'il ne se sépare pas de la chose, au risque de ne plus pouvoir la reprendre légitimement [3].

Cette passivité repose sur le fait que le rétenteur est un créancier — chirographaire — qui détient la chose de son débiteur. En outre, il peut, légitimement en principe, refuser de la délivrer, même à l'adjudicataire en cas de saisie-vente [4]. Cela est d'une très grande efficacité bien qu'il n'y ait pas en quelque sorte d'acte positif nécessairement commis par le rétenteur. Par ailleurs, l'absence de droit réel accordé au sens formel, au bénéficiaire du droit de rétention, fait que celui-ci n'a en principe qu'un droit de gage général, complété par un attribut matériel. Ses moyens d'actions sur le terrain formel se limitent à ceux d'un simple créancier chirographaire. Il ne dispose d'aucun autre moyen d'agir en vue d'obtenir satisfaction. Avec l'exercice du droit de rétention, le rétenteur ne fait rien. Pour ne pas avoir à s'exposer à la concur-

1. Philippe Simler et Philippe Delebecque, *Droit civil, les sûretés - la publicité foncière*, 2016, p. 602.

2. Manuella Bourassin et Vincent Brémond, *Droit des sûretés*, 6e éd., 2017, p. 1480 ; Philippe Simler et Philippe Delebecque, *Droit civil, les sûretés - la publicité foncière*, 2016, p. 602.

3. Cass. Crim., 12 oct. 1976, *RTD com.*, p. 170, obs. P. Bouzat.

4. En refusant d'accorder au droit de rétention la qualification de sûreté, le rétenteur pourrait être considéré comme un créancier chirographaire dans le sens où il est dépourvu de tout droit de préférence ou droit exclusif. Ici, le caractère chirographaire n'est considéré que dans un sens juridique et pas matériel.

rence des tiers en exerçant son droit de gage général, il serait plus efficace pour le créancier bénéficiant du droit de rétention de profiter de la situation qui transforme son inaction en source d'efficience en matière de sûretés.

Le meilleur moyen de comprendre le droit de rétention est donc d'étudier tout ce que le rétenteur a le droit et le devoir de ne pas faire. Il doit se contenter de tenir et se retenir. Cette simple attitude lui garantit une quasi-suprématie de ses attributs matériels sur la chose retenue. La chose n'a plus d'existence matérielle pour le débiteur et les tiers. Toutefois, le droit de rétention accorde au créancier des droits sur le plan juridique. C'est à cet endroit que se situe le talon d'Achille de cette garantie qui, nous le verrons, s'affaiblit dès que les faits cèdent un peu trop la place aux aspects formels du Droit. Il faut cependant être mesuré, car cet affaiblissement n'est pas forcément synonyme de perte totale d'efficacité.

Section II Une exclusivité juridique relative sur la chose retenue

158. La victoire de la rétention sur le terrain pragmatique ne semble décidément pas plaire à tout le monde [1]. Plusieurs auteurs ont manifesté leurs regrets quant à cette « victoire des faits sur le droit », et surtout désapprouvé le manque de sophistication de cette garantie. Le Droit positif OHADA, inspiré du Droit français, contient de nombreuses dispositions que nous étudierons, qui sont destinées à assurer une protection contre les effets de la rétention au profit de certains créanciers; d'autres créanciers quant à eux, sont laissés de côté, totalement désarmés. Pourtant, les arguments en faveur de la protection accordée à certains privilégiés semblent pouvoir être appliqués assez aisément aux autres. De telle sorte que le droit de rétention, y compris en ce qui concerne les attributs purement juridiques, permet à son bénéficiaire de l'emporter face à certaines catégories de créanciers (§ 1.). Cependant, il doit s'incliner face d'autres catégories de créanciers, multipliant ainsi les avantages de ceux-ci (§ 2.).

1. Catherine Pourquier, « La rétention du gagiste ou la supériorité du fait sur le droit », *RTD Com.* 2000.

§ 1. La rétention contre les autres créanciers chirographaires

159. Plan. Face aux créanciers chirographaires, le créancier rétenteur bénéficie de droits d'une efficacité assez brutale, alors que l'on aurait pu *a priori* s'attendre, du fait de l'absence de droit de préférence et de droit exclusif, à ce que le droit de rétention soit insuffisant pour écarter aussi facilement le principe de l'effet relatif des contrats (A.) ainsi que les effets sur la chronologie des créances (B.).

A. L'efficacité de la rétention en dépit de l'effet relatif des contrats

160. L'exception légitime au principe de l'effet relatif des contrats. Certains auteurs affirment que la rétention ne fait pas obstacle au principe de l'effet relatif des conventions. Selon L. BOUGEROL-PRUD'HOMME, « *opposer le respect de [la rétention] aux tiers, et en particulier aux autres créanciers, ne revient pas à étendre les effets du contrat dans la mesure où il ne s'agit pas de faire d'eux, juridiquement, les débiteurs de l'obligation inexécutée. Certes, on pourra opposer que si les tiers ne sont pas juridiquement tenus de payer, ils le sont en pratique. Il est aussi vrai que la différence est considérable : il n'est ainsi pas question de conférer au rétenteur un droit de gage général sur le patrimoine de ceux à qui le droit de rétention est opposé; aucun lien d'obligation né du contrat générateur de la connexité juridique ne lie le rétenteur à ces tiers.* [1] » Autrement dit, le simple fait que des tiers pâtissent de la mise en œuvre de l'attribut matériel du rétenteur ne signifie pas nécessairement que ceux-ci sont rendus débiteurs d'une obligation née d'un contrat auquel ils ne sont pas parties. Ils peuvent en effet souffrir de cette situation de fait sans que l'on puisse les considérer comme étant devenus débiteurs d'une obligation à l'égard du rétenteur [2]. Il est évident que les tiers peuvent être soumis aux effets du contrat conclu entre le rétenteur et son débiteur. Dans une certaine mesure, tout contrat s'impose au tiers, au moins dans le fait que ceux-ci ne doivent en rien violer ou frauder les droits et obligations auxquels il donne naissance. Cette dérogation majeure au principe de l'effet relatif des contrats n'entraîne pas nécessairement non plus, le fait de faire supporter aux tiers le poids de la dette d'autrui.

161. La tolérance de l'exception au principe de l'effet relatif des contrats, sauf cas de fraude. De notre point de vue, il convient toutefois de nuancer le propos selon que le droit de rétention est exercé en vertu d'une connexité dite naturelle, ou bien conventionnelle. Dans le cas d'une connexité juridique ou matérielle, la

1. Laëtitia BOUGEROL-PRUD'HOMME, *Exclusivité et garanties de paiement*, LGDJ, 2012, 465.
2. Bertrand FAGES, *Droit des obligations*, 4e éd., L.G.D.J., 2013; François CHABAS et Véronique RANOUIL, *Leçons de droit civil, sûretés, publicité foncière*, 6e éd., t. 3, Montchrestien, 1988.

gêne ressentie par les tiers créanciers du débiteur est la conséquence que l'AUS a voulu attacher à l'exercice du droit de rétention. En revanche, quant à la connexité conventionnelle, le risque d'une fraude aux droits de ces tiers créanciers est accru [1].

Sauf fraude avérée, le droit de rétention conserve donc son efficacité. Et c'est d'ailleurs toute son utilité. Le droit de rétention est une garantie qui repose sur la gêne ressentie notamment par les autres créanciers du débiteur. S'il fallait faire en sorte que la garantie leur soit parfaitement inopposable, celle-ci y perdrait l'essentiel de son attractivité. Le droit de rétention est un moyen de pression ; ce qui veut dire qu'il puise son efficacité directement à partir de son droit de nuisance et de la gêne provoquée par la situation ainsi créée. Il ne saurait alors être autre chose qu'une dérogation au principe de l'effet relatif des contrats. Le droit de rétention permet au créancier rétenteur de s'affranchir de ce principe, tout comme il lui offre la possibilité de l'emporter face à des créances plus anciennes.

B. L'efficacité de la rétention et la chronologie des créances

162. Pas de concurrence entre la rétention et les droits de gage général. L'antériorité des créances chirographaires ne fait pas non plus obstacle à l'opposabilité de la rétention. Apparemment, l'adage *priore tempore, potior jure* ne saurait s'appliquer pour régler des conflits entre des créanciers dont les attributs comportent des différences aussi prononcées que le seraient celles qui existent entre une créance assortie d'une rétention et une créance chirographaire. Là-dessus, le rétenteur et le créancier chirographaire ne sont pas en concours, même s'ils peuvent être en conflit. Selon L. BOUGEROL-PRUD'HOMME, « *[la règle de l'antériorité] trouve sa principale justification dans l'adage Nemo plus juris [qui] ne peut justifier une limitation de l'opposabilité du droit de rétention aux titulaires de droits antérieurs. En effet, si les conventions en cause ne sont pas incompatibles dans leurs effets et que l'auteur n'a pas disposé de plus de droits qu'il en avait, alors la primauté du premier droit en date n'est pas systématique* » [2].

La situation du rétenteur ne serait donc pas considérée comme étant avantageuse d'un point de vue juridique, ni comme étant attentatoire aux droits des chirographaires, dont la situation n'est pas censée être à l'abri des actions du débiteur pouvant leur nuire [3] À vrai dire, l'avantage du droit de rétention sur cette question doit beaucoup à la faiblesse inhérente au statut de créancier chirographaire. Pourtant, *a priori* il n'aurait pas semblé gênant qu'un créancier ne bénéficiant ni de droit exclusif, ni de droit de préférence, soit soumis à l'adage *priore tempore, potior jure*. Une analyse

1. Laëtitia BOUGEROL-PRUD'HOMME, *Exclusivité et garanties de paiement*, LGDJ, 2012, 465.
2. *Ibid.*, 466.
3. *Ibid.*, 466.

trop rapide aurait pu faire croire que la règle de l'antériorité devrait protéger les créanciers chirographaires contre la rétention, de la même manière qu'elle le fait pour les créanciers munis de droit exclusif ou de droit préférentiel. En effet, le rétenteur n'étant pas *en principe* bénéficiaire d'une sûreté réelle, il aurait pu être mis sur le même plan que les autres créanciers dépourvus de sûreté réelle.

Celui qui a reçu un droit en premier doit toujours l'emporter, car nul ne peut donner plus de droits que ce qu'il a; en effet, le droit attribué exclusivement à un premier créancier ne saurait par la suite être accordé à un second. L'on pourra toujours alléguer que le débiteur a accordé un attribut matériel et non juridique au rétenteur. Malgré tout, face à l'impossibilité qu'une chose puisse faire l'objet de deux emprises matérielles concurrentes et simultanées, la question de l'antériorité est donc exclue d'office. C'est bien pour cette raison que les réformes des sûretés en France en 2006 et dans l'espace OHADA en 2010 ont introduit le concept de la détention fictive grâce auquel le gage sans dépossession serait opposable au rétenteur, dont le droit sur la chose retenue serait né postérieurement à celui du gagiste [1].

§ 2. La rétention contre les autres créanciers garantis

163. Plan. Le concept de la détention fictive permet d'écarter le droit de rétention lorsque celui-ci pose en pratique plusieurs difficultés. L'idée paraît bonne de prime abord. Le rétenteur fictif prend l'avantage sur ces potentiels concurrents comme le ferait un rétenteur classique, en évitant le terrain des attributs juridiques pour occuper seul celui des attributs matériels. Le poids des attributs matériels et en quelque sorte leur *dangerosité*, ont fortement incité le Législateur OHADA à encadrer en lui opposant un droit concurrent sur le même terrain; il s'agit du concept de détention fictive. Malheureusement, nous verrons que le terrain gagné sur un plan pragmatique est rapidement concédé sur celui de la cohérence conceptuelle. Cette détention fictive bénéficie dans une moindre mesure au tiers propriétaire de la chose retenue d'un côté (A.), et de l'autre aux créanciers munis de droit de préférence, de manière très affirmée (B.).

A. L'efficacité de la rétention face au propriétaire de la chose retenue

164. La rétention et la réserve. L'article 104 de l'AUPCAP dispose que « *peuvent être retenus par le vendeur les marchandises et objets mobiliers qui ne sont pas délivrés ou expédiés au débiteur ou à un tiers agissant pour son compte. Cette exception est recevable même si le prix est stipulé payable à crédit et le transfert de propriété opéré avant*

1. V. les art. 67 et 107 AUS.

la délivrance ». L'AUPCAP reconnaît un droit de rétention au profit du vendeur de biens meubles pour les cas de vente par contrat consensuel. La suspension ou l'interdiction des poursuites résultant de la décision d'ouverture de la procédure collective ne fait donc pas obstacle à l'exercice du droit de rétention du vendeur de meubles.

165. L'obstacle de l'antériorité du droit du *verus dominus*. L'absence de fraude entachant la mise en œuvre du droit de rétention aurait dû suffire à rendre cette sûreté opposable au tiers propriétaire de la chose retenue, au minimum dans tous les cas où celle-ci est un bien meuble corporel.

En droit français, le droit de rétention est très facilement opposable au propriétaire de la chose retenue, non débiteur de la dette garantie lorsque ce droit est fondé sur une connexité matérielle. Cette solution fait l'unanimité, tant elle paraît juste et logique [1]. D'un autre côté, si le droit de rétention est fondé sur une connexité juridique ou conventionnelle, son opposabilité sera moins étendue. Tout dépendra du moment auquel le droit de propriété de ce tiers à la dette garantie est né. Si son droit est antérieur à la détention de la chose par le rétenteur, le droit de rétention lui sera inopposable. Si son droit est né après la détention de la chose par le rétenteur, alors le droit de rétention lui sera opposable, afin de préserver la sécurité juridique et de protéger le rétenteur contre une éventuelle aliénation du bien par le débiteur qui nuirait à ses intérêts [2]. En tous les cas, le droit français garantit l'inexpugnabilité de cette *sûreté*, qui en droit OHADA ne bénéficie pas exactement du même avantage.

Les auteurs de l'AUS n'ont pas voulu trancher entre l'opposabilité et l'inopposabilité du droit de rétention au *verus dominus* non tenu à la dette. Ils ont considéré qu'il était préférable de laisser au juge la possibilité d'en décider au cas par cas, comme en droit français [3]. Toutefois, il ne nous aurait pas semblé dérangeant que le Législateur sévisse sur ce point précis. Il paraît assez pragmatique d'opposer *verus dominus* le droit de rétention, à partir du moment où la dépossession initiale ayant permis la formation de cette garantie, est valable et non constitutive de fraude. Prenons l'exemple d'un garagiste qui exerce un droit de rétention sur un véhicule dont son

1. Laëtitia Bougerol-Prud'homme, *Exclusivité et garanties de paiement*, LGDJ, 2012, 559; Lionel Yondo-Black, « Les enjeux de la réforme : une volonté de favoriser la création d'entreprises, les échanges commerciaux et la confiance dans la zone OHADA », *Dr. et patr.* 2011, p. 204; Philippe Simler et Philippe Delebecque, *Droit civil, les sûretés - la publicité foncière*, 2016, p. 601; Manuella Bourassin, *L'efficacité des garanties personnelles*, LG.D.J., 2006, 1486.

2. Lionel Yondo-Black, « Les enjeux de la réforme : une volonté de favoriser la création d'entreprises, les échanges commerciaux et la confiance dans la zone OHADA », *Dr. et patr.* 2011, p. 204.

3. *Ibid.*, p. 204.

débiteur n'a la possession qu'en vertu d'un commodat. Il serait assez excessif d'exiger de la part du garagiste qu'il restitue le véhicule au tiers propriétaire de la chose retenue. Il y a ici une réalité factuelle et morale qui incite à ne pas décider ainsi.

En outre, compte tenu de la très grande effectivité du droit de rétention qui est l'une des sûretés les plus utilisées dans l'espace OHADA de façon informelle [1], il serait préférable qu'il soit opposable dans tous les cas au propriétaire non tenu à la dette. D'abord parce que la réforme de l'AUS a retiré le droit de préférence et le droit de suite des attributs du créancier rétenteur. Cette perte d'efficacité ne sera pleinement compensée que lorsque le créancier rétenteur bénéficiera d'une situation d'exclusivité opposable à tous. Le droit de rétention doit placer son titulaire hors concours. Or, toute référence à l'antériorité serait une façon détournée de replonger le rétenteur dans un concours auquel il n'est pas censé participer.

B. L'efficacité de la rétention contre les créanciers munis de droit de préférence

166. Le bon sens de la règle énoncée à l'article 2276 du Code civil semble manquer aux dispositions de l'article 107 alinéa 2 de l'AUS qui prévoient que « *lorsqu'un bien donné en gage sans dépossession fait ultérieurement l'objet d'un gage avec dépossession, le droit de préférence du créancier gagiste antérieur est opposable au créancier gagiste postérieur lorsqu'il a été régulièrement publié, nonobstant le droit de rétention de ce dernier* ». L'on peut légitimement s'interroger sur l'effectivité d'une telle règle en droit OHADA. Les législateurs ont très souvent emprunté les raccourcis faciles que leur offre la fictivité en Droit, notamment par souci d'efficacité. Pour autant, les impasses logiques ne manquent malheureusement pas en cette matière et tel est selon nous le cas lorsque l'on met sur un même pied d'égalité les deux modes d'opposabilité que sont la possession et la publicité. La possession en matière de rétention n'étant pas seulement une condition d'opposabilité, mais aussi une condition de validité, il est assez clair en ce qui nous concerne, qu'au moins sur cette question, les deux modes d'opposabilité aux tiers de la garantie ne sauraient être équivalents. La possession fictive du créancier muni d'une sûreté sans dépossession ne saurait en pratique être placée au même niveau que la rétention exercée par un créancier insatisfait.

1. Nous pouvons citer à titre d'exemple les pièces d'identité remises à un créancier en guise de garantie de paiement ou bien les objets religieux, tables et lits funéraires remis en garantie à des établissements de crédit qui ne sauraient en tirer un quelconque profit.

Plusieurs auteurs considèrent que l'encadrement et la limitation de l'opposabilité du droit de rétention sont légitimes. Selon L. TEXTBougerol-Prud'homme, les droits de rétention conventionnels doivent faire l'objet d'une attention toute particulière, en raison notamment de la présomption de fraude que le droit français fait peser sur lui [1].

167. Dans les cas où un droit de préférence se retrouve face à un droit de rétention, le Code civil distingue selon qu'il s'agit d'une garantie publiée avant ou après la détention de la chose par le rétenteur. « *Lorsqu'un bien donné en gage sans dépossession fait ultérieurement l'objet d'un gage avec dépossession, le droit de préférence du créancier gagiste antérieur est opposable au créancier gagiste postérieur lorsqu'il est régulièrement publié nonobstant le droit de rétention de ce dernier* » [2]. Le second paragraphe de l'article 107 de l'AUS reprend mot pour mot le texte de l'alinéa 2 de l'article 2340 du Code civil. Les auteurs de l'AUS ont clairement voulu écarter toute idée d'une opposabilité *erga omnes* du droit de rétention. L'article 67 de l'AUS qui définit le droit de rétention et en précise l'opposabilité renvoie à l'article 107 du même Acte uniforme. L'article 107 qui ne concerne que le droit de rétention adossé à un gage s'étend ainsi au droit de rétention autonome [3].

En ce qui concerne l'opposabilité du droit de rétention au créancier muni d'un droit de préférence publié après la remise de la chose, c'est l'article 107 *in fine* de l'AUS qui l'affirme de façon suffisamment claire [4], bien que cela puisse être déduit de l'article 67 du même Acte uniforme qui dispose que le rétenteur peut conserver le bien de son débiteur « *jusqu'à complet paiement de ce qui lui est dû, indépendamment de toute autre sûreté* ».

168. Il est vrai que la solution préconisée par l'AUS est plus simple que celle retenue par le Code civil. Il n'en demeure pas moins qu'elle est inadaptée au contexte OHADA, quand on sait que l'application du droit OHADA est rendue difficile du fait des particularités des économies concernées [5]. Dans de tels contextes économiques et judiciaires, l'avantage de l'antériorité et de la publicité face à la détention

1. Laëtitia Bougerol-Prud'homme, *Exclusivité et garanties de paiement*, LGDJ, 2012, 479.
2. C. civ., art. 2340.
3. Lionel Yondo-Black, « Les enjeux de la réforme : une volonté de favoriser la création d'entreprises, les échanges commerciaux et la confiance dans la zone OHADA », *Dr. et patr.* 2011, p. 203.
4. « *Lorsqu'un bien donné en gage avec dépossession fait ultérieurement l'objet d'un gage sans dépossession, le droit de rétention du créancier gagiste antérieur est opposable au créancier postérieur qui ne pourra prétendre exercer ses droits sur le bien, tant que le créancier antérieur n'aura pas été entièrement payé.* ». AUS, art. 107.
5. Stéphanie Kwemo, *L'OHADA et le secteur informel, l'exemple du Cameroun*, préf. Philippe Delebecque, Larcier, 2012, 567 et s.

matérielle n'est pas du tout évident[1] La centralisation et l'informatisation de la publication des sûretés sont une solution à long terme qui n'a pas encore fini d'être implémentée. En attendant, les garanties sans dépossession, pour une assez large partie du secteur économique, ne présentent pas assez d'avantages. Ces sûretés intéresseront quelques acteurs institutionnels, mais il ne faudrait pas miser sur leur efficacité au stade de la réalisation et de l'exercice du droit de suite.

Conclusion du chapitre

169. Ergo. Notre étude a été entamée en évoquant le débat doctrinal autour de la qualification juridique du droit de rétention en sûreté réelle. Cela revêt assez peu d'importance en réalité, si l'on adopte un point rigoureusement pragmatique. Le droit de rétention est certainement une garantie que l'AUS a choisi d'inscrire au sein des sûretés réelles. Elle se distingue désormais de manière franche du gage, depuis que celui-ci peut être conclu sans dépossession. Toutefois, une autre question, au moins aussi intéressante, a été soulevée lors de notre réflexion sur les différents leviers de l'efficience de la rétention. Il s'agissait de savoir si une garantie, voire une sûreté, est davantage le fruit du renoncement du constituant à ses attributs sur la chose, ou davantage le résultat de l'octroi au bénéficiaire d'un certain nombre de droits sur celle-ci. La réponse n'est pas simple, car il est vrai que très souvent, la position du bénéficiaire est mieux renforcée par le renoncement à certains droits. Et c'est ce que notre étude du droit de rétention nous permet de constater. Parfois, les actions pouvant être menées par le créancier sont moins efficientes que la simple rétention de la chose mise en garantie.

En somme, le droit de rétention est comme un caillou dans la chaussure du droit modernisé des sûretés. Il n'octroie presque aucun droit à agir à son bénéficiaire, il ignore les attributs juridiques des autres créanciers du débiteur garanti ainsi que les exigences les plus formelles; il n'a pas besoin d'être enregistré pour être presque opposable à tous. Tout comme certains silences qui se révèlent assourdissants, il est parfois préférable de ne rien faire pour obtenir les bons résultats.

1. Stéphanie Kwemo, *L'OHADA et le secteur informel, l'exemple du Cameroun*, préf. Philippe Delebecque, Larcier, 2012, 125 et s.

Titre II

Les attributs juridiques du créancier contre les tiers

170. Plan. Dans sa quête d'avantages sur les tiers, le créancier pourra disposer d'un ensemble d'attributs juridiques sur des choses qui ne lui appartiennent pas. Ces attributs peuvent être classés de différentes manières. Il est possible de distinguer celles qui ont pour objet des biens appartenant aux débiteurs, et celles qui reposent sur des biens n'appartenant pas au débiteur. L'on peut également séparer les attributs ayant pour objet des choses fongibles, de ceux portant sur des corps certains. En même temps, il existe un classement plus adéquat, partant de ce que le créancier peut faire sur les biens d'autrui afin de se prémunir contre la défaillance. Cette classification permet d'isoler trois formes de droits du créancier par rapport aux tiers :

— le droit de passer devant les autres créanciers du débiteur (Chapitre 1);
— le droit d'agir sur des biens du débiteur de manière exclusive par rapport aux tiers (Chapitre 2);
— le droit de bénéficier de garanties sur les biens de personnes autres que son débiteur (Chapitre 3).

Chapitre 1

Le droit de passer avant les tiers

171. Le caractère dérogatoire du droit de préférence. Le droit de préférence est une dérogation à une règle que le droit OHADA, à travers l'AUS, ne prend pas soin d'énoncer lui-même. Contrairement au droit français qui dispose à l'article 2285 du Code civil que « *les biens du débiteur sont le gage commun de ses créanciers; et [que] le prix s'en distribue entre eux par contribution, à moins qu'il n'y ait entre les créanciers des causes légitimes de préférence* », l'article 4 alinéa 2 de l'AUS introduit directement « *le droit du créancier de se faire payer par préférence sur le prix d'un bien affecté à la garantie de l'obligation de son débiteur* », sans faire allusion au droit préalable dont disposent les créanciers de se faire payer sur les biens du débiteur.

L'AUS n'énonce pas la règle de départ à laquelle le paiement préférentiel est censé déroger. En d'autres termes, le droit OHADA ignore le principe pour directement envisager son exception, alors que le Code civil énonce sans aucune ambiguïté le droit de gage général des créanciers sur les biens du débiteur; les parties peuvent créer entre elles des causes légitimes de préférence au profit de certains créanciers, par rapport à d'autres [1]. En considérant que le droit de gage général du créancier est une évidence, l'AUS s'abstient de répondre lui-même à un certain nombre de questions, et s'appuie opportunément sur les législations des États membres [2].

172. Une protection contre les tiers et non contre le débiteur. Le droit de préférence est au droit exclusif ce que le caractère accessoire est au caractère autonome. D'une part, le droit de préférence appartient à un modèle traditionnel de sûreté faisant face à une version plus *moderne*; d'autre part, il fait moins semblant d'ignorer l'existence d'une troisième entité qui pourrait porter atteinte aux intérêts du créancier. En l'occurrence, concernant le droit de préférence vise toute tierce personne dans un contrat réel et dont les prétentions sur les biens du débiteur pourraient être en compétition avec celles du créancier.

Dans les cas des sûretés personnelles, si l'on maintient cette analogie, la troisième personne que l'on fait semblant d'ignorer est bel et bien le débiteur principal [3]. Cette troisième personne vient menacer les droits du créancier dans le contrat de garantie [4]. Ainsi, plus le droit de préférence saura résister aux assauts de ces tiers concurrents, et

1. L'on peut également parler de l'article 20 de l'AUS qui va plus loin en faisant de l'exception un principe. L'on constate alors, sans forcément émettre des regrets, que le cautionnement est présumé solidaire sauf clause contraire. En la matière, le cautionnement simple devient l'exception, car cela fait un moment qu'il était la forme la plus complexe de cette sûreté, aux yeux du créancier.

2. Ce qui peut laisser augurer des développements dans le cadre d'une adoption d'un AU sur les contrats.

3. Le débiteur principal est un tiers au contrat de sûreté et constitue une menace pour le créancier, dans la mesure où son obligation pourrait avoir des effets sur l'efficacité de la garantie.

4. Cf *supra* n° 58, p. 60.

plus l'efficience de la sûreté qu'il assortit sera grande [1]. En ce qui concerne l'opposabilité active du droit de préférence, le droit de suite est effectivement orienté vers les tiers.

173. **Plan.** Grâce au droit de préférence, le créancier est muni d'un ensemble d'attributs qui lui permettent d'agir directement sur la chose mise en garantie. Au contraire du droit de suite qui permet de faire valoir son droit ou bien son action à l'égard des tiers détenteurs, les attributs dont il est ici question sont les droits en vertu desquels le créancier sécuriféraire sera en mesure de déployer toutes les ressources d'efficience que contient son contrat de garantie. Il pourra ainsi mettre en œuvre la finalité de la sûreté et faire ainsi face à la survenance de la défaillance de son débiteur principal. Si le paiement attendu n'est pas reçu, le créancier aura la possibilité de pallier cette défaillance en demandant que la chose soit vendue (Section I) ou bien qu'elle lui soit attribuée (Section II).

Section I Le droit d'obtenir la vente forcée de la chose mise en garantie

174. **Plan.** Contrairement à la quasi-totalité des sûretés qui se définissent par leur mode de formation, les garanties qui accordent un droit de préférence au bénéficiaire se définissent par rapport à leur mode de réalisation. En matière de sûretés personnelles, l'on définira plutôt les garanties comme des engagements de payer souscrits par un tiers à l'obligation principale, et en ce qui concerne les propriétés-sûretés, l'on parlera de l'attribution d'un droit de propriété en tant qu'accessoire d'une créance [2]. Dans le cas des sûretés préférentielles, c'est le fait de se faire payer sur le prix de la chose ou grâce à l'attribution de celle-ci, en priorité, qui sera le critère principal de définition. Si bien que l'étude des modalités de réalisation de ces sûretés permettra d'appréhender les traits caractéristiques de ces garanties. Et concernant le droit de se faire payer sur le prix de la chose, le créancier a certes des attributs alourdis par une procédure coûteuse (§ 1.) et encadrée par crainte d'éventuels abus (§ 2.).

1. De la même manière, l'efficience du caractère accessoire du cautionnement sera d'autant facteur d'efficience, qu'il permettra au créancier de ne pas voir sa situation fragilisée par la survenance de la défaillance du débiteur principal.

2. Ce ne sont pourtant pas les effets de la mise en œuvre du droit de préférence qui attirent notre attention, mais plutôt la façon par laquelle ils seront générés.

§ 1. Le report du droit de préférence sur le prix de la chose

175. Le report du droit de préférence sur le prix. Cette opération est un des attributs de tout créancier qui dispose d'un droit de préférence. Ce droit, à travers la vente forcée, est une modalité de réalisation qui a longtemps servi de critère de définition à la sûreté réelle. Dans une large mesure, la raison d'être du droit de préférence était la capacité de se faire payer sur le prix de la chose mise en garantie. À tel point que cette opération est énoncée à l'article 4 de l'AUS comme étant la définition même de ce qu'est une sûreté réelle avec droit de préférence. La vente forcée représente alors l'issue que beaucoup de créanciers peuvent avoir en tête au moment d'envisager la conclusion d'une sûreté réelle [1].

Dans l'hypothèse du gage, il est prévu à l'article 104 de l'AUS que : « *faute de paiement à l'échéance, le créancier gagiste muni d'un titre exécutoire peut faire procéder à la vente forcée de la chose gagée, huit jours après sommation faite au débiteur, et s'il y a lieu, au tiers constituant du gage dans les conditions prévues par les dispositions organisant les voies d'exécution auxquels le contrat de gage ne peut déroger* ». L'AUS reprend assez fidèlement l'article 2346 du Code civil. Dans les deux cas, si le créancier opte pour la vente forcée, le report du droit de préférence sur le prix de la vente est automatique. Ce report doit toutefois obéir aux dispositions de l'article 226 de l'AUS, notamment dans les procédures collectives.

176. Les effets (indésirables) de la vente de la chose faisant l'objet d'un droit de préférence. L'un des principaux inconvénients du recours décidé par le créancier à la vente forcée est la neutralisation du droit de rétention. Que le droit de rétention soit réel notamment dans le cas du gage avec dépossession, ou qu'il soit virtuel comme dans le cas du gage sans dépossession, celui-ci disparaîtra avec la vente. Ce choix devient alors lourd de conséquences, ce qui pour nous suffit à réduire considérablement l'efficience de la sûreté assortie d'un droit de préférence, notamment du gage, par l'application de l'article 226 de l'AUS. En effet, les dispositions régissant la distribution de deniers n'altèrent pas l'efficacité du droit de rétention, mais diminuent fortement celle du droit préférence. Il faut ajouter à cela le fait qu'il risque de s'exposer à un concours dont les modalités de répartition des deniers lui sont défavorables. Et toujours à propos de l'exécution, le créancier qui a un droit de préférence sur un bien meuble doit se soumettre à l'article 120 de l'AUPSRVE qui exige le recours aux enchères publiques par le biais d'un auxiliaire de justice habilité.

1. AUS, art. 182 et 197.

De la même manière, celui qui bénéficie d'un droit de préférence sur un bien immeuble doit respecter l'article 240 de l'AUPSRVE qui requiert que la vente forcée soit effectuée sous forme d'adjudication. L'on se rend compte que la réalisation de ce droit n'assure pas forcément le meilleur rang en vertu de l'article 226 de l'AUS et est soumise à un formalisme lourd qui est le fruit d'une crainte légitime d'un éventuel abus commis par le créancier dans la mise en œuvre de ses attributs sur la chose mise en garantie.

§ 2. La protection contre certaines formes d'abus

177. Plan. Nous verrons dans un premier temps que le créancier va très vite expérimenter les limites de ses attributs surtout en matière immobilière, dès qu'il aura le besoin de mettre en œuvre son droit de suite (A.). Sa liberté contractuelle est aussi fortement rationalisée, car il est impossible de contourner les lenteurs de la saisie et de la vente du bien mis en garantie (B.).

A. La protection du tiers acquéreur

178. La conciliation entre droit du créancier et propriété du débiteur. Le tiers acquéreur d'un immeuble bénéficie grâce à l'AUS et à l'AUPSRVE de moyens de protection contre les abus éventuels du créancier bénéficiant de la sûreté. Les rédacteurs de ces Actes uniformes ont selon nous adopté une philosophie plus globale qui, en matière de biens immobiliers, réduit l'efficience des droits du créancier sur la chose mise en garantie [1]. Face au tiers acquéreur, le créancier sécuriféraire peut se voir opposer un certain nombre d'éléments contre son action en vente forcée.

L'article 223 de l'AUS prévoit que le tiers détenteur qui souhaite limiter les effets d'une mise en œuvre trop stricte du droit de préférence, pourrait désintéresser le créancier bénéficiaire de l'hypothèque, afin de se subroger à lui en tant que titulaire de la créance garantie. Ce qui signifie que le tiers acquéreur peut décider licitement de payer la dette d'autrui pour préserver son droit, en ayant la possibilité de se retourner contre son vendeur, ou bien le débiteur défaillant de son *accipiens*.

1. Les dispositions régissant les procédures de saisie et de vente immobilière de l'AUPSRVE protègent certaines personnes spécifiquement, ou bien certains types de biens immobiliers en particulier. C'est pour cela que les articles 246 et suivants de cet Acte uniforme protègent spécialement les personnes physiques et leur la résidence principale.

Ce paiement motivé par la volonté d'éviter une saisie entre ses mains est une solution plus efficiente pour l'ensemble des personnes impliquées, même si elle fait peser un lourd poids financier sur les épaules de ce tiers acquéreur. Le paiement de la créance d'autrui devient pour lui une solution commode si jamais la valeur qu'il accorde au bien le justifie.

B. La protection du constituant et le maintien de la prohibition de la clause de voie parée

179. Plan. La protection du constituant prend la forme d'une protection de la valeur du bien. Plus précisément, il est question de l'évaluation du bien de manière indépendante. L'AUS va pour cela encadrer une procédure de vente (1.), et en interdire une autre (2.).

1. La procédure de saisie-vente protégeant le constituant

180. Une procédure archaïque et donc inefficiente. En matière immobilière, le créancier qui souhaite procéder à la vente forcée, encore appelée adjudication de la chose mise en garantie, doit se soumettre à une procédure complexe et contraignante qui relève les voies d'exécution. L'adjudication intervient à l'issue d'une saisie qui doit se dérouler sans à-coups. Puis, d'après l'article 282 de l'AUPSRVE, « *la vente de l'immeuble a lieu aux enchères publiques à la barre de la juridiction compétente ou en l'étude du notaire convenu. [...] Les offres sont portées par ministère d'avocat ou par les enchérisseurs eux-mêmes.* » La valeur de la chose mise en garantie est soumise à la loi de l'offre et de la demande, afin d'éviter que le débiteur ne soit spolié. Les enchères publiques sont ainsi accessibles à tous, y compris ceux qui n'ont pas choisi de recourir à un avocat. L'article 283 de l'AUPSRVE manque une bonne occasion de moderniser le chronométrage des enchères, en consacrant quelques lignes à l'allumage de bougies. L'ensemble de cette procédure traduit bien l'absence de recherche d'efficience. Cet archaïsme est de fait, une forme de protection contre les éventuels abus du créancier. Tout est au ralenti, et dans ce cas de figure, et en mettant de côté le point de vue du créancier, il s'agit d'une manière particulière de protéger le propriétaire du bien mis en garantie[1].

1. Sur la protection du propriétaire de la chose gagée, v. TRHC Dakar, 5 juin 2000, n° SFE c./ D. S., Ohadata J-03-54.

Quant aux biens mobiliers, l'article 120 de l'AUPSRVE dispose que la vente aux enchères est obligatoirement effectuée par un auxiliaire de justice. La chose doit être adjugée au plus offrant après trois criées [1]. Dès que le prix des ventes suffit à désintéresser entièrement les créanciers, les enchères doivent être arrêtées. L'objectif demeure la protection, tant que cela reste possible, du patrimoine du débiteur qui ne doit pas être inutilement altéré.

2. Le passage obligé devant les tribunaux

181. Le maintien de la prohibition de la clause de voie parée. Il résulte des articles 4, 104, 161 et 198 que le créancier ne peut procéder à la vente de la chose faisant l'objet du droit de préférence sans passer par le juge. Les formalités de l'AUS et de l'AUPSRVE sont incontournables pour le créancier. C'est grâce à la prohibition de la clause de voie parée que le créancier est empêché d'insérer dans le contrat de sûretés des stipulations qui lui auraient permis de vendre la chose d'autrui sans décision préalable du juge. Cette interdiction pourrait être plus explicite. Il s'agit en réalité du résultat impératif de l'article 104 de l'AUS notamment, qui s'inspire de l'article 2346 du Code civil. Ces dispositions permettent d'être assuré que le prix sur lequel le droit de préférence doit se reporter reflète fidèlement de la valeur de la chose, plutôt que celle du montant de la dette garantie. Autrement dit, le créancier un peu trop empressé d'obtenir le paiement de sa créance pourrait bien se contenter d'un prix suffisant et non d'un prix adéquat, si la valeur de la chose était supérieure à celle du montant de la dette garantie.

Section II Le droit d'obtenir l'attribution de la chose mise en garantie

182. Plan. Le droit de se faire attribuer la chose mise en garantie gagne en efficacité, car en plus de pouvoir demander judiciairement ce mode de réalisation (§ 1.), le créancier peut désormais insérer une clause d'attribution conventionnelle de l'objet de la sûreté en cas de défaillance (§ 2.).

1. AUPSRVE, art. 125.

§ 1. L'attribution préférentielle par voie de justice

183. Une voie intéressante pour éviter la saisie-vente. Le droit de préférence trouve dans ses autres modalités de réalisation des ressources d'efficience qui compensent la tortuosité du chemin menant à la vente forcée. Très clairement, le droit de préférence aurait été beaucoup moins attractif si le créancier devait se contenter des lenteurs et des archaïsmes de la vente forcée. La volonté d'éviter certains abus de la part du bénéficiaire du titulaire du droit de préférence est tout à fait louable et justifie largement que l'on prenne certaines mesures de précaution. Il n'est cependant pas judicieux de trop s'éloigner de la finalité même de la sûreté que ce droit de préférence assortit, à savoir réduire l'exposition aux inconvénients de la défaillance du débiteur [1]. Très heureusement, l'AUS, prévoit que « *le créancier peut aussi faire ordonner par la juridiction compétente que le bien gagé lui sera attribué en paiement jusqu'à due concurrence du solde de sa créance et d'après estimation suivant les cours ou à dire d'expert* [2] » Il s'agit là d'une forme de dation en paiement judiciaire à laquelle le créancier peut choisir de recourir [3].

Cette possibilité réduit grandement le temps et les ressources financières nécessaires à la réalisation du gage, contrairement à la vente forcée. L'on peut rajouter que cette disposition sur la réalisation du gage est aussi applicable au nantissement de droits de propriété intellectuelle et au nantissement des droits d'associés et de valeurs mobilières [4]. Pour ce qui est des biens immobiliers, l'article 198 de l'AUS dispose qu'« *à moins que [le créancier] ne poursuive la vente du bien hypothéqué selon les modalités prévues par les règles de la saisie immobilière, auxquelles la convention d'hypothèque ne peut déroger, le créancier hypothécaire impayé peut demander en justice que l'immeuble lui demeure en paiement.* » Ici également, le créancier a la possibilité d'accepter qu'une chose qui n'est pas due lui soit remise en paiement; il ne peut cependant choisir cette modalité de réalisation lorsque la chose mise en garantie est la résidence principale du constituant, toujours d'après l'article 198 de l'AUS. Les articles 2347 et 2458 du Code civil ont servi de modèle.

1. La crainte de l'abus ne doit pas en bout de course empêcher le créancier de bonne foi de mettre en œuvre son droit légitime. Un équilibre entre la répression des abus, et l'efficacité de la garantie devra être privilégié.
2. AUS, art. 104.
3. V. Frédéric Bicheron, *La dation en paiement*, Éditions Panthéon-Assas Paris II, 2006.
4. AUS. art. 144 et 161.

L'attribution judiciaire de la chose mise en garantie est déjà un gain considérable d'efficience pour le créancier si l'on ne tient compte que de la procédure requise pour l'obtenir [1]. En effet, le choix de l'attribution judiciaire est moins coûteux et pourrait même être gratuit, contrairement à la vente forcée qui requiert le recours aux enchères publiques. L'AUS n'exige qu'une évaluation de la chose suivant les cours ou à dire d'expert. Pour les biens immeubles, le recours à un expert est obligatoire d'après l'article 200 de l'AUS.

§ 2. L'attribution préférentielle conventionnelle

184. L'introduction du pacte commissoire pour accroître l'efficience des droits du créancier préférentiel. Le pacte commissoire dispose des mêmes ressources d'efficience que l'attribution judiciaire. Elle a longtemps été prohibée, y compris en droit français où il a été introduit par l'ordonnance de 2006 à l'article 2459 de Code civil. Les articles 104 alinéa 3 et 199 de l'AUS prévoient la possibilité pour les parties d'insérer dans le contrat de sûreté la clause selon laquelle en cas de défaillance, le créancier deviendra propriétaire de la chose mise en garantie. Nonobstant les conditions assez restrictives d'application de ces textes, la simple introduction d'un tel mécanisme au sein du droit OHADA est considérable pour les droits du créancier. Là encore, le droit protège certaines personnes et certains biens, contre un usage abusif ou potentiellement abusif du pacte commissoire. En effet, concernant les personnes pouvant accorder un droit de préférence sur leur bien mobilier, l'AUS exclut toutes celles qui ne sont pas des débiteurs professionnels, sauf si ces personnes mettent en garantie une somme d'argent ou alors des biens dont la valeur fait l'objet d'une cotation officielle. Quant aux biens immobiliers, l'AUS dispose que seules les personnes morales et les personnes physiques immatriculées au RCCM ont la possibilité de conclure un pacte commissoire, qui en tous les cas ne saurait porter sur un bien étant à usage d'habitation [2]. L'article 200 de l'AUS s'applique aussi au pacte commissoire, exigeant le recours à l'estimation de la chose hypothéquée par voie d'expert qui peut être désigné à l'amiable.

185. Le pacte commissoire et l'autonomisation des sûretés accordant au créancier un droit de préférence. Le droit de préférence trouve dans le pacte commissoire les ressorts d'une efficience qu'il est facile d'amplifier. Cela ne permet pas encore de déroger aux dispositions de l'AUS relatives à la distribution de deniers, en l'occurrence les articles 225 et 226. Aujourd'hui, le droit de préférence peine à donner

1. Si l'on ajoute à cela la bonne compatibilité entre le droit de rétention et l'attribution judiciaire, permettant de contourner l'article 227 de l'AUS, alors le créancier y trouve largement son compte.

2. AUS, art. 199.

satisfaction tout seul. Il a encore besoin du droit de rétention. Le seul fait de passer avant les tiers et de pouvoir vendre de manière forcée un bien de son débiteur perd tout son intérêt, si l'on est placé en troisième ou en quatrième position dans l'ordre de distribution [1].

Conclusion du chapitre

186. Ergo. Le droit de se faire payer sur le prix de la vente de la chose mise en garantie n'a qu'un obstacle : les articles 225 et 226 de l'AUS. Qu'il s'agisse de sa réalisation ou de son opposabilité considérée isolément, il n'a en principe rien à envier aux droits exclusifs à titre de garantie. Toutefois, il s'accommode assez mal des fictions et en matière de biens incorporels, est trop exposé aux carences des administrations des États membres. Le droit de rétention est un moyen commode d'en renforcer l'efficience [2]. Le pacte commissoire est clairement l'avenir des sûretés accordant un droit de préférence. Il sera nécessaire, pour renforcer l'attractivité du gage, du nantissement ou de l'hypothèque, de faire de l'attribution extrajudiciaire leur mode principal de réalisation.

1. AUS, art. 226.
2. Cf *supra* n° 183, p. 156.

Chapitre 2

Le droit d'exclure les tiers

187. Plan. Habitué à considérer le droit de propriété comme une fin absolue, le juriste civiliste peut rencontrer quelques difficultés à l'envisager de manière accessoire. En droit français, l'article 544 du Code civil laisse entendre que le droit de propriété ne saurait être temporaire. Un dilemme se pose ici en ces termes : peut-on faire tomber le droit propriété de son piédestal, sans pour autant se priver d'un mécanisme de garantie aussi efficient ? L'on peut penser au *trust* dans les systèmes de droit anglo-américain, où le *Common Law* ne reconnaît pas ce mécanisme qui relève de l'*Equity*, justement pour ne pas faire de compromis avec les caractéristiques fondamentales du droit de propriété. Le droit de propriété est censé être absolu. Toutefois, le droit exclusif constitué à titre de garantie est très relatif, car cette exclusivité n'est pas recherchée pour elle-même, mais pour d'autres fins, en l'occurrence l'idée d'éviter la concurrence des autres créanciers du débiteur garanti [1]. Là n'est pas la seule concession qui a été consentie par le Législateur OHADA qui a opté pour une introduction prudente des propriétés-sûretés (Section I), dont le régime est relativement efficient (Section II).

Section I L'introduction partielle des propriétés-sûretés en droit OHADA

188. Plan. Le droit exclusif qu'un créancier pourra avoir sur le bien de son débiteur est marqué par deux évènements importants dont la réalisation ou l'absence de réalisation permet de structurer la vie de la garantie que ce droit exclusif est censé assortir. Ces deux évènements sont le transfert de propriété et la défaillance du constituant.

La défaillance joue ici le même rôle qu'en d'autres circonstances et avec d'autres sûretés. Le contrat de sûreté est conçu pour en limiter les effets néfastes pour le créancier. C'est l'élément déclencheur de toute la mécanique élaborée par l'AUS et les parties. Quant au transfert de propriété, il est le principal critère de distinction entre les trois propriétés-sûretés dans l'espace OHADA, en fonction de sa survenance, son évolution, sa réversibilité, son opposabilité et sa réalisation. Ainsi, selon qu'il est temporaire ou définitif, le transfert de propriété sera au cœur de chacune des différentes sûretés de l'AUS, ayant pour spécificité d'accorder au créancier un droit exclusif sur la chose mise en garantie. Quant à la façon dont ces garanties ont été introduites, nous étudierons successivement les notions de transfert fiduciaire de somme d'argent (§ 1.), de réserve de propriété (§ 2.) et de cession de créance à titre de garantie (§ 3.).

1. Laëtitia Bougerol-Prud'homme, *Exclusivité et garanties de paiement*, LGDJ, 2012, 243.

§ 1. La confirmation du transfert de propriété en cas de défaillance

189. La cession de créance de restitution des fonds inscrits sur compte bloqué. La sûreté prévue par les articles 87 et suivants de l'AUS consiste à transférer la propriété d'une somme d'argent au créancier de manière temporaire avec dessaisissement du constituant par voie d'entiercement. Cette sûreté pourrait présenter les apparences d'une cession de compte bancaire à titre de garantie [1]. Des auteurs ont pu considérer que le transfert fiduciaire de somme d'argent était une cession de créance de restitution des fonds mis en garantie [2]. Le transfert fiduciaire de somme d'argent ne nécessite pas d'enregistrement au RCCM et est opposable aux tiers dès sa notification au *débiteur cédé*, teneur du compte bloqué sur lequel les fonds mis en garantie sont inscrits. La fiduciarité est censée permettre de justifier le caractère temporaire *a priori* du transfert de propriété. En droit français, l'article 2011 du Code civil prévoit ce type de mécanisme ayant inspiré le transfert fiduciaire de somme d'argent version OHADA. Sauf que dans les articles 2011 et suivants du Code civil, la convention de fiducie est conclue entre le constituant et le fiduciaire pour le compte d'un bénéficiaire qui peut être le fiduciaire lui-même [3]. Cette possibilité de rapprochement entre ces deux formes de propriété-sûreté nous fait dire que la fiducie n'a pas tout à fait réussi son entrée en droit OHADA. Pourtant, plusieurs éléments caractéristiques de la fiducie sont présents, notamment la possibilité d'accorder un droit de propriété de façon temporaire.

190. Un droit de propriété à durée déterminée ? Pour que le droit de propriété du créancier soit efficient, il faut alors, qu'il soit suffisamment ancien, notamment par rapport aux droits des autres créanciers éventuels du débiteur. Cela signifie que le droit de propriété du créancier sur le bien affecté à la garantie doit exister au minimum avant que la défaillance soit constatée [4]. Ce transfert de propriété aurait même pu être considéré comme un mode de paiement, surtout si l'on tient compte du fait que l'article 87 de l'AUS notamment, n'autorise le transfert fiduciaire que

1. En partant des dispositions de l'article 136 de l'AUS, qui disposent que « *le nantissement de compte bancaire est un nantissement de créance,* » il est possible de faire une analogie avec le transfert fiduciaire de somme d'argent qui serait à la cession de créance, ce que le nantissement de compte bancaire est au nantissement de créance.

2. Lionel Yondo-Black, « Les enjeux de la réforme : une volonté de favoriser la création d'entreprises, les échanges commerciaux et la confiance dans la zone OHADA », *Dr. et patr.* 2011, p. 247.

3. C. civ., art. 2016.

4. Nous verrons qu'en dehors de la réserve de propriété, ce critère a peu d'impact en pratique. En effet, cet impact est réduit par le fait que ce bien n'a jamais intégré le patrimoine du constituant.

pour les sommes d'argent [1]. Là encore, le créancier sécuriféraire d'après l'article 87 de l'AUS est le propriétaire des biens mis en garantie dont il prendra possession en cas de défaillance du débiteur principal. La confirmation du transfert de propriété réalisé à titre de garantie prendra les formes d'une remise de la chose au créancier, en l'occurrence, il s'agira d'un versement des sommes au créancier ou d'un changement d'écriture.

191. La distinction entre le fiduciaire et le bénéficiaire du transfert de somme d'argent. À la lecture des articles 87 et suivant de l'AUS, il semblerait que certains éléments auraient pu être davantage explicités.

L'on peut évoquer en guise d'exemple la question de savoir si c'est le teneur du compte qui est le fiduciaire, ou bien le créancier. Le premier alinéa de l'article 87 de l'AUS ne précise pas qui est l'autre partie du contrat de transfert fiduciaire de somme d'argent. Il est vrai que l'alinéa 2 indique que les fonds mis en garantie doivent être inscrits sur un compte bloqué ouvert au nom du créancier; mais cela signifie uniquement que ce créancier est doté d'une créance sur le solde de ce compte et a droit à la restitution des fonds mis en garantie. En interprétant l'article 89 de l'AUS qui prévoit que cette sûreté n'est opposable aux tiers que si elle a été notifiée à l'établissement teneur du compte où sont inscrits les fonds mis en garantie, l'on peut penser que le fiduciaire est en réalité le créancier et non le teneur du compte qui n'intervient que dans le dessaisissement du constituant [2]. Il aurait été tout à fait envisageable que l'AUS précise que le teneur du compte est en réalité le titulaire du droit de propriété retiré au constituant. Ce teneur du compte aurait en même temps l'obligation de transférer ce droit au bénéficiaire selon des modalités convenues. Cela aurait permis de mettre en exergue le fait que ce n'est pas tant le fait d'attribuer le droit de propriété au créancier qui compte, mais le fait de le retirer au constituant afin de mettre le bien hors de portée des autres créanciers, et de placer le créancier sécuriféraire hors concours.

Toutes ces imprécisions de l'AUS auraient pu être évitées notamment en définissant clairement le sens que l'on veut donner au terme *fiducie*. Par ailleurs, le fait que l'établissement teneur du compte ne soit pas le fiduciaire à qui la propriété des fonds est transférée, crée une trop grande confusion entre cette sûreté et le nantissement de créance ou le nantissement de compte bancaire [3]. Cela aurait aussi permis de bien

1. Le seul bémol serait l'obligation de restituer les sommes d'agent en cas de paiement complet à l'échéance. Cette disposition de l'article 91 de l'AUS fait pencher la garantie davantage du côté de la sûreté que du côté du mode de paiement.

2. Dans le *trust*, tout comme dans la fiducie, le *trustee* ou le fiduciaire peuvent être à la fois les bénéficiaires. Un transfert fiduciaire peut se faire par le biais d'un établissement bancaire qui ne fera qu'héberger le compte utilisé, sans être partie au contrat de fiducie.

3. Lionel Yondo-Black, « Les enjeux de la réforme : une volonté de favoriser la création d'entreprises, les échanges commerciaux et la confiance dans la zone OHADA », *Dr. et patr.* 2011, p. 246-247.

distinguer le transfert fiduciaire de somme d'argent de la cession de créance à titre de garantie. Car le transfert fiduciaire de somme d'argent est, selon les auteurs mêmes du nouvel AUS, une cession de créance de restitution des fonds inscrits sur un compte bloqué, opposable dès notification faite au débiteur cédé, qui est le teneur dudit compte[1].

Sur un autre plan, cette confusion laisse la porte ouverte à un potentiel rapprochement entre la cession de créance et le transfert fiduciaire de somme d'argent[2].

§ 2. La renonciation au transfert de propriété en cas de défaillance

192. Un transfert de propriété réversible. Outre la consolidation de l'attribution d'un droit exclusif à titre de garantie, il est possible de réaliser une sûreté en empêchant un tel transfert. En effet, si le report ou la suspension du transfert de propriété marque la formation de la sûreté, la renonciation définitive indiquera le début de la réalisation de celle-ci. Il est évidemment question ici de la réserve de propriété qui est une sûreté réelle assez étonnante pour au moins deux raisons. D'abord, elle ne représente une nouveauté que dans l'AUS, car la plupart des législations nationales des États membres, mais surtout le droit OHADA, l'avaient incluse parmi leurs dispositions en matière de vente[3]. En effet, l'article 284 de l'AUDCG disposait avant la réforme de 2010 que « *les parties peuvent librement convenir de reporter ce transfert de propriété au jour du complet paiement du prix.* » Puis, l'autre aspect étonnant de cette sûreté est qu'elle emprunte un chemin sophistiqué pour instaurer l'un des attributs les plus légitimes semble-t-il, du créancier qui attend d'être payé pour transférer la propriété de la chose vendue. Grâce à cette clause de réserve de propriété, le créancier pourra renoncer temporairement à exécuter son obligation de donner, afin de pouvoir exécuter son obligation de délivrance de façon moins risquée.

C'est bien ce que prévoit l'article 72 de l'AUS :« *la propriété d'un bien mobilier peut être retenue en garantie par l'effet d'une clause de réserve de propriété qui suspend l'effet translatif d'un contrat jusqu'au complet paiement de l'obligation qui en constitue la contrepartie*[4]. » Grâce à cette garantie, le créancier et le débiteur conviennent

1. *Ibid.*, p. 246-247.

2. Ce rapprochement résulte du fait que le transfert fiduciaire de somme d'argent est vu comme une cession de créance de restitution de fonds.

3. Ce qui risquait de réduire malheureusement l'étendue de cette sûreté, car il est possible dans le cadre d'un contrat d'entreprise, de stipuler une clause de réserve de propriété, lorsque des biens sont échangés à l'occasion de l'exécution de ce contrat.

4. Pour lutter contre les pratiques informelles dans la zone OHADA, ce type de mécanisme doté d'une importante légitimité devrait être privilégié. Stéphanie Kwemo, *L'OHADA et le secteur informel, l'exemple du Cameroun*, préf. Philippe Delebecque, Larcier, 2012, 377.

de mettre en garantie un bien qui n'a jamais quitté le patrimoine du bénéficiaire [1]. C'est bien parce que ce bien était censé le quitter qu'il est possible de constituer une sûreté en reportant la date à laquelle ce transfert aura lieu. Selon L. BOUGEROL-PRUDHOMME, le rôle de sûreté joué par la réserve de propriété, et son caractère accessoire, sont les corollaires de cette vocation du bien à entrer dans le patrimoine du débiteur [2].

193. Le déséquilibre dans la relation entre le créancier sécuriféraire et le constituant. Cette renonciation à la réalisation du transfert de propriété offre au créancier un droit exclusif sur une chose qui aurait dû appartenir au débiteur. Ce droit exclusif retenu place le créancier à l'abri de la concurrence éventuelle des autres créanciers du débiteur. En cas de défaillance de celui-ci, le créancier n'aura plus qu'à faire obstacle de manière définitive au transfert de propriété initialement prévu afin de procéder à la réalisation de cette sûreté grâce à une action en restitution. Le débiteur de l'obligation de payer le prix convenu n'a effectivement jamais reçu de droit de propriété sur la chose. En droit français, l'article 2367 du Code civil contient des dispositions similaires à celles des articles 72 de l'AUS et 103 alinéa 2 de l'AUPCAP.

La stipulation d'une clause de réserve de propriété est la manifestation d'un déséquilibre dans la relation entre l'acheteur et le vendeur, ou bien entre le maître d'ouvrage et le maître d'œuvre qui fournit des matériaux à l'occasion de sa prestation. En principe, le transfert de propriété se fait automatiquement, *solo consensu*. Les deux parties vont ensuite remplir leurs obligations de délivrance et de paiement du prix. Sauf que là, une incertitude existe quant aux chances d'obtenir un paiement du prix [3]. C'est pour cette raison que le vendeur, qui ne veut tout de même pas paralyser une transaction, accepte d'exécuter son obligation de délivrance malgré le risque, tout en prenant soin de mettre un sursis à l'exécution de son obligation de donner. En cela, cette sûreté qui accorde au créancier un droit exclusif est à la fois efficiente d'un point de vue juridique, mais aussi d'un point de vue économique. La protection juridique se conjugue ici assez bien avec l'efficacité économique.

1. Cette spécificité est telle qu'elle permet au créancier réservataire d'étendre son action aux tiers acquéreurs. V. en ce sens en droit français Cass. com., 24 jan. 2018, n° 16-20.589, 16-22.128 ; Françoise PÉROCHON, *La réserve de propriété dans la vente de meubles corporels*, Litec, 1988, p. 41.

2. Laëtitia BOUGEROL-PRUD'HOMME, *Exclusivité et garanties de paiement*, LGDJ, 2012, 245.

3. « *La clause de réserve de propriété est un mécanisme conventionnel de transfert différé de la propriété qui a pour but de protéger l'aliénateur contre la défaillance de son cocontractant [...].* » Françoise PÉROCHON, *La réserve de propriété dans la vente de meubles corporels*, Litec, 1988, p. 13.

194. Une fausse exception d'inexécution. En outre, la clause de réserve de propriété est une sûreté qui reste efficace tant que le prix n'a pas été intégralement payé. L'on voit là que cette sûreté réservée aux biens meubles permet de protéger le créancier en évitant que celui-ci ne se dessaisisse et ne s'appauvrisse au profit d'un débiteur défaillant. Cependant, pour bénéficier amplement de cette garantie, le créancier doit respecter un formalisme qui aurait pu être allégé par le Législateur OHADA [1]. En cas de non-paiement à l'échéance, le créancier pourra renoncer définitivement à transférer la propriété de la chose affectée en garantie et agir en restitution. En matière de procédures collectives, en vertu de l'article 101 de l'AUPCAP, le créancier doit agir selon les délais prévus aux articles 78 à 88 du même AU.
Sans exhumer le débat sur la nature juridique de la clause de réserve de propriété, acceptons simplement qu'il s'agisse d'une sûreté réelle, mobilière, construite autour de l'étalement d'une convention qui suspend l'exécution de l'obligation de donner à l'obligation de payer [2]. Il serait préférable de privilégier les définitions construites autour d'éléments concrets tels que le transfert de propriété, et les droits du créancier.

§ 3. Le transfert définitif de propriété à titre de garantie

195. Un trop-perçu ou un paiement indu de la créance nantie? De façon totalement contre-intuitive, l'AUS laisse entendre que le transfert de propriété réalisé à titre de garantie peut dans certaines hypothèses être irréversible. Autrement dit, il est possible que la chose affectée à la garantie ne soit jamais restituée au constituant, et cela même en cas de complet paiement à l'échéance. Cette idée peut être déduite des dispositions de l'article 86 de l'AUS qui en matière de cession de créance à titre de garantie, énonce que « *les sommes payées au cessionnaire au titre de la créance cédée s'imputent sur la créance garantie lorsqu'elle est échue. Le surplus s'il y a lieu est restitué au cédant. Toute clause contraire est réputée non écrite.* » Ce texte doit nécessairement être rapproché de l'article 48 de l'AUS qui parle du recours du garant autonome contre son donneur d'ordre. En effet, tout comme le garant autonome qui a payé la somme convenue, le constituant qui a cédé sa créance à titre de garantie ne récupérera jamais le bien mis en garantie. Le caractère définitif de ce transfert de propriété est tel qu'il s'apparente à un mode de paiement. Pour s'en convaincre, il est nécessaire de faire une comparaison avec l'article 134 de l'AUS à propos du nantissement de créance. Cet article permet de bien se rendre compte que la constitution d'une garantie n'est en aucune façon synonyme de paiement; le bénéficiaire d'un nantissement de créance doit individualiser les fonds qui seraient reçus en paiement

1. AUS, art. 73-74; AUPCAP, art. 101.
2. Françoise Pérochon, *La réserve de propriété dans la vente de meubles corporels*, Litec, 1988, p. 13; Philippe Simler et Philippe Delebecque, *Droit civil, les sûretés - la publicité foncière*, 2016, p. 748.

de la créance nantie et doit également demander en justice l'attribution des fonds si l'échéance de la créance garantie survient la première. Cela signifie très clairement que ce créancier bénéficie d'une garantie qui n'est là que pour le protéger contre une défaillance.

Les conséquences d'une absence de défaillance doivent nécessairement être envisagées par le Législateur, surtout dans les cas où un attribut aussi lourd pour les droits du débiteur est accordé au créancier à titre de garantie. Ce qui n'a pas été explicitement le cas dans la cession de créance comme prévu par l'article 86 de l'AUS [1]. Considérons que si le créancier recevait à la fois le paiement de la dette garantie et celui de la dette nantie, alors il ne serait pas question d'un *surplus*, mais plutôt d'un *indu*, qu'il convient de rendre au constituant.

196. Une cession de créance plus accessible, malgré son encadrement. En s'inspirant de la cession Dailly, l'article 80 de l'AUS permet à n'importe qui de céder n'importe quelle créance à un professionnel. Compte tenu du fait que ces créances ne sont pas nécessairement des créances professionnelles, cette sûreté est dotée d'une assiette plus étendue que la cession Dailly [2]. Grâce à cela, cette sûreté accordant un droit exclusif au créancier est plus efficiente, non seulement parce qu'elle permet au créancier de renforcer sa protection contre le risque de défaillance, mais aussi parce qu'elle permet d'étendre la sphère de la bancarisation, ce qui est loin d'être négligeable en zone OHADA. En effet, beaucoup trop de transactions sont encore occultes. Le professionnel dont il est question dans l'article 80 de l'AUS doit forcément être un établissement de crédit.

Pour finir, notons que sur la forme, l'AUS exige que le contrat de sûreté soit constaté par écrit [3]. Certaines mentions obligatoires sont prévues, et contrairement aux attentes, cette sûreté doit forcément être publiée [4].

1. Cependant, il serait possible d'interpréter l'article 86 de l'AUS en considérant que la *restitution* opérée en cas de *surplus* peut également concerner les quelques hypothèses selon lesquelles ce surplus serait en fait le paiement de la créance nantie qui se cumulerait avec le paiement déjà effectué de la créance garantie. Mais le principe du rasoir d'Ockham nous pousse à considérer que les rédacteurs de l'AUS l'auraient dit de manière plus simple si tel avait été leur intention.
2. CMF, art. L.313-23.
3. AUS, art. 81.
4. Ce qui est totalement inutile.

Section II Le régime allégé des propriétés-sûretés en droit OHADA

197. Plan. Entre protéger la partie faible et renforcer l'attractivité de son droit des affaires, il fallait choisir. Les auteurs de l'AUS ont réussi à ce qu'en matière d'opposabilité et de réalisation des propriétés-sûretés, le régime défini atteigne de façon assez inattendue un équilibre entre deux injonctions contradictoires. La raison d'être des propriétés-sûretés ainsi que le principal motif pouvant inciter à y recourir serait la consolidation les droits du créancier dans ses rapports avec son débiteur, et surtout en cas de défaillance. Cependant, il ne faudrait pas que tout cela se fasse aux frais de justiciables qui ne seraient pas en situation d'égalité vis-à-vis de leur créancier. De plus, le renforcement des droits du créancier ne devrait pas non plus sacrifier les droits des autres créanciers du débiteur ou du constituant.

Le défi n'était donc pas simple, et pourtant, l'AUS parvient à concilier ces tropismes divergents, en allégeant le régime s'appliquant aux garanties accordant un droit exclusif au créancier. Le strict encadrement de l'assiette des sûretés permet à l'AUS d'établir des règles d'opposabilité (§ 1.) et de mise en œuvre (§ 2.) des garanties qui contribuent à l'efficience de ces nouvelles sûretés.

§ 1. L' opposabilité des sûretés accordant un droit exclusif au créancier sur le bien garanti

198. Plan. Les choix qui ont été faits en matière d'opposabilité des propriétés-sûretés peuvent susciter une certaine réaction, à la fois par leur nouveauté, mais parfois par un manque apparent de cohérence. Il y a suffisamment de place pour apporter des améliorations, car l'exigence d'enregistrement apparaît par endroit comme inutile (A.), et semble par ailleurs manquer là où une option supplémentaire n'aurait pas été excessive(B.).

A. L'inutile exigence d'enregistrement de la réserve de propriété et de la cession de créance

199. Afin de faire siens les éléments de la réforme du droit français de sûretés, le Législateur OHADA a quelquefois pris ses distances avec son modèle. Malheureusement, en matière d'opposabilité des garanties réelles accordant un droit exclusif au créancier, il est possible de déceler certaines spécificités malheureuses. Si les propriétés-sûretés de l'AUS ne peuvent avoir pour assiette des biens immobiliers et sont essentiellement limitées à des créances et à des sommes d'argent, il ne paraît alors pas assez pertinent d'imposer au créancier sécuriféraire de faire enregistrer les droits qu'il détient sur des choses faisant partie de son patrimoine. Pour la réserve de propriété et pour la cession de créance, les articles 74 et 82 de l'AUS imposent, sous peine d'inopposabilité, l'enregistrement au RCCM. Ici, l'objet de la garantie correspond à des biens qui n'ont jamais intégré le patrimoine du constituant, ou qui ne sont pas concernés par la problématique de l'opposabilité à un tiers autre que le débiteur cédé.

200. Notification et enregistrement : l'opposabilité, version *ceinture et bretelles*. En effet, pour la cession de créance, après notification faite au débiteur cédé, celui-ci devient dans les faits le garant de l'opposabilité de la cession aux autres tiers, surtout lorsqu'il s'agit d'un débiteur professionnel [1]. La cession de créance à titre de garantie ne bénéficie pas des mêmes règles que le transfert fiduciaire de somme d'argent alors que dans les deux cas, il s'agit de garanties consenties au profit d'établissements de crédit et en vertu desquelles ceux-ci sont titulaires d'un droit exclusif sur les biens qui ne sont plus sous l'emprise totale du constituant [2]. L'on peut ainsi déplorer que seule l'opposabilité au débiteur soit subordonnée à la notification adressée à celui-ci.

201. Par ailleurs, pour la clause de réserve de propriété, le fait de pouvoir agir en restitution en fournissant la preuve par tous moyens du contrat de sûreté nous semble beaucoup plus efficient que d'exiger un enregistrement. Le risque particulier contre lequel l'enregistrement serait la meilleure option semble assez illusoire, pour la clause de réserve de propriété. Le créancier réservataire n'a jamais perdu la propriété du bien affecté à la garantie.)

Le fait d'imposer au créancier d'effectuer la demande de publication de sa sûreté en remplissant un formulaire conformément à l'article 53 de l'AUS réduit l'efficience de cette garantie assise sur un bien n'ayant pas appartenu au débiteur, particulièrement au moment de la formation [3]. Une simple insertion dans les conditions générales de vente ou dans la convention particulière aurait dû suffire.Pourtant, cette publication de la réserve de propriété sur laquelle l'AUS et le Code civil divergent,

1. AUS, art. 85.
2. Lionel YONDO-BLACK, « Les enjeux de la réforme : une volonté de favoriser la création d'entreprises, les échanges commerciaux et la confiance dans la zone OHADA », *Dr. et patr.* 2011, p. 247.
3. Françoise PÉROCHON, *La réserve de propriété dans la vente de meubles corporels*, Litec, 1988, p. 13.

n'est pas totalement dépourvue d'atouts en pratique. Elle peut en effet rendre beaucoup plus simple la tâche du créancier réservataire. Quand viendra le moment de prouver sa qualité et ses droits réels [1].

B. La dispense d'enregistrement pour le transfert fiduciaire de somme d'argent

202. L'accroissement de la liberté contractuelle en matière d'opposabilité. Une belle occasion est ici manquée d'offrir aux parties une option entre deux modes d'opposabilité, lorsqu'il s'agit de transfert fiduciaire de somme d'argent. Il aurait été quelque part clairement envisageable de prévoir en plus de la dépossession, l'enregistrement au RCCM comme mode d'opposabilité. En effet, l'article 88 de l'AUS prévoit que le transfert est opposable aux tiers après avoir été notifié au teneur du compte où les fonds mis en garantie sont inscrits. Cette notification qui correspond en pratique à un dessaisissement du constituant aurait pu trouver un moyen alternatif d'opposabilité à travers la publication de la sûreté constituée. Nous savons que pour plusieurs auteurs, ce genre de sûreté réelle avec dépossession ne doit pas donner lieu en même temps à une publication. Il ne s'agit pas de rendre les deux modes d'opposabilité obligatoires. L'idée ici est de faire comme en matière de gage, en offrant plusieurs options aux parties.

203. Une sûreté sur une somme d'argent versée selon les modalités convenues. Cependant, comme il s'agit de sûretés formées sur une somme d'argent, il aurait été utile sur ce point de s'inspirer des dispositions de l'AUS en matière de garantie autonome encore une fois. L'on se serait rendu compte que dans les deux cas, il est question de sûretés dans lesquelles une somme d'argent est affectée en garantie d'une créance, avec des droits étendus accordés au bénéficiaire. La différence entre ces deux mécanismes vient d'une part du fait dans la garantie autonome, c'est un tiers à l'obligation principale qui doit nécessairement être le constituant ; d'autre part, dans le créancier bénéficiaire de la garantie autonome qui n'est pas propriétaire des sommes affectées, ne peut soumettre la réalisation de sa sûreté à la survenance de la défaillance du débiteur.

1. Cf *infra* n° 206, p. 171.

En pratique, tout cela n'est que différentes manières de mettre une somme d'argent en garantie d'une obligation. Il peut y avoir des différences en fonction de la dépossession ou de l'identité du constituant, des droits reconnus au bénéficiaire, ou encore des conditions de mise en œuvre de la garantie. Le cœur du mécanisme reste le même, et il ne serait pas inutile que des passerelles puissent exister entre les différentes modalités [1].

§ 2. L'étonnante — absence de — réalisation des sûretés accordant un droit exclusif au créancier sur le bien garanti

204. Plan. En matière de sûretés réelles accordant un droit exclusif au créancier, l'AUS assouplit très certainement les modes de réalisation. L'impact de cette réforme est évident. Le créancier titulaire d'une sûreté dans l'espace OHADA peut depuis la réforme de 2010 faire beaucoup plus de choses qu'auparavant, quand vient le moment de mettre en œuvre sa garantie. L'impact de cette réforme sur l'efficience des droits de ce bénéficiaire est incontestable, surtout si l'on sait que pour la plupart, le transfert de propriété se fait de manière automatique au profit du créancier dès que la défaillance du débiteur garanti est constatée (A.). Par ailleurs, lorsque ce transfert de propriété ne se fait pas *tout seul*, le créancier peut toujours demander que les biens mis en garantie lui reviennent, juridiquement ou matériellement (B.).

A. Les modes de réalisation automatique

205. Une réalisation presque sans intervention du créancier. En cas de défaillance du débiteur principal, le transfert de propriété qui est censé être temporaire tend à devenir définitif. Plaçons-nous dans l'hypothèse où la sûreté serait notifiée au débiteur cédé ou bien au teneur du compte où les fonds faisant l'objet de la garantie sont affectés. Le créancier qui constate la défaillance doit attendre que ce débiteur cédé exécute son obligation ; dans le cas d'un transfert fiduciaire de somme d'argent, il doit attendre un délai de huit jours après avoir mis en demeure le constituant, avant de se faire remettre les fonds qui lui appartiennent [2].

1. Laëtitia Bougerol-Prud'homme, *Exclusivité et garanties de paiement*, LGDJ, 2012, 269 ; Philippe Dupichot, *Le pouvoir des volontés individuelles en droit des sûretés*, préf. Michel Grimaldi, Éd. Panthéon Assas, 2005, 938.
2. AUS, art. 91.

Le créancier a de très grandes chances d'obtenir satisfaction et le paiement de sa garantie, sans avoir besoin de passer par la case *judiciaire*. Dans le cas d'un transfert fiduciaire de somme d'argent, nous ne pouvons pas totalement exclure la possibilité que l'établissement teneur du compte puisse également être le bénéficiaire de cette manœuvre fiduciaire. Dans ce cas, la réalisation de la sûreté est encore plus automatique. Les fonds sont déjà inscrits dans ses livres [1].

En outre, si la sûreté consentie est une cession de créance à titre de garantie, alors le créancier sécuriféraire n'a aucune action à mener pour obtenir la réalisation de la sûreté. Hormis lorsque le débiteur cédé serait lui-même défaillant, le créancier jouit d'une garantie plus efficiente grâce à son mode de réalisation simplifié ; et même si le créancier devait agir en recouvrement de la créance cédée, cela ne serait en rien une moins-value en matière d'efficience de la réalisation de la sûreté en elle-même.

B. La restitution des biens mis en garantie

206. L'action en restitution et non l'action en revendication du bien mis en garantie. Ce que l'article 77 de l'AUS appelle la restitution du bien mis en garantie est appelé délivrance par certains [2]. L'idée est assez claire, le débiteur principal « *n'est que détenteur du bien d'autrui et sa seule singularité est d'être normalement appelé à acquérir la propriété* » [3]. C'est pour cette raison que la défaillance du débiteur entraîne la naissance d'une obligation de celui-ci de restituer le bien mis en garantie, en vertu de l'article 77 de l'AUS. Il est de l'essence même de la clause de réserve de propriété d'entraîner la naissance d'une telle obligation en cas de défaillance [4]. Ce fondement paraît beaucoup plus convaincant que celui de la seule action en revendication, pour un certain nombre de raisons.

Premièrement, le créancier qui est tenu de faire publier sa clause de réserve de propriété sous peine d'inopposabilité aux tiers, n'a pas besoin de faire constater son droit de propriété sur un bien comme l'exigerait une action en revendication [5]. Le fait d'avoir enregistré le contrat de sûreté en vertu duquel il suspend le transfert de propriété prévu, jusqu'à complet paiement du prix, devrait suffire à établir que non seulement ce créancier n'a jamais cessé d'être propriétaire de la chose mise en garantie,

1. Si le créancier bénéficiaire de sûreté est aussi l'établissement de crédit auprès de qui les fonds mis en garantie sont consignés, alors le transfert de propriété a déjà eu lieu étant donné qu'il est question de chose de genre. Le seul réel effet est formel, comme cela serait le cas, s'il s'agissait d'un gage espèces sans dépossession.

2. Laëtitia Bougerol-Prud'homme, *Exclusivité et garanties de paiement*, LGDJ, 2012, 361.

3. Françoise Pérochon, *La réserve de propriété dans la vente de meubles corporels*, Litec, 1988, p. 104.

4. *Ibid.*, p. 114. AUS, art. 71.

5. *Ibid.*, art. 74.

mais aussi qu'il est justifié dans son refus de transférer la propriété. Et même si la clause de réserve de propriété n'avait pas été enregistrée, le créancier grâce à son droit de propriété et au contrat écrit le liant au débiteur est toujours fondé à demander la restitution du bien mis en garantie. La charge de la preuve ne doit pas peser sur ses épaules, mais plutôt sur celles de celui qui entendrait s'opposer à cette restitution.

Conclusion du chapitre

207. Ergo. Il existe des liens et des similitudes entre les garanties qui prévoient un droit de préférence sur une créance ou un compte bancaire, et celles qui accordent au créancier un droit exclusif sur une créance ou sur des sommes inscrites sur un compte bancaire :

— Toutes ces garanties portent sur des sommes d'argent;

— Elles font toutes intervenir un tiers.

Le rapprochement peut aussi être fait avec des sûretés qui accordent à un créancier le droit de recouvrer une somme d'argent de façon quasi automatique.

Les modes de réalisation et d'opposabilité de ces sûretés seraient beaucoup plus efficients si l'on prenait soin de les uniformiser. La plupart de ces garanties qui pourraient être rapprochées ont pour objet une somme d'argent et ne sont accessibles qu'à un nombre limité de personnes — morales.

Chapitre 3

Les droits sur les biens des tiers

208. Un hybride sans nom. À propos du cautionnement réel, ni, l'AUS, ni le Code civil, n'ont voulu reconnaître cette *sûreté* qui pourtant trouve une partie de ses origines en leur sein. Les dispositions des articles 4 et 22 de l'AUS, tout comme l'article 2334 du Code civil, permettent de constater assez naturellement la filiation du cautionnement réel. Malheureusement, ces textes ne le nomment pas. Pis encore, en droit français, le cautionnement réel doit, en plus de cela, se trouver une existence en dehors du giron du noble cautionnement. En droit OHADA, l'hybridité de cette garantie est complétée par son ambigüité (Section I). Assez paradoxalement, le fonctionnement de cette garantie pose beaucoup moins de difficulté (Section II).

Section I Nature et caractéristiques du cautionnement réel

209. Plan. L'une des raisons pour lesquelles le cautionnement réel est si difficile à appréhender est que celui-ci passe facilement pour une sûreté personnelle ayant pour objet un droit réel. Cette dissonance est le fruit d'un processus qui transforme une sûreté assise sur un *patrimoine* en une garantie sur un bien (§ 1.). Cette métamorphose soulève la question de la conservation de certaines caractéristiques du cautionnement par le cautionnement réel (§ 2.).

§ 1. L'assiette du cautionnement réel

210. Plan. Tel un singleton, la catégorie des sûretés personnelles était longtemps réputée n'avoir qu'une seule composante. Elle se définissait comme étant l'ensemble des sûretés ayant pour objet une personne et non un ou plusieurs biens. On entend par là que la garantie porte sur un patrimoine, celui-ci est défini comme étant une universalité de droit. En réalité, ce n'est pas un ensemble d'éléments d'actif et de passif que l'on a en tête comme le prétend l'article 15 de l'AUS, mais plutôt un ensemble de biens et de revenus [1] (A.). Ainsi, la formation du cautionnement réel apparaît plus comme un passage d'un droit de gage général à un droit réel (B.).

A. La vision particulière du patrimoine

211. Une sûreté sur une personne, un patrimoine ou un ensemble de biens et de revenus ? Si l'on considère que les éléments du passif ne font pas partie du patrimoine, envisagé comme objet de la garantie, l'on adopte alors un point de vue proche de celui qui était assez répandu au moment de l'adoption du Code civil français en 1804. Aujourd'hui, l'article 2284 du Code civil offre à tout créancier un droit gage

1. C. civ., art. 2284.

général sur les biens de son débiteur. Sans aller jusqu'à considérer que le droit de gage général est une garantie comme une autre ayant pour objet un patrimoine, disons simplement qu'en vertu de l'article 2284 du Code civil, le débiteur affecte l'ensemble de ses biens et de ses revenus présents et futurs à la garantie de sa dette [1].

La conception moderne de l'exécution des obligations s'éloigne délibérément de la contrainte par corps, en se concentrant sur les biens et pas sur les personnes, au moins pour des raisons d'efficience [2]. Depuis cette transition, l'idée selon laquelle les droits portant sur des biens déterminés, sont plus efficients que les droits portant sur une personne, est devenue si profondément ancrée dans les esprits que même en matière de garantie, les sûretés qui reposent sur des biens et non sur des personnes sont réputées plus efficientes [3]. Si l'on admet que la prison pour dettes est au droit de gage général ce que la sûreté personnelle est à la sûreté réelle, cela permet alors de voir qu'en faisant prévaloir les biens sur les personnes, on résout un problème économique et non juridique. Loin des principes, la prédominance des biens n'est en fait qu'affaire d'efficacité économique. Cette possibilité d'une contrainte désormais exercée sur les biens et les revenus, offre au créancier une première *garantie* : si le débiteur ne veut pas ou ne peut pas payer, alors le créancier pourra utiliser tous les instruments légaux pour se faire payer.

Par ailleurs, si le droit de gage général du créancier était une *garantie*, d'une part, celui-ci aurait une assiette flottante [4]. D'autre part, le créancier ne peut pas se faire payer de manière préférentielle, car il ne dispose d'aucun droit réel sur un bien en particulier. En réalité, droit de gage général n'a d'existence concrète qu'après le moment où l'infructuosité de l'appel en paiement est établie [5].

1. Contrairement au Code civil qui introduit le Livre quatrième consacré aux sûretés par les articles 2284 et 2285 relatifs au droit de gage général, l'AUS ignore le créancier chirographaire. Ses droits qui relèvent davantage du droit des contrats que du droit des sûretés, sont exclus de l'AUS, dans l'attente probablement d'un futur Acte uniforme OHADA portant sur le droit des contrats. D'ici là, il convient de se référer aux législations des États membres, notamment à l'article 200 du Code sénégalais des obligations civiles et commerciales. Notons par ailleurs que le droit sénégalais définit le patrimoine comme étant l'ensemble des biens présents et à venir.

2. Bertrand FAGES, *Droit des obligations*, 4e éd., L.G.D.J., 2013, p. 292.

3. Claire SÉJEAN-CHAZAL, *La réalisation des sûretés*, Dalloz, 2019, 31.

4. Le nantissement de comptes de titres financiers est aussi une sûreté réelle reposant sur une assiette flottante, dans la mesure où la garantie porte sur un portefeuille dont les titres fluctuent constamment. Cependant, le créancier a un droit fixe sur un portefeuille dont la valeur est fluctuante, et non un droit sur les titres qui composent le portefeuille.

5. Cf *supra* n° 93, p. 84.

B. L'ensemble des biens et revenus contre un ou plusieurs biens

212. L'affectation d'un bien contre l'affectation d'un ensemble de biens et de revenus. La caution a le choix entre le droit de gage général dont bénéficie par défaut son créancier sur l'ensemble de ses biens et revenus, et le droit réel accordé en sus ou en lieu et place du droit de gage général. Du point de vue du créancier, la constitution du cautionnement solidaire est sur le même plan que la formation d'une sûreté réelle. La différence d'objectifs et de nature n'empêche pas qu'il soit question d'un côté de droit réel et de l'autre de droit de gage général. En effet, l'AUS ne semble pas prévoir la possibilité selon laquelle la caution pourrait limiter son engagement à un bien, sans que sur ce même bien, un droit réel accessoire ou principal soit accordé au créancier. Cette idée serait-elle licite malgré une telle limitation valable à l'égard d'un seul créancier ? L'on peut penser aux situations résultant d'une déclaration d'affectation de patrimoine à une activité spécifique, permettant de rendre le patrimoine personnel inaccessible à l'égard des créanciers d'obligations nées de cette activité. Le cas existe en droit français grâce au statut de l'entrepreneur individuel à responsabilité limitée. L'AUDCG ne prévoit pas cette possibilité pour l'entreprenant, mais ouvre la voie pour les législations nationales des États membres. La démarche pourrait ainsi être rapprochée de celle d'une création d'un *patrimoine d'affectation* [1]. Sauf qu'en l'occurrence, le patrimoine d'affectation, dont les biens seraient insaisissables pour ce créancier, ne serait pas opposable aux tiers, à cause du principe de l'effet relatif des contrats qui s'applique à cette limitation conventionnelle du droit de gage général.

Qu'il s'agisse de l'affectation d'un bien ou de l'affectation d'un ensemble de biens, cette dialectique n'est envisageable que dans le cadre de l'article 22 de l'AUS. Le régime du cautionnement réel dans l'AUS autorise une telle opposition entre droit réel et droit de gage général.

§ 2. Les caractéristiques du cautionnement réel hérité du cautionnement

213. Plan. Il existe de nombreuses caractéristiques du cautionnement que le cautionnement réel pourrait conserver. Seulement, il nous paraît plus intéressant de se concentrer sur l'accessoriété (A.), et la subsidiarité, car celles-ci regroupent l'essentiel des spécificités ayant un effet significatif sur l'efficience du cautionnement (B.) [2].

---

1. V. en droit français, C. com. art. L. 526-6.
2. Cf *supra* nº 9, p. 17. La question de l'application du principe de solvabilité ne se pose pas pour les sûretés réelles constituées par autrui.

A. L'accessoriété du cautionnement réel en question

214. Plan. Les sûretés réelles sont bien des droits réels accessoires et aussi des accessoires de la créance. Pourtant, il est difficile de dire qu'elles sont pleinement accessoires (1.). En effet, le principe d'opposabilité des exceptions peine à s'appliquer complètement à celles-ci (2.). Il en va de même pour le cautionnement réel.

1. Les sûretés réelles : des accessoires de la créance

215. Le caractère accessoire des sûretés réelles. En dehors des éléments relatifs à leur extinction et à leur cession, le caractère accessoire des sûretés réelles ne fait pas partie leurs aspects les plus flagrants [1].

En dehors des aspects relatifs à leur cession ou à leur extinction, il est assez difficile de considérer qu'il existe en matière de sûretés réelles, une opposabilité des exceptions inhérentes à l'obligation garantie [2].

Pour ce qui concerne leur étendue, l'on ne saurait dire que l'étendue de la sûreté réelle est limitée à celle de l'obligation garantie. En effet, l'article 17 de l'AUS dispose en son alinéa 3, que « *l'engagement de la caution ne peut être contracté à des conditions plus onéreuses que l'obligation principale, sous peine de réduction à concurrence de celles-ci, ni excéder ce qui est dû par le débiteur principal au moment des poursuites.* » Or nous savons qu'un bien dont la valeur excède le montant de la dette peut être affecté à la sûreté [3]. L'étendue de la sûreté réelle peut assez largement dépasser celle de l'obligation garantie, dans la mesure où la valeur de la chose affectée peut être

---

1. Il convient de bien faire le distinguo entre les différentes acceptions du mot « *accessoire* ». Il n'est pas question ici des droits réels accessoires; il est admis que *toutes les sûretés réelles* accordent un droit réel au créancier. Toutes les sûretés réelles accordent un droit réel au créancier à l'exception du droit de rétention, et encore, cela se discute, selon le sens plus ou moins formel donné au concept de droit réel. V. *supra* n° 142, p. 126. Le terme *accessoire* peut aussi concerner les situations dans lesquelles il est possible dans le cadre du contrat de sûreté d'opposer au créancier des exceptions qui appartiennent au contrat garanti. Cette relation entre deux obligations permettant d'étendre des évènements survenant dans l'une à l'autre est caractéristique du régime accessoire. V. aussi *supra* n° 58, p. 60.

2. V. les art. 116 et 201 al. 2 de l'AUS.

3. C'est d'ailleurs l'une des raisons pour lesquelles ce type de garantie suscite un certain attrait. Le régime des sûretés réelles permet et encadre ces garanties *excessives*. V. l'AUS, notamment les art. 77 al. 3 sur la réserve de propriété, 86 sur la cession de créance, 91 al. 2 sur le transfert fiduciaire de somme d'argent, 104 sur le gage, 135 sur le nantissement de créance, 154 sur le nantissement de comptes de titres financiers et 200 sur l'hypothèque. Les textes précités sont prévus pour toutes les fois où un créancier réalise une sûreté réelle ayant pour objet un bien dont la valeur excède le montant de la dette garantie.

bien supérieure au montant de cette dette. Le fait que la valeur du bien affecté soit supérieure au montant de la dette garantie augmente l'efficacité de cette garantie, tout en réduisant son efficience [1].

Malgré le fait que le caractère certain de l'objet de l'obligation principale soit une condition de validité du contrat de cautionnement, il n'entraîne que rarement l'annulation de celui-ci [2], par l'effet du caractère accessoire.

L'outil privilégié pour réaliser cette opposabilité de l'annulation de l'obligation principale sera le caractère accessoire qui transparaît à travers l'obligation de la caution qui est de payer la dette d'autrui en cas de défaillance [3]. Étonnamment, le caractère accessoire serait presque devenu une fin en soi en matière de cautionnement, voire un « *dogme* » [4] à travers une forte protection de la caution, grâce à l'opposabilité des exceptions. La particularité du cautionnement en tant que garantie personnelle doit beaucoup à la dépendance envers la créance garantie [5].

L'on peut ainsi considérer que les sûretés réelles OHADA sont autonomes quant à leur étendue. Pour ce qui est de leur extinction, il est vrai qu'elle peut survenir de manière accessoire ; l'on peut toutefois se demander si l'extinction accessoire est plus attachée au régime de l'accessoriété comme en matière de cautionnement, ou bien au simple fait qu'il est ici question d'obligations *accessoires* [6]. En d'autres termes, l'on ignore si cette extinction est due au fait de devoir payer la dette d'autrui, ou bien au fait que l'obligation accessoire est constituée en considération de la dette d'autrui.

1. Cette réduction d'efficience est essentiellement due à une assez mauvaise optimisation du crédit du débiteur. Cela peut être assez facilement rattrapé par la constitution d'une autre sûreté sur le même bien. V. en ce sens Laurent Aynès, Pierre Crocq et Augustin Aynès, *Les sûretés, la publicité foncière*, 14e éd., Droit civil, LGDJ-Lextenso, 2020, 8.

2. V. en ce sens Philippe Simler, *Cautionnement, garanties autonomes, garanties indemnitaires*, 5e éd., LexisNexis, 2015, 207. Le rôle de l'objet ainsi que de la cause de l'engagement de la caution serait occulté par le caractère accessoire de celui-ci. Cependant, nous avons déjà envisagé l'éventualité d'une disparition de l'objet de l'obligation de la caution. Il s'agit des situations dans lesquelles la réalisation du cautionnement deviendrait impossible à cause de l'insolvabilité de la caution. V. *supra* n° 12, p. 20.

3. Articles 13 de l'AUS et 2288 du Code civil.

4. V. Damien Grimaud, *Le caractère accessoire du cautionnement*, PUAM, 2001, spéc. n° 213.

5. Cette dépendance permet à la caution de bénéficier de l'opposabilité des exceptions en vertu du fait qu'elle s'est engagée à payer la dette d'autrui et non en vertu de la condition de défaillance préalable. Stéphane Piedelièvre, « Le cautionnement excessif », *Defrénois* 1998, 13, p. 54. La nécessité de la défaillance préalable de la dette principale est plutôt liée au caractère subsidiaire de la garantie.

6. Christophe Juillet, *Les accessoires de la créance*, Defrénois, 2009, 13.

2. La difficile opposabilité des exceptions en matière de sûretés réelles

216. L'exclusion de l'opposabilité des exceptions en matière de sûretés réelles. La nécessité de la défaillance préalable du débiteur sert de base au caractère subsidiaire du cautionnement. L'on verrait mal le principe d'opposabilité des exceptions s'appliquer en l'absence d'une obligation ayant pour objet de payer la dette d'autrui.

Supposons qu'un créancier d'une dette échue assortie de l'engagement d'un tiers à verser une somme d'argent uniquement en cas de défaillance, appelle le garant en paiement avant de mettre en demeure le débiteur principal; le garant serait en droit de refuser de payer, car la défaillance du débiteur n'est pas établie au sens de l'article 23 de l'AUS [1]. En faisant cela, il ne serait pas en train d'opposer au créancier une exception tenant au contrat de base, mais plutôt de faire remarquer qu'une des conditions de son engagement n'est pas remplie.

B. L'évidente subsidiarité du cautionnement réel

217. La distinction entre le caractère accessoire et le caractère subsidiaire des sûretés réelles. Le rapprochement entre sûreté réelle et cautionnement semble assez difficile à opérer par le biais du caractère accessoire. En effet, quand le cautionnement puise son accessoriété dans le fait qu'il partage le même objet que l'obligation principale, le contrat affectant un droit réel accessoire à la garantie d'une dette, présente d'autres spécificités. Si le cautionnement est accessoire parce qu'il consiste à payer la dette d'autrui, la sûreté réelle quant à elle est *un* accessoire, car elle accorde un droit réel accessoire sur la chose d'autrui [2].

En revanche, il est possible de faire un rapprochement entre le cautionnement et les sûretés sur le terrain de la subsidiarité. En effet, à quelques exceptions près, notamment en matière de sûretés réelles portant sur des créances, la réalisation des garanties réelles est soumise à la survenance de la défaillance dans l'obligation garantie [3].

1. L'article 23 de l'AUS soumet la poursuite de la caution à la défaillance du débiteur, qui sera établie à partir du moment où la mise en demeure de payer adressée à celui-ci est sans effet.

2. Laurent Aynès, Pierre Crocq et Augustin Aynès, *Les sûretés, la publicité foncière*, 14e éd., Droit civil, LGDJ-Lextenso, 2020, 5; Philippe Simler et Philippe Delebecque, *Droit civil, les sûretés - la publicité foncière*, 2016, p. 8.

3. Cf *supra* n° 93, p. 84.

Section II Régime et fonctionnement du cautionnement réel

218. Les différentes formes de cautionnement réel. Nous avons déjà identifié deux catégories de cautionnement en droit OHADA : celle relevant de l'article 4 et celle relevant de l'article 22 de l'AUS. La dernière est par définition soumise au régime du cautionnement, conformément aux dispositions de l'AUS, qui les qualifient elles-mêmes de cautionnements. L'article 22 de l'AUS a également le mérite d'éviter une importation de la controverse doctrinale française sur la vraie nature du cautionnement réel. Cette catégorie de cautionnement réel est davantage un hybride mal nommé qu'un alliage innommé dans le contexte particulier du droit OHADA [1]. L'alliage innommé serait l'association d'une sûreté personnelle non prévue par l'AUS et dont l'origine purement conventionnelle, permet d'associer différents mécanismes juridiques, dans le but d'effectuer une opération d'optimisation des intérêts du créancier. Quoiqu'on en dise, le cautionnement réel est bel et bien une garantie située au croisement des sûretés réelles et des sûretés personnelles. L'AUS, selon le contexte, optera pour la qualification de sûretés réelles ou bien celle de cautionnement. Nous pouvons toutefois regretter le fait que ces garanties ne sont jamais appelées *cautionnement réel*.

Pour ce qui concerne les cautionnements réels relevant de l'article 22 de l'AUS, l'on remarquera une certaine distinction entre les cas où la sûreté réelle accordée au créancier s'ajoute au droit de gage général, et les cas dans lesquels ce même droit réel remplace le droit de gage général. Concernant le cautionnement réel relevant de l'article 4 de l'AUS, et se rapprochant le plus de la situation spécifique en droit français, il est possible de s'interroger sur la pertinence d'une application du régime du cautionnement. La réponse est, évidemment, non [2].

§ 1. La version hybride du cautionnement réel

219. Plan. le créancier bénéficiant d'un cautionnement, mais qui demeure malgré cela en manque d'assurance peut recourir à une option dans laquelle une hybridation du cautionnement a lieu ; en effet, celui-ci conserverait certains avantages du cautionnement tout en y ajoutant ceux d'une sûreté réelle (B.). Cette possibilité ainsi offerte de compléter le cautionnement avec une autre sûreté peut aussi être vue comme un *alter ego* de la certification de cautionnement (A.).

1. Philippe Dupichot, *Le pouvoir des volontés individuelles en droit des sûretés*, préf. Michel Grimaldi, Éd. Panthéon Assas, 2005, 785.

2. Cf *infra* n° 1., p. 177.

A. Une alternative à la certification du cautionnement

220. La certification du cautionnement. La certification du cautionnement peut être rapprochée du cautionnement réel dans le sens où il est question de renforcer l'efficacité du cautionnement grâce à la conclusion d'une autre sûreté réelle ou personnelle [1]. Lorsque cette autre sûreté est personnelle, l'on parlera alors de certification de cautionnement. Et lorsque cette sûreté supplémentaire est une sûreté réelle, l'on parlera volontiers de cautionnement réel. Dans les deux cas, ce sont les insuffisances réelles ou supposées du cautionnement qui conduisent à rechercher une protection auprès d'une autre sûreté. Cette cause commune aux deux mécanismes devrait être étudiée. Nous considérons que la *mauvaise* presse dont fait l'objet le droit de gage général n'est pas étrangère à l'inefficacité supposée du cautionnement. Un grand nombre de créanciers craignent de subir les conséquences de la défaillance. La liberté contractuelle du créancier aurait pourtant dû permettre à celui-ci de bien choisir sa caution de manière à ce que les biens et les revenus de celui-ci soient suffisants pour le prémunir contre le risque de défaillance [2].

L'on ne peut que s'étonner qu'un cautionnement méticuleusement conclu avec une caution soigneusement choisie, ne suffise pas à fournir assez de garanties [3]La mise en sécurité d'un bien de la caution (avec attribution d'un droit réel au créancier), tout comme l'intervention d'un tiers par le biais de la certification de cautionnement permet de limiter certains effets néfastes Cela n'empêcherait pas certains de mettre ceinture et bretelles en demande à la caution de fournir soit un cautionnement réel, soit une certification de cautionnement.

Tout cela contribue selon nous à rendre le droit des sûretés de plus en plus vulnérable au passage du rasoir d'*Ockham*. « *Pluralitas non est ponenda sine necessitate* ». Le problème avec la certification du cautionnement est que celle-ci fait intervenir tellement d'acteurs et d'éléments, que cela peut entraîner un soupçon quant à l'existence d'une solution alternative plus efficiente. En effet, le cautionnement réel est une solution plus efficiente que la certification de cautionnement.

---

1. Il ne faut pas confondre la certification avec le sous-cautionnement qui garantit l'éventuelle obligation du débiteur principal envers la caution. 27 mai 2008, n° BRDA 11/08 inf. 18.

2. Cf *supra* n° 12, p. 20.

3. Il est pourtant des situations dans lesquelles la proximité entre la caution et le débiteur principal peut suscite la crainte des effets en chaîne et des défaillances successives, réduisant aussi l'efficience de cette garantie.

B. Une limitation de l'engagement de la caution

221. Plan. Quand le créancier opte pour l'adjonction d'une sûreté réelle à son cautionnement, il peut consentir à une limitation de ce cautionnement à la sûreté réelle ainsi constituée (1.). Cela a pour effet de mettre en relief le rôle essentiel de cette allocation de droit réel, par rapport au droit de gage général (2.).

1. La limitation de l'engagement à un bien ou l'engagement limité à une partie de la dette principale

222. La limitation du cautionnement à un bien sur lequel le créancier dispose d'un droit réel. Avant tout chose, il faut noter à quel point cette disposition évoque l'idée d'une certaine hiérarchie entre le cautionnement et les sûretés réelles. Quand l'article 22 de l'AUS prévoit que la caution « *peut limiter son engagement à la valeur de réalisation du ou des biens sur lesquels elle a consenti une telle sûreté* », cela traduit assez nettement selon nous le fait qu'il est tout fait acceptable que le créancier voit son droit de gage général réduit à zéro, tant qu'en échange il dispose d'un droit réel sur un bien de la caution. Si les textes des articles 15 et 16 relatifs à la solvabilité de la caution et au remplacement de celle-ci par une sûreté réelle avaient laissé subsister un quelconque doute, celui-ci ne serait plus permis après la lecture de l'article 22 de l'AUS. Contrairement aux apparences, quand l'AUS parle ici de limitation, il aborde en réalité l'idée d'une substitution d'un droit par un autre [1]. Limiter l'engagement de la caution au seul bien sur lequel elle a accordé une sûreté réelle au créancier, revient à supprimer le droit de gage général du créancier en ne laissant subsister qu'un droit préférentiel ou exclusif.

La survie du cautionnement ici dépend uniquement du fait que la caution pourrait légitimement payer la totalité de la dette, au-delà même du montant pour lequel on aurait pu la contraindre. Dans l'idée d'une limitation de l'engagement de la caution à la valeur de la chose mise en garantie, le fait que cette valeur soit inférieure au montant de la dette principale entraîne que le paiement effectué au-delà de ce à quoi s'est engagée la caution ne serait que l'exécution d'une obligation civile imparfaite [2].

---

1. Au minimum, le droit de gage général est supprimé avec la disparition de son caractère général. Comment parler de droits de gage général lorsque celui-ci porte délibérément sur un seul bien ? V. cep. Philippe Dupichot, *Le pouvoir des volontés individuelles en droit des sûretés*, préf. Michel Grimaldi, Éd. Panthéon Assas, 2005, 117.

2. Celle-ci se rapprocherait de celle du débiteur exécutant une obligation prescrite. Jean Carbonnier, *Sociologie juridique*, 2e éd., PUF, 2004, p. 922. Carbonnier parle d'obligations civiles dégénérées qui ont été imparfaitement éteintes. « *Le débiteur reste libre de ne pas profiter de la prescription et s'il paie en connaissance de cause, il n'y a point lieu à répétition de l'indu* ». Nous pensons qu'il en va de même pour la caution qui décide en connaissance de cause de payer au-delà de ce à quoi elle aurait pu être soumise à contrainte, elle ne devrait pas pouvoir agir en répétition de l'indu. La prescription empêche l'exercice de poursuites sans pour autant éteindre la dette, tout comme la limitation de l'engagement de la caution à la valeur de réalisation de la sûreté réelle, empêche les poursuites

En droit français, l'article 2290 du Code civil prévoit des dispositions proches de l'article 18 de l'AUS : ces textes permettent à la caution de s'engager à payer une partie seulement de la dette principale. Là encore, la caution dont l'engagement est limité à une sûreté réelle, connaît une situation proche de celle de la caution prévue par l'article 18 de l'AUS.

En tous les cas, il sera facile de s'accorder sur le principe selon lequel les cautionnements réels relevant de l'article 22 de l'AUS seront soumis, quant à leur formation, au régime du cautionnement. Toute personne qui se porte caution tout en constituant une sûreté réelle en plus de son engagement, doit le faire par un acte qui respecte le formalisme du cautionnement, peu importe que cet engagement soit limité à la sûreté réelle ou non.

En guise d'exemple, la mention manuscrite prévue par l'article 14 de l'AUS doit s'appliquer de toute évidence, au cautionnement réel, surtout en cas de limitation de l'engagement de la caution à une sûreté réelle sur un bien dont la valeur est inférieure au montant de la dette principale. Cette disposition rendant la mention manuscrite obligatoire est applicable à toutes les cautions, qu'il s'agisse d'une personne physique ou non [1].

L'obligation d'information imposée au créancier par l'article 28 de l'AUS doit également s'appliquer au cautionnement réel. Il ne semble pas y avoir d'incompatibilité entre le respect de cette obligation et le régime des sûretés réelles.

au-delà du montant correspondant à cette valeur. Tout ceci n'entraîne pas l'extinction de l'engagement de payer la dette d'autrui, qui est consubstantiel à tout cautionnement. En effet, il serait étonnant d'appeler caution celui qui ne peut pas payer à la place du débiteur principal, peu importe le pouvoir de contrainte du créancier. Cf *supra* n° 61, p. 62.

1. Celle-ci ne bénéficie pas d'une protection particulière de la part de l'AUS, alors qu'en droit français, le Code de la consommation dispose en son article L. 331-1 que « *toute personne physique qui s'engage par acte sous seing privé en qualité de caution envers un créancier professionnel fait précéder sa signature de la mention manuscrite...* ». Cet article du Code de la consommation vient s'ajouter à l'article 1376 du Code civil dont les dispositions plus générales sont proches de celles de l'AUS.

2. Le rôle essentiel de l'adjonction d'une sûreté réelle

223. La simple réduction du droit de gage général. Cette possibilité n'est pas interdite, mais la question est de savoir si le simple fait de réduire le droit de gage général à un seul bien (ou à plusieurs) est constitutif d'un cautionnement réel [1]. D'un point de vue purement formel, les sûretés personnelles sont nécessairement des garanties constituées par autrui. Si l'on qualifiait de cautionnement réel un cautionnement qui ne faisait que réduire le droit de gage général du créancier sur la caution, sans y ajouter la constitution d'une sûreté réelle, il n'y aurait dans celui-ci aucun avantage pour le créancier. Sa protection serait ainsi réduite, sans aucune contrepartie [2]. L'on voit mal pour quelle raison le créancier y consentirait, sauf si le reliquat de droit de gage général suffisait à couvrir la dette principale. Ce qui montre que la seule réduction du droit de gage général, sans ajout de droit réel, ne peut être suffisante pour constituer un cautionnement réel.

224. La limitation du droit de gage général avec attribution de sûreté réelle. L'attribution d'un droit réel sur le bien d'autrui semble être le critère essentiel permettant de caractériser le cautionnement réel, peu importe que cet autrui soit au préalable une caution ou non. En s'inspirant du droit français, l'on peut considérer que les deux cas prévus par l'AUS sont des cautionnements réels.

Cette situation pose un certain nombre de difficultés. Contrairement au cautionnement réel dans lequel le créancier conserve son droit de gage général intact, en y adjoignant un droit réel, le cas envisagé présente des complications quant à l'application du régime du cautionnement. Il ne s'agit pas de l'écarter totalement, car en tous les cas, cette situation est qualifiée de cautionnement par l'AUS. On peut toutefois s'interroger en toute légitimité sur l'étendue et les limites de l'application du régime du cautionnement. Certaines protections de la caution, prévues pour des personnes qui exposent l'ensemble de leurs biens et revenus, doivent-elles toujours s'appliquer à celui qui se contente d'affecter un ou plusieurs biens ? Le fait que le cautionnement en droit OHADA soit réputé solidaire en principe, reste-t-il pertinent en la matière [3] ?

1. Il est également utile de se demander si cette sûreté est constituée par autrui. Dans cette hypothèse, celle-ci est distincte de la personne propriétaire du bien qui en fait l'objet. La garantie se détache en quelque sorte de son constituant, alors que dans le cas du cautionnement, la caution est d'une certaine manière, la garantie elle-même. Elle n'apporte rien d'autre que sa personnalité juridique, c'est-à-dire son patrimoine. L'on pourrait avoir l'impression que le cautionnement est une façon d'utiliser autrui à titre de sûreté.

2. Cela irait complètement à l'encontre de l'esprit de l'AUS notamment à travers les articles 15 et 16.

3. AUS, art. 20.

§ 2. La version moniste du cautionnement réel

225. Plan. Il arrive, aussi étonnant soit-il, qu'un cautionnement réel n'ait rien à voir avec le cautionnement. L'intervention du tiers est le seul élément permettant un rapprochement (A.). Autrement, le cautionnement réel s'émancipe de cette filiation supposée, et les effets sur l'efficience sont assez intéressants (B.).

A. L'émancipation du cautionnement réel vis-à-vis du cautionnement

226. Et la garantie autonome *réelle*? Le caractère accessoire d'une garantie personnelle aurait dû suffire, en principe, pour permettre au créancier de contraindre la caution à payer ce que doit le débiteur principal. Il aurait également dû suffire à permettre à la caution, dans l'autre sens, de refuser de payer plus que ce que doit le débiteur principal. L'accessoriété fixe l'étendue et les limites de l'engagement de la caution en référence aux limites de l'engagement du débiteur garanti. Toutefois, il ne faudrait pas en conclure que l'efficacité de cette garantie en serait réduite ; l'engagement de la caution reste un acte grave et d'une grande utilité pour ceux qui en bénéficient, particulièrement dans l'espace OHADA, où le cautionnement solidaire a été érigé en principe [1], et la mention manuscrite en condition de preuve. Malgré tout, cette garantie suffit de moins en moins à rassurer des créanciers de plus en plus exigeants. Ceux-ci se réfugient auprès de la garantie autonome.

Le créancier bénéficiaire d'une garantie autonome dispose déjà d'un droit sur une somme d'argent que le garant s'est engagé à lui verser. Ce droit sur un bien fongible peut être couplé à un mode d'appel en paiement à première demande, permettant ainsi de considérer que le créancier est plus attaché à l'objet de la garantie, qu'à la personne du garant [2]. À supposer que la garantie autonome soit vue comme une sûreté accordant au créancier un droit sur une somme d'argent, c'est-à-dire sur une chose de genre, à l'instar de transfert fiduciaire de somme d'argent par exemple, cette garantie pourrait-elle être complétée par une sûreté réelle ? La garantie autonome est très limitée, en matière d'accessibilité. Cette limitation aux personnes morales est en quelque sorte un contrôle de solvabilité permettant de s'assurer de l'efficience de cette garantie.

1. Le caractère solidaire du cautionnement permet d'atténuer sensiblement le déséquilibre dû à la tendance moderne vers une plus grande protection de la caution.

2. Philippe Dupichot, *Le pouvoir des volontés individuelles en droit des sûretés*, préf. Michel Grimaldi, Éd. Panthéon Assas, 2005, 824 et s.

D'ailleurs, le mécanisme de la garantie autonome est parmi ceux caractéristiques des sûretés dans l'espace OHADA, celui qui paraît être le moins éloigné du contrat d'assurance. Il présente même beaucoup d'avantages par rapport au système de l'assurance dans la mesure où il est impossible d'y faire obstacle, sauf abus [1]. Pour le bénéficiaire, le principe de la gratuité de ce contrat est un autre point en faveur de son efficience.

L'on peut se demander également si une caution peut ajouter à son engagement de payer la dette d'autrui, une garantie autonome. Rien n'empêche de le faire en principe. La question est de savoir d'une part si la caution peut limiter son engagement à la somme d'argent prévue dans la garantie autonome ; d'autre part, l'on peut s'interroger sur la qualification de cette caution dans le cadre de la garantie autonome. Ph. DUPICHOT considérait que la garantie autonome était un cautionnement allié à une promesse de gage-espèces [2]. L'auteur précisait que la garantie autonome était ainsi une sûreté réelle innommée par alliage, tout comme le cautionnement réel [3]. L'ordonnance de 2006 et l'AUS ont entre temps inséré la garantie autonome parmi les sûretés personnelles. De ce fait, il paraît compliqué de considérer que la caution qui constitue une garantie autonome en plus de son engagement est tenue par un cautionnement réel.

227. L'absence d'engagement de payer la dette d'autrui, excluant la qualification de cautionnement. Rappelons que selon Ph. SIMLER, le cautionnement réel est défini comme étant une sûreté réelle constituée par autrui [4]. Dans ce contexte, le garant autonome qui ajoute une sûreté réelle à son engagement constitue déjà un cautionnement réel en plus de sa garantie autonome. Cela signifierait qu'une même personne pourrait être à la fois caution et garante autonome dans la même opération. En réalité, un garant autonome peut aussi constituer une sûreté réelle pour autrui. Il serait alors engagé dans un cautionnement réel qui cependant n'aurait rien à voir avec la première garantie, en matière de régime. Ce sont deux sûretés distinctes. Dans les faits, rien n'empêche le garant autonome de conclure une sûreté réelle à l'égard de son créancier, excepté l'utilité et la pertinence d'une telle opération.

1. Sur les sources et la genèse de la garantie autonome, Ph. SIMLER évoque les contrats internationaux et les dépôts de garantie. Philippe SIMLER, *Cautionnement, garanties autonomes, garanties indemnitaires*, 5e éd., LexisNexis, 2015, 900.

2. Philippe DUPICHOT, *Le pouvoir des volontés individuelles en droit des sûretés*, préf. Michel GRIMALDI, Éd. Panthéon Assas, 2005, 824.

3. *Ibid.*, 785.

4. Philippe SIMLER, *Cautionnement, garanties autonomes, garanties indemnitaires*, 5e éd., LexisNexis, 2015, 19.

B. Les effets de la différence de régime entre le cautionnement réel et le cautionnement

228. L'absence d'accessoriété et l'impact sur le transfert fiduciaire de somme d'argent. L'objectif serait d'envisager un éventuel rapprochement entre le transfert fiduciaire de somme d'argent et la garantie autonome, dans le cas où le constituant de celle-ci ne serait pas le débiteur de l'obligation principale. Clairement, si une garantie est assortie d'une clause selon laquelle le garant devra consigner les fonds sur un compte ouvert au nom du créancier, et sachant que ce compte peut être ouvert chez ce même garant, alors l'idée d'un rapprochement entre le transfert fiduciaire de somme d'argent et la garantie autonome paraît moins *choquante* et celle-ci pourrait se faire sur le terrain du cautionnement réel.

Conclusion du chapitre

229. Ergo. Le passage de la personne aux biens pour des raisons relevant de l'efficacité économique a aussi un impact sur le rapport à la force obligatoire du contrat. Car celui qui engage toute sa personne a peu de choix quant au fait d'exécuter ou non son obligation. Il faut souligner en retour que celui auprès de qui l'on s'engage de la sorte s'expose à un risque.

L'efficacité de ce cautionnement réel est très relative, car subordonnée à la valeur du bien et à l'évolution de celle-ci [1].

1. Cela ne vaut qu'à l'exception des cas où ce cautionnement réel ne donne pas lieu à une réduction du droit de gage général du créancier.

Conclusion générale

Ergo. L'analyse des droits accordés par les sûretés au créancier a révélé que les contours de l'efficience de certains droits du créancier ne sont pas toujours aussi nets que ce que l'on pourrait croire.

Un indice d'évaluation de l'efficience des sûretés pourrait être mis en place, grâce à la prise en compte des fonctions assignées à ces sûretés ainsi que des droits qui sont censés permettre de les atteindre. Cet indice devra tenir compte des externalités de l'opération de garantie pour déterminer son efficience. Nos travaux n'auront pas permis d'obtenir cet indice, mais nous estimons humblement avoir aidé à sa conception. L'étude des droits accordés au créancier sécuriféraire permettra de mieux pondérer les critères d'efficience. Cette pondération devra être la plus objective possible, en évitant notamment certaines notions telles que la bonne foi, ou le caractère raisonnable.

En outre, nous suggérons quelques avancées en matière de sûretés en droit de l'OHADA, qui ne nécessitent pas une énième réforme profonde de l'AUS, ajoutant à l'inflation législative.

— Il est possible de tirer profit des dispositions de l'article 4 de l'AUS pour poser les premiers jalons d'une uniformisation de certaines garanties ; il s'agit du transfert fiduciaire de somme d'argent, de la cession de créance, du nantissement de créance, du gage-espèce et de la garantie autonome. En effet, les parties à une garantie autonome pourrait stipuler que la somme mise en garantie serait bloquée sur un compte, ou que celle-ci correspondrait au solde d'un compte courant, ou encore à la créance détenue par le garant à l'encontre d'un tiers [1].

— Sur la question de la disproportion de l'engagement de la caution par rapport au montant de la dette garantie, les juges peuvent sanctionner l'usage abusif du droit de poursuivre sa caution [2]. Il n'y aurait pas besoin de réformer immédiatement l'AUS pour protéger la caution contre un détournement fautif du cautionnement pouvant entraîner sa ruine.

— Les parties peuvent mieux utiliser les garanties qui font intervenir un tiers intermédiaire. Le recours au cautionnement réel permet aux sûretés réelles dd'augmenter leur efficience par rapport aux assurances. Le meilleur exemple de cela nous a été donné récemment par une décision de la Cour de cassation française, dont la CCJA pourrait s'inspirer. Dans un arrêt rendu par la Chambre commerciale le 25 novembre 2020, il a été décidé qu'une sûreté réelle pour autrui échappait à l'interdiction des poursuites résultant de l'ouverture d'une procédure collective à l'encontre du constituant [3].

1. Cf *supra* n° 206, p. 172.
2. Cf *supra* n° 55, p. 52.
3. Cass.com., 25 nov. 2020, n° 19-11.525, *D.* 2021, 28, p. 555, note David Robine.

Annexes

Annexe n° 1 : Évolution du PIB par pays de la zone OHADA

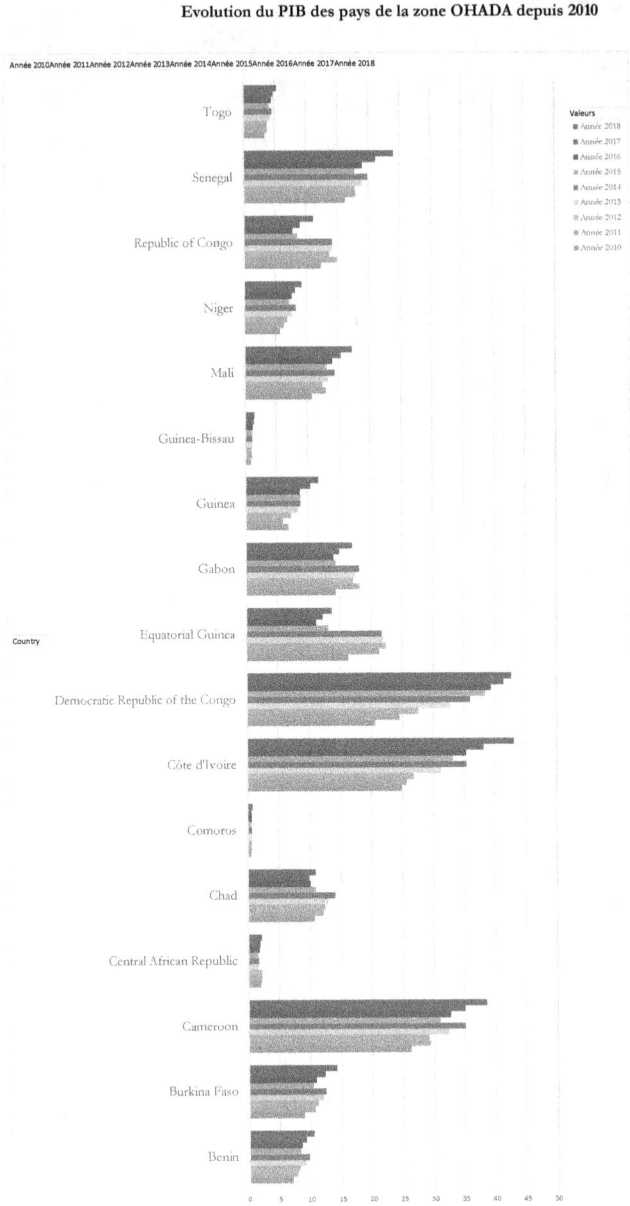

Source : IMF WEO_database

Annexe n° 2 : Taux d'inflation dans les pays de la zone Franc – source BCEAO

Inflation
(moyenne annuelle, en %)

	2014	2015	2016	2017	2018
Monde	3,2	2,8	2,8	3,2	3,6
Afrique subsaharienne	6,4	7,0	11,2	11,0	8,5
Zone franc	1,6	1,7	0,7	1,0	1,6
CEMAC	3,2	2,5	1,1	0,9	2,2
UEMOA	- 0,1	1,0	0,3	1,0	1,1
Union des Comores	1,5	1,3	1,8	1,0	1,7

Sources : BCEAO, BEAC, BCC, FMI (Perspectives économiques mondiales, *juillet 2019* et Perspectives économiques régionales : Afrique subsaharienne, *avril 2019*) *et calculs Banque de France pour l'agrégation Zone franc.*

Annexe n° 3 : Enregistrement des entreprises au Cameroun – source Banque mondiale

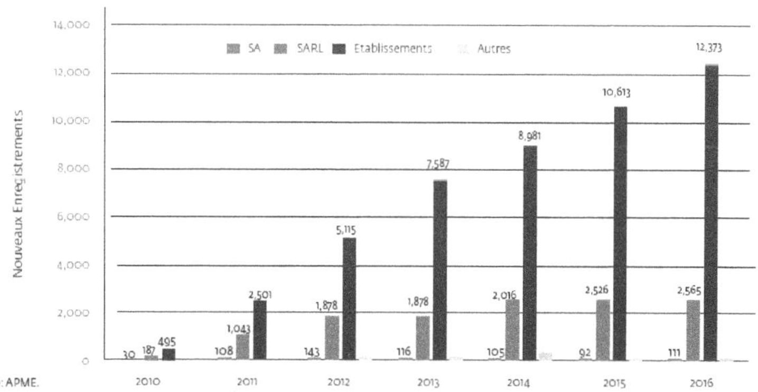

Source: APME.

Annexe n° 4 : Taux de croissance du PIB : zone Franc, Afrique subsaharienne et Monde – source BCEAO

Taux de croissance du PIB
(en %)

	2014	2015	2016	2017	2018
Monde	3,6	3,4	3,4	3,8	3,6
Afrique subsaharienne	5.1	3,2	1,4	2,9	3,1
Zone franc	5,5	4,0	2,9	3,9	4,4
CEMAC	4,6	1,4	- 1,5	0,6	1,6
UEMOA	6,5	6,3	6,4	6,6	6,6
Union des Comores	2,1	1,0	2,6	3,5	3,8

Sources : BCEAO, BEAC, BCC, FMI (Perspectives économiques mondiales, *juillet 2019 et* Perspectives économiques régionales : Afrique subsaharienne, *avril 2019) et calculs Banque de France pour l'agrégation Zone franc.*

Annexe n° 5 : Recours juridiques des créanciers garantis dans plusieurs économies ayant réformé leur droit 2014-2016 – source Banque mondiale

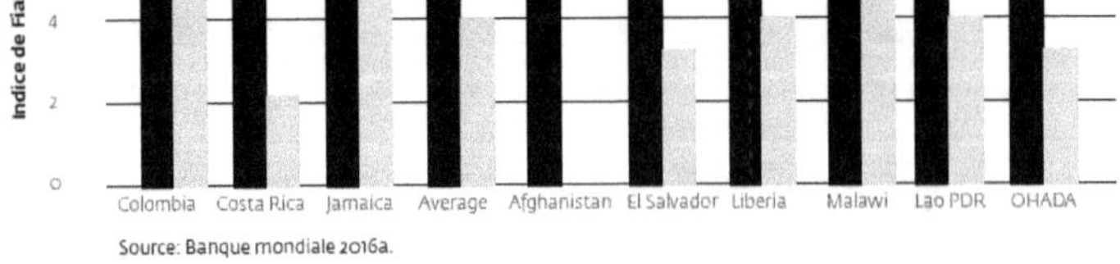

Source: Banque mondiale 2016a.

Annexe n° 6 : Tableau de l'impact de l'AUS sur le crédit – source Banque mondiale

Pays	Impact	2011	2012	2013	2014	2015	TOTAL (millions)
Burkina Faso	Valeur Millions	0.6	2.4	7.7	10.4	11.6	
	% du PIB	$9.0	$45.0	$186.0	$297.0	$357.0	$894
Cameroun	Valeur Millions	1.4	1.7	2.1	2.3	2.3	
	% du PIB	$50.4	$60.7	$86.3	$104.3	$115.3	$417
République centrafricaine	Valeur Millions	0.9	3.1	5.8	4.2	1.5	
	% du PIB	$1.9	$8.3	$11.8	$8.2	$8.2	$33
Comores	Valeur Millions	1.9	4.5	4.8	4.6	6.2	
	% du PIB	$1.9	$5.4	$6.3	$6.5	$9.9	$30
Mali	Valeur Millions	0.7	2.0	4.8	6.4	9.3	
	% du PIB	$12.8	$38.3	$106.0	$162.2	$287.7	$607
Sénégal	Valeur Millions	3.8	4.1	6.2	5.6	4.5	
	% du PIB	$145.5	$145.5	$279.1	$279.1	$237.8	$1.111
Togo	Valeur Millions	6.3	8.6	15.2	12.0	14.1	
	% du PIB	$59.2	$90.7	$209.0	$158.3	$211.8	$729
TOTAL							$3.82 milliards

Annexe n° 7 : Carte des pays de la zone OHADA

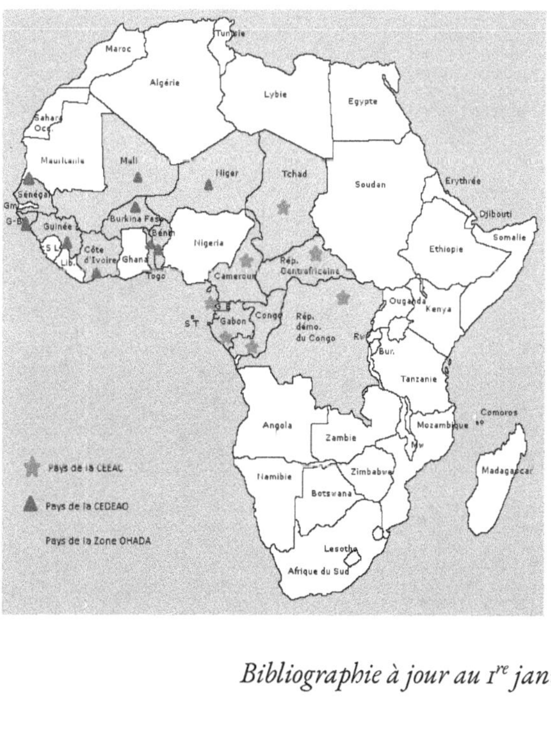

Bibliographie à jour au 1re janvier 2021.

Bibliographie

Droit de l'OHADA

Lois

AUDCG.

AUPCAP.

AUPSRVE.

AUS.

C. CIMA.

COCC.

Traité OHADA.

Rapports officiels

BCEAO, *Rapport sur la situation financière dans l'UEMOA au cours de l'année 2018*, Banque centrale des États de l'Afrique de l'Ouest, juill. 2019.

Corporation, International Financial, *Évaluation de l'Impact des Réformes OHADA*, Secrétariat Permanent de l'OHADA – Société Financière Internationale, 2018.

internationale, Société financière, *Évaluation de l'impact des réformes OHADA, actes uniformes sur le droit commercial général, des sociétés, des sûretés, et de l'apurement du passif*, rapp. tech., IFC - Banque mondiale, 2018.

Jurisprudence

TRHC Dakar, 5 juin 2000, n° SFE c./ D. S., Ohadata J-03-54.

CA Abidjan, 12 juill. 2002, n° n° 895, C. A. c./ P. F., Ohadata J-03-15.

TPI Cotonou, 1re ch. com., 21 oct. 2002, n° n° 034, AKPACA SARL c./ TRANS-OMAR, Ohadata J-04-404 ; Ohadata J-04-291.

CA Abidjan, 31 jan. 2003, n° n° 92, Dame G. F. M. ND c./ Sté Alliance Auto, Ohadata J-03-226,

CA Daloa, 5 fév. 2003, n° 32, *Ohadata J-05-174*.

CA Ougadougou, ch . civ. & com., 18 avr. 2003, n° 32, *Ohadata J-09-10*.

TRHC Dakar, 24 déc. 2003, n° 2377, *Ohadata J-04-279*.

CA Ouagadougou ch. civ. & com., 5 nov. 2004, n° n° 101, N. A. c./ DTP/CSE, Ohadata J-09-12.

Ouvrages spéciaux

AMBOULOU, Hygin Didace et Martin NDENDE, *Le droit des sûretés dans l'espace OHADA*, L'Harmattan, 2014.

ÉCONOMIQUE, Institut euro-africain de droit, *D'une économie populaire à une économie fiscalisée : actes du colloque international de Kinshasa, 19 septembre 2008*, Larcier, 2010.

ELONGO, Yvette Kalieu, *Droit et pratique des sûretés réelles OHADA*, Presses universitaires d'Afrique, 2010.

EPSTEIN, Richard A., *Simple rules for a complex world*, 3e éd., Harvard University Press, 1995.

GATSI, Jean, *Droit des biens et des sûretés dans l'espace OHADA*, Presses Universitaires Libres, 2012.

HOPPE, Hans-Hermann, *The economics and ethics of private property, studies in economy and philosophy*, Springer, Science+Business Media, 1993.

KANE, Abdoulaye, *Tontines, caisses de solidarité et banquiers ambulants : univers des pratiques financières informelles en Afrique*, Harmattan, 2010.

LATOUCHE, Serge, *La déraison de la raison économique*, Albin Michel, 2001.

MARTINEZ-GROS, Gabriel, *Ibn Khaldûn et les sept vies de l'islam*, Sindbad - Actes sud, 2007.

MINKOA SHE, Adolphe, *Droit des sûretés et des garanties du crédit dans l'espace OHADA*, Jus data, Paris : Dianoïa, 2010.

NDIAYE, Fodé, *Microfinance en Afrique de l'Ouest : quelle viabilité*, Harmattan, 2009.

PARETO, Vilfredo, *Manuel d'économie politique, œuvres complètes, t. VII*, Librairie Droz, 1981.

ZIO, Moussa, *Le Cautionnement à l'épreuve du Droit de la consommation : Perspective d'évolution du cautionnement en Droit OHADA*, Connaissances et savoirs, 2016.

Thèses

GBANNY, Sandrine Christel Kouame, *L'analyse du prêt en droit de la microfinance : l'exemple de l'espace UEMOA*, Université Paul Cézanne - Aix-Marseille III, 2011.

KWEMO, Stéphanie, *L'OHADA et le secteur informel, l'exemple du Cameroun*, préf. Philippe DELEBECQUE, Larcier, 2012.

SIMENOU, Henry, *Efficacité des garanties du crédit du droit OHADA*, A.N.R.T., 2018.

Articles

COASE, Ronald, « The problem of social cost », *The Journal of Law & economics* 1960, 3.

CROCQ, Pierre, « Les grandes orientations du projet de réforme de l'Acte uniforme portant organisation des sûretés », *Dr. et patr.* 2011, p. 56.

DIALLO, Thierno, « Quel avenir pour les nouvelles sûretés sur créances du droit de l'OHADA », *Revue Penant* jan. 2019, 906, p. 136.

HICKS, John, « The Foundations of Welfare Economics », *The Economic Journal* 1939, 49 (196), p. 696-712.

KALDOR, Nicholas, « Welfare Propositions in Economics And Interpersonal Comparison of Utility », *The Economic Journal* 1939, 49 (195), p. 696-71.

KALIEU-ELONGO, Yvette, « Hypothèque » *in Encyclopédie du Droit OHADA*, Lamy, 2011.

KONAM, Siméon-Patrice, « Les mirages de l'hypothèque conventionnelle en droit OHADA », *Revue Penant* avr. 2016, 895, p. 269.

KONAN-BÉDIÉ, Henri, « Les investissements, la balance des paiements et l'indépendance économique », *Marchés tropicaux et méditerranéens, l'exportateur français* 1975.

MAUSS, Marcel, « Essai sur le don, forme et raisons de l'échange dans les sociétés archaïques », *L'année sociologique* 1923.

NFOUTCHA, Georges, « La proportionnalité dans le contrat de garantie, contribution à la théorie de l'équilibre des contrats », *Revue Penant* oct. 2015, 892, p. 471.

NGONO-NKOA, Véronique Carole, « L'égalité des créanciers dans les procédures collectives internationales », *Revue Penant* juill. 2015, 892, p. 394.

NUBUKPO, Kako, « Le franc CFA et le financement de l'émergence en zone franc » *in Sortir l'Afrique de la servitude monétaire, à qui profite le franc CFA*, La Dispute, 2016.

PAILLUSSEAU, Jean, « Une révolution juridique en Afrique francophone, l'OHADA » *in Prospectives du droit économique, Dialogues avbec Michel Jeantin*, Paris : Dalloz, 1999, p. 93.

YONDO-BLACK, Lionel, « Enjeux économiques de la réforme de l'acte uniforme OHADA portant organisation des sûretés : un atout pour faciliter l'accès au crédit », *Dr. et patr.* 2010.

— « Les enjeux de la réforme : une volonté de favoriser la création d'entreprises, les échanges commerciaux et la confiance dans la zone OHADA », *Dr. et patr.* 2011.

Droit français

Lois

C. civ.

C. com.

C. consom.

CMF.

Loi n° 89-1010 du 31 décembre 1989 dite loi NEIERTZ 1989.

Loi n° 75-1334 du 31 décembre 1975 relative à la sous-traitance 1975.

Ordonnance n° 2006-346 du 23 mars 2006 relative aux sûretés.

Jurisprudence

Cour de cassation

1re Chambre civile

Cass 1re civ., 7 avr. 1999.

Cass 1re civ., 4 mai 2012, n° 11-11.461, *RTD civ.* 2012, 556, obs. Pierre CROCQ.

Cass. 1re civ., 4 juill. 2000, n° 98-13.950.

3e Chambre civile

Cass. 3e civ., 5 jan. 1978, n° 76-11.555.

Cass. 3e civ., 4 jan. 1983, *Gaz. Pal.* 1983, 1, pan. p. 113, obs. PIEDELIÈVRE; *Defrénois* 1983, art. 33144, rap. p. 1219, obs. AUBERT; *D.* 1983, inf. rap. p. 170; *JCP G* 1983, IV, p. 86.

Chambre commerciale

27 mai 2008, n° BRDA 11/08 inf. 18.

Cass. com., 17 mars 1969, n° 97, *Bull. civ IV*.

Cass. com., 7 juin 1994, n° 93-11.340.

Cass. com., 8 oct. 2002, n° 99-13.619, *Bull. civ.*, *JCP E* 2002, p. 1730, note Dominique Legeais ; *JCP G* 2003, I, n° 6, p. 124, obs. Philippe Simler ; *RTD Civ.* 2003, p. 124, obs. Pierre Crocq ; *Defrénois* 2003, p. 456, note Stéphane Piedelièvre ; *Defrénois* 2003, p. 411, obs. Philippe Théry.

Cass. com., 17 déc. 2003, n° 01-13.419, *Bull. civ.*

Cass. com., 9 avr. 2010, *JCP G* 2013, n° 8, p. 585, obs. Philippe Simler.

Cass. com., 9 avr. 2013, n° 12-18.019, *JCP G* 2013, n° 8, p. 585, obs. Philippe Simler.

Cass. com., 20 avr. 2017, n° 15-20.619.

Cass. com., 13 sept. 2017, n° 15-20.294.

Cass. com., 24 jan. 2018, n° 16-20.589, 16-22.128.

Cass. com., 21 nov. 2018, n° 16-25.128.

Cass. Com., 10 oct. 1995, n° 93-11.374, *Bull. civ.*, *D.* 2006, som. 265, obs. Laurent Aynès.

Cass. com., 17 juin 1997, n° 95-14.105, *Bull. civ.*, *D. Affaires* 1997, p. 929 ; *Defrénois* 1997, art. 36703, n° 158, p. 1424, obs. Laurent Aynès ; *JCP E* 1997, II, p. 1007, note Dominique Legeais ; *RTD Civ.* 1998, p. 157, obs. Pierre Crocq.

Cass.com., 27 jan. 2015, n° 13-24.778.

Cass.com., 25 nov. 2020, n° 19-11.525, *D.* 2021, 28, p. 555, note David Robine.

Chambre criminelle

Cass. Crim., 12 oct. 1976, *RTD com.*, p. 170, obs. P. Bouzat.

Cours d'appel

CA Colmar, 27 mars 2019, n° 17/01233, *RG.*

CA Paris, 22 fév. 1988, *D.* 1988, inf. rap. p.82.

CA Rennes, 14 juin 1951, *D.* 1952, p. 712, note André Tunc.

Ouvrages généraux

Aynès, Laurent, Pierre Crocq et Augustin Aynès, *Les sûretés, la publicité foncière*, 14e éd., Droit civil, LGDJ-Lextenso, 2020.

Bart, Jean, *Histoire du droit privé, de la chute de l'empire romain au XIXième siècle*, Montchrétien, 2009.

BARTHEZ, Anne-Sophie et Dimitri HOUTCIEFF, *Les sûretés personnelles*, sous la dir. de Jacques GHESTIN, LGDJ, 2010.

BAUDRY-LACANTINERIE, G., *Précis de Droit civil*, 4e éd., t. 3, 1893.

BEUDANT, Robert, Paul LEREBOURS-PIGEONNIÈRE et Pierre VOIRIN, *Cours de droit civil français, les sûretés personnelles et réelles*, 2e éd., 1948.

BOURASSIN, Manuella et Vincent BRÉMOND, *Droit des sûretés*, 6e éd., 2017.

CABRILLAC, M. et al., *Droit des sûretés*, 2015.

CAMPAGNA, Norbert, *Michel Villey, le droit ou les droits*, Michalon, 2004.

CARBONNIER, Jean, *Droit civil*, t. 2, PUF, 2003.

CHABAS, François, *Introduction à l'étude du droit*, 12e éd., Leçons de droit civil, Henri et Léon Mazeaud, Jean Mazeaud, François Chabas, Montchrestien, 2000.

CHABAS, François et Véronique RANOUIL, *Leçons de droit civil, sûretés, publicité foncière*, 6e éd., t. 3, Montchrestien, 1988.

DUPICHOT, Jacques, *Le droit des obligations*, 4e éd., Paris : Presses universitaires de France, 1993.

FAGES, Bertrand, *Droit des obligations*, 4e éd., L.G.D.J., 2013.

FENET, P. A., *Recueil complet des travaux préparatoires du Code civil*, t. 15, 1827.

FRAIMOUT, Jean-Jacques, *Droit des sûretés*, Paris : Éditoo.com, 2002.

FRANCE, Congrès des avoués de, *Les Garanties du crédit : à la construction, à la copropriété : rapport*, Dix-huitième congrès des avoués de France 2, s.l. : s.n., 1968.

FRÉMONT, Paul, *Inscriptions hypothécaires*, Paris : Librairies techniques, 1989.

FRISON-ROCHE, Marie-Anne et Sébastien BONFILS, *Les grandes questions du droit économique : introduction et documents*, Presses universitaires de France, 2005.

GAUDEMET, Jean, *Droit privé romain*, Domat Droit Privé, Montchrestien, 1998.

GIRARD, Paul Frédéric, *Manuel de droit romain*, t. 2, Librairie Edouard Duchemin, 1978.

GRAWITZ, Madeleine, *Méthodes de sciences sociales*, Paris : Dalloz, 2001.

GRÉGOIRE, Michèle, *Procédures collectives d'insolvabilité*, Bruxelles : Bruylant, 2012.

HAMEL, Joseph, *Le gage commercial, Etudes de droit commercial*, Dalloz, 1953.

HEGEL, Georg Wilhelm Friedrich, *Principes de la philosophie du droit : texte intégral, accompagné d'annotations manuscrites et d'extraits des cours de Hegel*, PUF, 2003.

HOUIN-BRESSAND, Caroline, *Les contre-garanties*, Nouvelle bibliothèque de thèses vol. 54, Paris : Dalloz, 2006.

JAUFFRET-SPINOSI, Camille et René DAVID, *Les grands systèmes de droit contemporains*, 11e éd., Dalloz, 2002.

JOSSERAND, Louis, *De l'esprit des droits et de leur relativité, théorie dite de l'abus des droits*, 2e éd., Dalloz, 1939.

LE GALLOU, Cécile, *Droit des sûretés et droit des procédures collectives*, Métiers du droit, Bruxelles : Larcier, 2012.

LEGEAIS, Dominique, *Sûretés et garanties du crédit*, LGDJ-Lextenso, 2013.

MACKAAY, Ejan et Stéphane ROUSSEAU, *Analyse économique du droit*, 2e éd., Dalloz, 2008.

MARTY, Gabriel, Pierre RAYNAUD et Philippe JESTAZ, *Les sûretés, la publicité foncière*, 2e éd., Sirey, 1987.

MESTRE, Jacques, Emmanuel PUTMAN et Marc BILLIAU, *Droit commun des sûretés réelles*, dir. Jacques GHESTIN, Traité de droit civil, L.G.D.J., 1996.

— *Droit spécial des sûretés réelles*, dir. Jacques GHESTIN, Traité de droit civil, L.G.D.J., 1996.

MIGNOT, Marc, *Droit des sûretés*, 3e éd., Cours, L.G.D.J., 2017.

MILL, John Stuart, *L'utilitarisme*, Presses universitaires de France, 2009.

PICOD, Yves, *Droit des sûretés*, 2e éd., Thémis, Presses universitaires de France, 2011.

PIEDELIÈVRE, Stéphane, *Les sûretés*, 4e éd., Compact, A. Colin, 2004.

PIETTE, Gaël, *Droit des sûretés : sûretés personnelles, sûretés réelles*, 13e éd., Fac universités, Gualino-Lextenso éd, 2019.

RANOUIL, Véronique et François CHABAS, *Leçons de droit civil*, sous la dir. de Henri MAZEAUD et al., 6e éd., Montchrestien, 1988.

RIPERT, Georges, *Aspects juridiques du capitalisme moderne*, 2e éd., Libr. Génerale de Droit et de Jurisprudence, 1992.

SAINT-ALARY, Bertrand et Martine BOCCARA, *Les garanties du crédit : financements domestiques*, Paris : Éd. du JNA, 1995.

SIMLER, Philippe, *Cautionnement, garanties autonomes, garanties indemnitaires*, 5e éd., LexisNexis, 2015.

SIMLER, Philippe et Philippe DELEBECQUE, *Droit civil, les sûretés - la publicité foncière*, 2016.

SUPIOT, Alain, *Homo juridicus : essai sur la fonction anthropolitique du droit*, Éd. du Seuil, 2005.

TROPER, Michel, *La philosophie du droit*, 3e éd., Presses universitaires de France, 2010.

WERNER BUSSMANN, Ulrich Klöti, *Politiques publiques : évaluation*, Economica, 1998.

Thèses

ADJAGBA, Irène, *Le Déclin des sûretés réelles spéciales dans les procédures collectives de redressement des entreprises*, Lille 3 : ANRT, 1989.

ANCEL, Marie-Élodie, *La prestation caractéristique du contrat*, Economica, 2002.

AYNÈS, Augustin, *Le droit de rétention*, Economica, 2005.

BICHERON, Frédéric, *La dation en paiement*, Éditions Panthéon-Assas Paris II, 2006.

BILLIAU, Marc, *La Délégation de créance, essai d'une théorie juridique de la délégation en droit des obligations*, Paris : Librairie générale de droit et de jurisprudence, 1989.

BOUGEROL-PRUD'HOMME, Laëtitia, *Exclusivité et garanties de paiement*, LGDJ, 2012.

BOURASSIN, Manuella, *L'efficacité des garanties personnelles*, LG.D.J., 2006.

COMPARATO, Fabio Konder, *Essai d'analyse dualiste de l'obligation en droit privé*, Dalloz, 1963.

CROCQ, Pierre, *Propriété et garantie*, L.G.D.J., 1995.

DANOS, Frédéric, *Propriété, possession et opposabilité*, Economica, 2007.

DECOCQ, Georges, *Essai sur l'évaluation*, Université Paris II, 1996.

DERRUPPÉ, Jean, *La nature juridique du droit du preneur à bail et la distinction des droits réels et des droits de créance*, Dalloz, 1952.

DUPICHOT, Philippe, *Le pouvoir des volontés individuelles en droit des sûretés*, préf. Michel GRIMALDI, Éd. Panthéon Assas, 2005.

DUPRÉ-DALLEMAGNE, Anne-Sophie, *La force contraignante du rapport d'obligation, recherche sur la notion d'obligation*, Presses universitaires d'Aix-Marseille, 2004.

FRANÇOIS, Jérôme, *Les sûretés personnelles*, Economica, 2004.

GIJSBERS, Charles, *Sûretés réelles et droits des biens*, Economica, 2016.

GORÉ, Marie, *L'administration des successions en droit international privé français*, economica, 1994.

GOUBEAUX, Gilles, *La règle de l'accessoire en droit privé*, LGDJ, 1969.

GOUËZEL, Antoine, *La subsidiarité en droit privé*, Economica, 2013.

GRIMAUD, Damien, *Le caractère accessoire du cautionnement*, PUAM, 2001.

HONTEBEYRIE, Antoine, *Le fondement de l'obligation solidaire en droit privé français*, Economica, 2004.

JACOB, François, *Le constitut ou l'engagement autonome de payer la dette d'autrui à titre de garantie*, LG.D.J., 1998.

JUILLET, Christophe, *Les accessoires de la créance*, Defrénois, 2009.

LAKSSIMI, Tarik, *La summa divisio des droits réels et des droits personnels*, Dalloz, 2016.

LE GAC-PECH, Sophie, *La proportionnalité en droit privé des contrats*, L.G.D.J., 2000.

MAILLET, Jean, *La théorie de Schuld et Haftung en Droit Romain, exposé et examen critique*, Imprimerie d'éditions Paul Roubaud, 1944.

PÉLISSIER, Anne, *Possession et meubles incorporels*, Dalloz, 2001.

PELLIER, Jean-Denis, *Essai d'une théorie des sûretés personnelles à la lumière de la notion d'obligation, contribution à l'étude du concept de coobligation*, Paris : LGDJ, 2012.

RIFFARD, Jean-François, *Le security interest ou l'approche fonctionnelle et unitaire des sûretés mobilière : contribution à une rationlisation du droit français*, L.G.D.J., 1997.

SÉJEAN-CHAZAL, Claire, *La réalisation des sûretés*, Dalloz, 2019.

Ouvrages spéciaux

BERGSON, Henri, *La pensée et le mouvant*, F. Alcan, 1934.

BOLLÉE, Sylvain, *L'efficacité économique en droit*, sous la dir. de Yves-Marie LAITHIER, Economica, 2010.

CAEYMAEX, Jean, *L'entreprise face à un partenaire défaillant : droit de la faillite et des sûretés*, Fiscalité, De Boeck-Wesmael, 1993.

CARBONNIER, Jean, *Essais sur les lois*, 2e éd., Defrénois, 1995.

— *Sociologie juridique*, 2e éd., PUF, 2004.

CUNIBERTI, G., C. NORMAND et F. CORNETTE, *Droit international de l'exécution*, LGDJ Lextenso editions, 2011.

DABIN, Jean, *Le droit subjectif*, Dalloz, 2008.

DECOCQ, G., *Droit Bancaire*, Revue Banque Edition, 2010.

DEFFAINS, B. et E. LANGLAIS, *Analyse économique du droit*, Groupe de Boeck, 2009.

DELMAS-MARTY, Mireille, *Les forces imaginantes du droit*, Éd. du Seuil, 2006.

DURKHEIM, Emile, *Les règles de la méthode sociologique (1894)*, Presses universitaires de France, 1967.

FAIRGRIEVE, Duncan et Horatia MUIR WATT, *Common Law et tradition civiliste, convergence ou concurrence ?*, PUF, 2006.

LECOMPTE, Henri, *Essai sur la notion de faculté en droit privé*, 1930.

PÉROCHON, Françoise, *La réserve de propriété dans la vente de meubles corporels*, Litec, 1988.

Articles

ANCEL, Pascal, « Force obligatoire et contenu obligationnel du contrat », *RTD Civ.* 1999, p. 771.

AYNÈS, Augustin, « La consécration légale des droits de rétention », *Dr. et patr.* 2006, 19, p. 1301.

AYNÈS, Laurent, « Présentation générale de la réforme du droit des sûretés », *Dr. et patr.* 2006, 19, p. 1289.

BOULOC, Bernard, « Remarques sur la garantie professionnelle des notaires », *Des contrats civils et commerciaux aux contrats de consommation, Mélanges en l'honneur du doyen Bernard Gross* 2009, p. 39.

CASSON, P., « Le subsidiaire et le droit privé », *RRJ* 2001, p. 143.

CATALA-FRANJOU, Nicole, « De la nature juridique du droit de rétention », *RTD Civ.* 1967, p. 9.

COMMAILLE, Jacques, « Droit et moeurs ou l'avènement d'un modèle d'illégitimité réciproque », *DROITS, Revue française de théorie juridique* 1994, 19, p. 63.

CROCQ, Pierre, « La réforme des procédures collectives et le droit des sûretés », *D.* 2006, 19, p. 1306.

DAMAS, Nicolas, « Droit du bail et droit des obligations », *Des contrats civils et commerciaux aux contrats de consommation, Mélanges en l'honneur du doyen Bernard Gross* 2009, p. 167.

DAMMANN, Reinhard, « La réforme des sûretés mobilières, une occasion manquée », *D.* 2006, 19, p. 1298.

DRAGO, Roland, « La notion d'obligation : droit public et droit privé », *"L'obligation", Arch. phil.dr.* 2000, 44, director François TERRÉ, p. 43.

DUPICHOT, Philippe, « L'efficience économique du droit des sûretés personnelles » *in Chaires de droit continental*, 2009.

FRISON-ROCHE, Marie-Anne, « Volonté et obligation », *"L'obligation", Arch. phil.dr.* 2000, 44, director François TERRÉ, p. 129.

GAUDEMET, Jean, « Naissance d'une notion juridique, les débuts de l'obligation" dans le droit de la Rome antique », *"L'obligation", Arch. phil.dr.* 2000, 44, director François TERRÉ, p. 19.

GRIMALDI, Michel, « L'hypothèque rechargeable et le prêt viager hypothécaire », *Dr. et patr.* 2006, 19, p. 1294.

HOUIN-BRESSAND, Caroline, « Durée de la prescription et nature de la créance », *Des contrats civils et commerciaux aux contrats de consommation, Mélanges en l'honneur du doyen Bernard Gross* 2009, p. 103.

JEULAND, Emmanuel, « L'énigme du lien de droit », *D.* 2003, p. 462.

JOURDAIN, Patrice, « Quelques réflexions sur la notion de garantie en droit privé » *in Etudes offertes au Professeur Philippe Malinvaud*, Paris : Litec, 2007, p. 303.

KARM, Anne, « Régimes matrimoniaux et sûretés » *in Le monde du droit, écrits rédigés en l'honneur de Jacques Foyer*, Economica, 2008, p. 583.

LECLERCQ, Pierre, « Les titres dématérialisés de paiement et de crédit » *in Etudes offertes à Pierre Catala, le droit privé français à la fin du XXième siècle*, Litec, 2001, p. 785.

LEGEAIS, Dominique, « Le cautionnement à première demande » *in Mélanges en l'honneur de Michel Vasseur*, sous la dir. de Thierry BONNEAU, Banque éditeur, 2000.

— « La réforme du droit des garanties ou l'art de mal légiférer » *in Etudes offertes au Doyen Philippe Simler*, Dalloz Litec, 2006, p. 367.

— « De la distinction des sûretés civiles et commerciales » *in Etudes de Droit privé, mélanges offerts à Paul Didier*, Economica, 2008, p. 237.

— « Proportionnalité et cautionnement, ou l'histoire de deux parallèles qui se croisent » *in Mélanges AEDBF*, sous la dir. de Alain GOURIO et Jean-Jacques DAIGRE, Revue Banque édition, 2013.

LEGRAND, Pierre, « L'hypothèse de la conquête des continents par le droit américain, ou comment la contingence arrache à la disponibilité », *"L'obligation", Arch. phil.dr.* 2001, 45, director François TERRÉ, p. 37.

LIBCHABER, Remy, « Réflexions sur le désordre juridique français » *in Mélanges offerts à André Decocq, une certaine idée du droit*, paris : Litec, 2004, p. 405.

MALET-VIGNAUX, Julie, « De la conclusion du contrat de cautionnement à l'appel en paiement de la caution : la question de la charge de la preuve d'une disproportion manifeste », *D.* 2014, p. 2283.

MAZEAUD, Denis, « La réforme du droit des contrats en questions » *in Liber amicorum*, LGDJ, 2008, p. 347.

MONTRICHER, Nicole De, « A quoi sert le droit ? » *in Frontières du droit, critique des droits, billets d'humeur en l'honneur de Danièle Lochak*, LGDJ, 2007, p. 387.

MURAT, Pierre, « Chronique d'une défaite de la raison juridique » *in Etudes offertes à Pierre Catala, Le droit privé français à la fin du XXième siècle*, Litec, 2001, p. 109.

NICOLAS, Rontchevsky, « Faire le nécessaire » *in Etudes offertes au Doyen Philippe Simler*, Dalloz, Litec, 2006, p. 417.

PIEDELIÈVRE, Stéphane, « Le cautionnement excessif », *Defrénois* 1998, 13, p. 849.

— « Le nouveau visage du droit hypothécaire » *in Droit et technique, études offertes à Xavier Linant de Bellefonds*, Litec, 2007, p. 377.

POIRIER, J., « L'originalité des droits coutumiers de l'Afrique Noire » *in Droits de l'Antiquité et sociologie juridique, mélanges Henri Lévy-Bruhl*, Sirey, 1959, p. 485.

POURQUIER, Catherine, « La rétention du gagiste ou la supériorité du fait sur le droit », *RTD Com.* 2000, p. 569.

POUSSON, Alain, « Le non exercice fautif d'un droit subjectif » *in Mélanges dédiés à Louis Boyer*, Presses de l'Université des sciences sociales de Toulouse, 1996, p. 563.

PRÜM, André, « La consécration légale des garanties autonomes » *in Etudes offertes au Doyen Philippe Simler*, Dalloz Litec, 2006, p. 409.

RAMPELBERG, René-Marie, « L'obligation romaine : perspective sur une évolution », *"L'obligation", Arch. phil.dr.* 2000, 44, p. 51.

RAYNARD, Jacques, « A propos de la subsidiarité en droit privé » *in Mélanges Christian Mouly*, Litec, 1998.

RAYNAUD, Julien, « La solvabilité de la caution », *PA* 2000, 15, p. 12.

RÉMY, Cabrillac, « Le Code civil à la fin du XXième siècle » *in Etudes offertes à Pierre Catala, Le droit privé français à la fin du XXième siècle*, Litec, 2001, p. 73.

RONTCHEVSKY, Nicolas, « Les dispositions relatives au droit des sûretés personnelles », *Dr. et patr.* 2006, 19, p. 1303.

— « Pour l'application du principe de cohérence aux garanties "à première demande" souscrites par des établissements de crédit », *Les droits et le Droit, mélanges dédiés à Bernard Bouloc* 2007, p. 987.

ROUVIÈRE, Frédéric, « Le caractère subsidiaire du cautionnement », *RTD Com.* 2011, p. 689.

SACCO, Rodolfo, « À la recherche de l'origine de l'obligation », *"L'obligation", Arch. phil.dr.* 2000, 44, p. 33.

SALERNO, Urbano, « L'endettement des particuliers, rapport général » *in L'endettement des particuliers*, LGDJ, 1997.

SÉRIAUX, Alain, « Abus de droit » *in Dictionnaire de la culture juridique*, sous la dir. de Denis ALLAND et Stéphane RIALS, Lamy-PUF, 2003.

THIREAU, Jean-Louis, « Aux sources de la modernité juridique », *DROITS, Revue française de théorie juridique* 2004, 40, p. 157.

WIEDERKEHR, Georges, « De la légitimité de la justice » *in Liber amicorum*, LGDJ, 2008, p. 485.

Index

A

Abus
attribution de la chose gagée . 157
créancier 17, **36**, 40
augmentation excessive des droits 33
droit de conclure avec une caution insolvable 30
mauvaise foi 48
sanction dans le silence de la loi 41
pacte commissoire 157
protection du tiers acquéreur 153
rétention 128
sanction
disproportion manifeste . . 51
effective **53**
limites 51
niveau adéquat 52
sanction de la réalisation du cautionnement excessif 49
vente forcée 153
Accessibilité au crédit 17, 31
Accessoire
de la créance 177
droit réel 119, 179
Accessoriété
caractéristique essentielle 61
craintes du créancier 71
différence entre le rôle et le régime 60
interruption de la prescription 70
sources 65
un droit de gage général supplémentaire 63
unité d'objet entre l'obligation principale et l'obligation accessoire 61
Analyse économique du droit *voir Efficience*
Attributs du créancier 9
AYNÈS Augustin . 9, 87, 116, 120, 121, 128, 178, 179
AYNÈS Laurent . . 9, 87, 120, 121, 178, 179

B

BART Jean 8
BARTHEZ Anne-Sophie . . 22, 37, 43, 45–47, 49, 50, 53, 65, 74, 87
BAUDRY-LACANTINERIE G. 27
BERGSON Henri 94
BICHERON Frédéric 156
BILLIAU Marc 126, 131, 135
Bonne foi
(absence) du créancier qui poursuit une caution notoirement insolvable . 37
définition inexistante 42

et la subsidiarité 84
notion subjective 50
Bougerol-Prud'homme Laëtitia 138, 139, 141, 143, 160, 164, 170, 171
Bourassin Manuella . 31, 61, 75, 95, 136, 141
Brémond Vincent ... 31, 75, 95, 136

C

Cabrillac M. 32
Carbonnier Jean . 63, 129, 132, 182
Casson P. 98
Catala-Franjou Nicole 128
Caution
avertie 77
Cautionnement
certification de 181
Chabas François . 22, 25–27, 32, 138
Coase Ronald 7
Comparato Fabio Konder . 62, 63
Contrainte
inutile 9
par corps 175
Corporation International Financial 118, 134
Crocq Pierre . 6, 9, 87, 120, 121, 128, 178, 179

D

Danos Frédéric 112, 120, 130, 131
Dation en paiement
attribution judiciaire de la chose gagée 156
Deffains B. 7
Delebecque Philippe .. 32, 115, 136, 141, 165, 179
Derruppé Jean 62, 75
Disproportion
et solvabilité 36
évaluation
critères 23
Droit de gage général
cause d'inefficience du cautionnement ? 181
constitution du cautionnement réel par limitation du droit de gage général 184
du créancier contre la caution 92
dualité de l'obligation 75
dérogation 150
ignoré par l'AUS 62
une garantie sur un patrimoine ? 175
une quasi-innocuité envers les tiers 127
Droit de rétention
du créancier gagiste 143
Dupichot Philippe 9, 22, 37, 41, 42, 44–46, 50, 64, 170, 180, 182, 185, 186
Dupré-Dallemagne Anne-Sophie 9, 46
Durkheim Emile 10
Déséquilibre
entre l'acheteur et le vendeur 164
grave et patent 42
inhérent au contrat de cautionnement 33

E

Efficience
définition 9, 10
mauvais partage des risques .. 8
prédominance du marché 8
selon la fonction de la sûreté .. 9
sûreté idéale 9
allocation des droits 7
Elongo Yvette Kalieu 20

Entiercement
transfert fiduciaire de somme d'argent 161
visibilité de la dépossession .. 122

F

FAGES Bertrand 42, 138, 175
FENET P. A. 20–22, 26, 28, 29, 37, 39
Fonction
de la sûreté 10
FRANÇOIS Jérôme 66

G

Gage
contrat réel 119
gage-espèces 186
GAUDEMET Jean 99
GIRARD Paul Frédéric 99
GOUËZEL Antoine 76, 79, 80, 83, 88, 93, 97–100
GRIMAUD Damien 178

H

HICKS John 8
HOPPE Hans-Hermann 7, 8
HOUTCIEFF Dimitri 22, 37, 43, 45–47, 49, 50, 53, 65, 74, 87

I

Intermédiaire
Garantie sur une somme d'argent 191
État 3

J

JESTAZ Philippe 127, 128
JOSSERAND Louis 39–41, 128
JUILLET Christophe 60, 96, 178

K

KALDOR Nicholas 8
KANE Abdoulaye 3, 4
KONAN-BÉDIÉ Henri 6
KWEMO Stéphanie 3, 117, 143, 144, 163

L

LAKSSIMI Tarik 62
LANGLAIS E. 7
LATOUCHE Serge 8
LE GAC-PECH Sophie 42
LECOMPTE Henri 113
LEGEAIS Dominique 22, 99

M

MAILLET Jean 62
MARTINEZ-GROS Gabriel 3
MARTY Gabriel 127, 128
MAUSS Marcel 3
Mauvaise foi
Intention de nuire 40
MESTRE Jacques 126, 131, 135

N

NUBUKPO Kako 5

P

Pacta sunt servanda 7
PARETO Vilfredo 8
Patrimoine de la caution
éléments du passif 23
PIEDELIÈVRE Stéphane 42, 178
POSNER Richard A. 7
POURQUIER Catherine 114, 137
PUTMAN Emmanuel . . . 126, 131, 135
PÉROCHON Françoise . 164, 165, 168, 171

R

RANOUIL Véronique . 22, 25–27, 138
RAYNAUD Julien 42
RAYNAUD Pierre 127, 128
RIFFARD Jean-François 4
ROUVIÈRE Frédéric 95
Réserve de propriété 8

S

Secteur informel 4
SIMLER Philippe . . . 21–26, 31, 32, 37, 42–45, 48, 49, 60, 61, 64–66, 70, 77, 84, 88, 90, 95, 98, 100, 115, 136, 141, 165, 178, 179, 186
Solidarité
lien social 3
Solvabilité 17
de la caution
évaluation 24
dans l'unique intérêt du créancier 32
finalité 32
remplacement caution insolvable 26
évaluation 20
SUPIOT Alain 7
SÉJEAN-CHAZAL Claire 74, 175

Y

YONDO-BLACK Lionel . 5, 6, 119, 127, 141, 143, 161–163, 168

Table des matières

. . . . vii
Sommaire ix
Liste d'abréviations xi
Introduction 3

Partie I L'efficience des droits contre les cocontractants du créancier . . . 11

Titre I Le droit d'exiger la solvabilité de la caution . . . 15

Chapitre 1 La force du droit à une caution solvable . . . 19

Section I L'efficacité du droit à une caution solvable . . . 20

§ 1. La conception pragmatique de la solvabilité . . . 20

§ 2. Le rejet d'une conception subjective de la solvabilité . . . 23

Section II Les archaïsmes du droit à une caution solvable 24

§ 1. Une relation déséquilibrée entre le créancier et la caution . . . 24

A. L'exigence de solvabilité justifiée dans le cadre d'un cautionnement forcé 25

B. L'exigence de solvabilité dans le cadre d'un cautionnement non forcé 28

§ 2. Des avantages exclusifs au bénéfice du créancier . . . 29

A. La domination du créancier confortée . . . 30

B. L'action en insolvabilité réservée au créancier . . . 31

1. Une interprétation trop littérale du principe de solvabilité . . . 31

2. Une interprétation trop dangereuse du principe de solvabilité . . 33

Chapitre 2 L'encadrement du droit à une caution solvable . . . 35

Section I Les imperfections du principe de solvabilité . . 36

§ 1. La finalité oubliée du droit accordé au créancier . . . 37

§ 2. La caution en situation de faiblesse . . . 41

Section II Les possibles sanctions de l'abus du droit commis par le bénéficiaire du cautionnement . . . 49

§ 1. L'objectivation de la faute du créancier : un accroissement de la sécurité juridique . . . 49

§ 2. La détermination adéquate du niveau de sanction . . . 52

Titre II Le droit de se faire payer 55

Chapitre 1 Le droit de se faire payer une somme d'argent ou la dette d'autrui 59

Section I Le droit de se faire payer par un autre que son débiteur 64

§ 1. Les sources d'autonomie ou d'accessoriété 64

§ 2. Les contours respectifs de l'autonomie et de l'accessoriété 66

Section II L'obligation de payer le créancier d'autrui 68

§ 1. L'opposabilité des exceptions contre l'abus 68

§ 2. L'inopposabilité des exceptions sauf abus 71

Chapitre 2 Le droit de se faire payer de manière indépendante ou subsidiaire 73

Section I La notion de défaillance du débiteur principal . 76

§ 1. L'objectif d'accroissement de l'efficacité de la réalisation de la garantie 76
A. L'accroissement de l'effectivité de l'appel en paiement 76
1. La finalité de la subsidiarité 77
2. Le cautionnement simple et la subsidiarité renforcée 78
B. L'appel en paiement en tant qu'outil de politique juridique 79

§ 2. Une étape importante à la réalisation des sûretés personnelles . . 82
A. L'utilité de la défaillance 83
1. L'utilité de la défaillance pour les appels subsidiaires en paiement . 83
2. L'utilité de la défaillance pour les appels indépendants en paiement 86
B. La preuve de la défaillance 88
1. Une preuve difficile 88
2. Une preuve par l'échec ou l'impossibilité des poursuites contre le débiteur principal 89

Section II L'adéquate réponse à la défaillance du débiteur principal 91

§ 1. La nécessité d'une réponse proportionnée à la défaillance 91
A. L'enjeu autour du crédit du constituant 91
B. L'efficience réduite d'un paiement contraint 92

§ 2. Les avantages de la réponse proportionnée à la défaillance 93
A. Les spécificités d'un appel subsidiaire en paiement 94

1. Les différences entre le caractère accessoire et le caractère subsidiaire 95
2. La concurrence des poursuites 96
a. Les inconvénients de la concurrence des poursuites 97
b. Les solutions à la concurrence des poursuites 97
B. Les particularités d'un appel indépendant en paiement 99

Partie II L'efficience des droits contre les tiers 103

Titre I Les attributs matériels du créancier sur la chose 107

Chapitre 1 Le droit de se faire remettre la chose . . . 111

Section I La remise de la chose du point de vue de son propriétaire 112

§ 1. L'exercice facultatif de la possession 112

§ 2. L'efficience économique de la mobilisation de la valeur d'usage de la chose mise en garantie 113

Section II La remise de la chose du point de vue du créancier sécuriféraire 113

§ 1. Les différents moyens d'accroître l'efficience de la garantie à l'égard des tiers 114

A. L'évolution du rôle de la remise de la chose dictée par un souci d'amélioration de l'efficience 115

B. Les forces et faiblesses en termes d'efficience de la remise de la chose . 116

§ 2. L'équivalence entre la remise de la chose et l'enregistrement de la garantie 118

A. L'information des tiers et l'opposabilité de la garantie 118

B. La protection du créancier et des tiers par la remise de la chose . . . 120

Chapitre 2 Le droit de retenir la chose 125

Section I Une exclusivité matérielle absolue sur la chose retenue 132

§ 1. Le caractère insaisissable de la chose retenue 133

A. Une saisie impossible 133

B. Une saisie inutile 134

§ 2. Le caractère inutilisable de la chose retenue 134

A. L'efficacité malgré l'immobilisation 135

B. L'efficacité malgré la passivité 136

Section II Une exclusivité juridique relative sur la chose retenue 137

§ 1. La rétention contre les autres créanciers chirographaires 138

A. L'efficacité de la rétention en dépit de l'effet relatif des contrats . . . 138
B. L'efficacité de la rétention et la chronologie des créances 139

§ 2. La rétention contre les autres créanciers garantis 140
A. L'efficacité de la rétention face au propriétaire de la chose retenue . . 140
B. L'efficacité de la rétention contre les créanciers munis de droit de préférence 142

Titre II Les attributs juridiques du créancier contre les tiers 145

Chapitre 1 Le droit de passer avant les tiers 149

Section I Le droit d'obtenir la vente forcée de la chose mise en garantie 151

§ 1. Le report du droit de préférence sur le prix de la chose 152

§ 2. La protection contre certaines formes d'abus 153
A. La protection du tiers acquéreur 153
B. La protection du constituant et le maintien de la prohibition de la clause de voie parée 154
1. La procédure de saisie-vente protégeant le constituant 154
2. Le passage obligé devant les tribunaux 155

Section II Le droit d'obtenir l'attribution de la chose mise en garantie 155

§ 1. L'attribution préférentielle par voie de justice 156

§ 2. L'attribution préférentielle conventionnelle 157

Chapitre 2 Le droit d'exclure les tiers 159

Section I L'introduction partielle des propriétés-sûretés en droit OHADA 160

§ 1. La confirmation du transfert de propriété en cas de défaillance . . 161

§ 2. La renonciation au transfert de propriété en cas de défaillance . . 163

§ 3. Le transfert définitif de propriété à titre de garantie 165

Section II Le régime allégé des propriétés-sûretés en droit OHADA 167

§ 1. L' opposabilité des sûretés accordant un droit exclusif au créancier sur le bien garanti 167

A. L'inutile exigence d'enregistrement de la réserve de propriété et de la cession de créance 167
B. La dispense d'enregistrement pour le transfert fiduciaire de somme d'argent 169

§ 2. L'étonnante — absence de — réalisation des sûretés accordant un droit exclusif au créancier sur le bien garanti 170
A. Les modes de réalisation automatique 170
B. La restitution des biens mis en garantie 171

Chapitre 3 Les droits sur les biens des tiers 173

Section I Nature et caractéristiques du cautionnement réel 174

§ 1. L'assiette du cautionnement réel 174
A. La vision particulière du patrimoine 174
B. L'ensemble des biens et revenus contre un ou plusieurs biens 176

§ 2. Les caractéristiques du cautionnement réel hérité du cautionnement 176
A. L'accessoriété du cautionnement réel en question 177
1. Les sûretés réelles : des accessoires de la créance 177
2. La difficile opposabilité des exceptions en matière de sûretés réelles 179
B. L'évidente subsidiarité du cautionnement réel 179

Section II Régime et fonctionnement du cautionnement réel 180

§ 1. La version hybride du cautionnement réel 180
A. Une alternative à la certification du cautionnement 181
B. Une limitation de l'engagement de la caution 182
1. La limitation de l'engagement à un bien ou l'engagement limité à une partie de la dette principale 182
2. Le rôle essentiel de l'adjonction d'une sûreté réelle 184

§ 2. La version moniste du cautionnement réel 185
A. L'émancipation du cautionnement réel vis-à-vis du cautionnement . 185
B. Les effets de la différence de régime entre le cautionnement réel et le cautionnement 187

Conclusion 191

Annexes 193

Bibliographie 199

Droit de l'OHADA 199

Lois 199
Rapports officiels 199
Jurisprudence 200
Ouvrages spéciaux 200
Thèses 201
Articles 201
Droit français 203
Lois 203
Jurisprudence 203
Cour de cassation 203
1re Chambre civile 203
3e Chambre civile 203
Chambre commerciale 203
Chambre criminelle 204
Cours d'appel 204
Ouvrages généraux 204
Thèses 207
Ouvrages spéciaux 208
Articles 209
Index 213
Table des matières 217

Structures éditoriales du groupe L'Harmattan

L'Harmattan Italie
Via degli Artisti, 15
10124 Torino
harmattan.italia@gmail.com

L'Harmattan Hongrie
Kossuth l. u. 14-16.
1053 Budapest
harmattan@harmattan.hu

L'Harmattan Sénégal
10 VDN en face Mermoz
BP 45034 Dakar-Fann
senharmattan@gmail.com

L'Harmattan Cameroun
TSINGA/FECAFOOT
BP 11486 Yaoundé
inkoukam@gmail.com

L'Harmattan Burkina Faso
Achille Somé – tengnule@hotmail.fr

L'Harmattan Guinée
Almamya, rue KA 028 OKB Agency
BP 3470 Conakry
harmattanguinee@yahoo.fr

L'Harmattan RDC
185, avenue Nyangwe
Commune de Lingwala – Kinshasa
matangilamusadila@yahoo.fr

L'Harmattan Congo
67, boulevard Denis-Sassou-N'Guesso
BP 2874 Brazzaville
harmattan.congo@yahoo.fr

L'Harmattan Mali
ACI 2000 - Immeuble Mgr Jean Marie Cisse
Bureau 10
BP 145 Bamako-Mali
mali@harmattan.fr

L'Harmattan Togo
Djidjole – Lomé
Maison Amela
face EPP BATOME
ddamela@aol.com

L'Harmattan Côte d'Ivoire
Résidence Karl – Cité des Arts
Abidjan-Cocody
03 BP 1588 Abidjan
espace_harmattan.ci@hotmail.fr

Nos librairies en France

Librairie internationale
16, rue des Écoles
75005 Paris
librairie.internationale@harmattan.fr
01 40 46 79 11
www.librairieharmattan.com

Librairie des savoirs
21, rue des Écoles
75005 Paris
librairie.sh@harmattan.fr
01 46 34 13 71
www.librairieharmattansh.com

Librairie Le Lucernaire
53, rue Notre-Dame-des-Champs
75006 Paris
librairie@lucernaire.fr
01 42 22 67 13

www.ingramcontent.com/pod-product-compliance
Lightning Source LLC
LaVergne TN
LVHW011018061026
849535LV00006B/1951